Wolf Wegener
Deutschland schafft das Auto ab

Wolf Wegener
Gunnar Schupelius

Deutschland
schafft das Auto ab

rosenheimer

Besuchen Sie uns im Internet unter
www.rosenheimer.com

© 2012 Rosenheimer Verlagshaus
GmbH & Co. KG, Rosenheim

Lektorat und Satz: VerlagsService Dr. Helmut Neuberger &
Karl Schaumann GmbH, Heimstetten
Titelfoto: © mauritius images/Johnér
Foto Umschlagrückseite: Klaus G. Förg
Druck und Bindung: GGP Media GmbH, Pößneck
Printed in Germany

ISBN 978-3-475-54121-6

Inhalt

Vorwort

In diesem Buch geht es um einen bemerkenswerten Gegensatz, der unser Land zu spalten droht. Während auf der einen Seite die deutsche Autoindustrie von Jahr zu Jahr erfolgreicher wird, immer neue Rekorde verzeichnet und mit ihren Produkten auf dem Weltmarkt nach der Spitze greift, strebt die Verkehrspolitik der Städte und Gemeinden zunehmend nach einer Verdrängung des Automobils aus dem Straßenbild.

Ich schreibe dieses Buch im 125. Jahr nach der Erfindung des Automobils durch Carl Benz 1886, um daran zu erinnern, dass Deutschland seinen technischen Fortschritt und seinen Wohlstand in erster Linie der Autoproduktion verdankt, und um davor zu warnen, diese einmalige Erfolgsgeschichte leichtfertig in vielen kleinen Schritten einem Zeitgeist zu opfern, der den motorisierten Individualverkehr zur Bedrohung erklärt hat.

Ich selbst bin alles andere als ein Autonarr. Ich bin kein Formel-1-Fahrer und verdiene mein Geld nicht in der Automobilwirtschaft. Ich fahre gerne Auto, kann aber noch nicht einmal selbst einen Reifen wechseln, wie es die Kollegen von der Presse oftmals beschrieben haben.

Mir geht es nicht um Details, nicht um Kleinigkeiten. Mir geht es um die Freiheit des Menschen, die in den letzten 125 Jahren durch das Automobil wie nie zuvor erweitert wurde und die nicht wieder eingeschränkt werden darf. Es geht mir um die berühmte Forderung, die der damalige ADAC-Präsident Franz Stadler bereits im Jahr 1974 an die Politik richtete: »Freie Fahrt für freie Bürger!« Dieser Satz, nicht selten polemisch falsch interpretiert, muss heute mehr denn je verteidigt werden.

Ich stelle dabei auch die Frage nach dem Artikel 2 unseres Grundgesetzes, der von der freien Entfaltung der Persönlichkeit spricht und unter dessen Schutz nach Auffassung von Staatsrechtlern und Verfassungsrichtern auch die Mobilität steht. Mobilität ist ein Grundrecht. Wer es aus ideologischen Gründen einschränkt, vergreift sich am Konsens in unserer Gesellschaft.

Auch der Anspruch auf eine gesunde Umwelt und die Erhaltung der natürlichen Umgebung gehören zu den Grundrechten des Menschen. Deshalb gilt es, die Interessen des motorisierten Individualverkehrs mit den Interessen eines möglichst naturnahen Lebens zu vereinbaren. Dafür habe ich mich persönlich mit meinem Dienst beim ADAC mein Leben lang eingesetzt. Mit diesem Buch zeige ich auf, dass es einen Ausgleich zwischen diesen Interessen gibt, dass das Automobil nicht der Feind des Menschen, der Tiere und der Bäume ist, sondern sich problemlos in unser Leben einfügen lässt.

Deshalb habe ich mich auch immer für die Sicherheit im Straßenverkehr als dem obersten Gebot engagiert, sowohl in meinem Wirken als ehrenamtlicher Generalsyndikus des ADAC Gesamtclubs, als auch als Mitglied des Vorstands der Deutschen Akademie für Verkehrswissenschaften, die den Goslarer Verkehrsgerichtstag ausrichtet, der im Januar 2012 unter der Präsidentschaft des Generalbundesanwalts a.D. Kay Nehm sein 50. Jubiläum feiert. Ich habe die führende deutsche Auszeichnung für Verkehrssicherheit ins Leben gerufen, den *Goldenen Gurt*, der für besondere Leistungen um die Verkehrssicherheit in

Deutschland vergeben wird. Ich weiß, wovon ich spreche, wenn ich behaupte, dass das Automobil keine Gefahr für Gesundheit und Unversehrtheit des Menschen darstellen muss.

Natürlich respektiere ich jede Art der Fortbewegung, ob zu Fuß, mit dem Fahrrad, dem Pferd, dem Motorrad, dem Skateboard, dem Auto, der Bahn, dem Bus oder dem Flugzeug. Mir liegt kein Gedanke ferner als der, irgendein Verkehrsmittel dem anderen vorziehen zu wollen. Aber ich wehre mich gegen ideologische Vorbehalte gegen bestimmte Verkehrssysteme, die die Politik immer öfter zum Handeln vor allem gegen das Auto veranlasst. Ich habe kein Verständnis dafür, dass entscheidende Verkehrsfragen zum Inhalt von oberflächlichem politischem Pokerspiel werden, wie das leider immer öfter der Fall ist. Fahrradweg gegen Autobahn, Autobrücke gegen Straßenbahn – so wird, fern von jeder Realität, auf dem politischen Parkett gefeilscht. Dabei geht es doch im Falle der Infrastruktur um existenzielle Entscheidungen für unser Land.

Meine Anerkennung und mein Respekt gelten allen Entwicklern und Förderern der Mobilität, allen Ingenieuren und Managern der Autoindustrie, allen Mitgliedern der Autoclubs, die sich die Förderung des Kraftfahrtwesens auf die Fahnen geschrieben haben.

Mein ganz besonderer Dank gilt dem Berliner Journalisten Gunnar Schupelius. Ich kenne ihn seit vielen Jahren als streitbaren Kolumnisten des Axel Springer Verlags, der Klartext schreibt und nie ein Blatt vor den Mund nimmt. Er hat sich immer schon vehement auch für die Freiheit im Straßenverkehr eingesetzt und bietet den zahlreichen politisch motivierten Eingriffen in den motorisierten Individualverkehr publizistisch die Stirn.

Ich habe immer gern in Teams gearbeitet, so auch hier in diesem Buch. Ich will mich austauschen und bin glücklich darüber, in Gunnar Schupelius einen verständigen Freund gefunden zu haben, der mir durch seine Kolumnen vertraut ist und viele meiner Gedanken so aufschreiben konnte, wie ich es wollte. In Zusammenarbeit mit ihm ist dieses Buch entstanden, das daran erinnern will, dass wir alle richtig, manche aber umdenken müssen.

Die Missachtung des Automobils als hervorragendes, sicheres und umweltfreundliches Fortbewegungsmittel durch Politik und veröffentlichte Meinung in diesem Land muss endlich ein Ende haben. Sonst schafft Deutschland das Auto ab, langsam, durch die Hintertür der kleinteiligen verkehrspolitischen Hindernisse. Treten wir mutig für die Zukunft des Automobils ein und lassen wir uns erst recht die Freude am Fahren nicht nehmen!

Die Thesen dieses Buches sind mit letzter Deutlichkeit auf den Punkt gebracht, was mir notwendig erschien. Sie sind substanziell untermauert. Sie wollen gegenhalten gegen einen Trend der Zeit. Denn die Fronten haben sich verschoben, und die deutsche Verkehrspolitik hat sich im Kampf gegen das Automobil in den vergangenen 20 Jahren radikalisiert.

Berlin-Dahlem, im Dezember 2011   Dr. Wolf Wegener

Der Lohner-Porsche. Auf der Pariser Weltausstellung im Jahr 1900 präsentierte Deutschlands genialer Autobauer Ferdinand Porsche das erste Hybrid-Auto der Welt: Ein Benzinmotor treibt einen Generator an, mit dessen Strom werden Elektromotoren in den Achsen angetrieben.

Die erste Autokarosserie. Für die Dürrkopp-Werke in Bielfeld entwickelte Wilhelm Karmann 1902 eine Karosserie aus Blech. Sie erinnerte noch stark an das Design der Pferdekutschen, gilt jedoch wegen der ausgeprägten Motorhaube als Meilenstein auf dem Weg zur Autokarosserie.

1. Kapitel

Deutschlands Erfolg mit dem Auto

Deutschland baut das erste Auto

Während der Feiern zum 125. Jahr des Automobilbaus kam 2011 in Deutschland eine eigenartige Debatte auf, die um die Frage kreiste, ob das Auto tatsächlich in Deutschland erfunden wurde oder aber in Frankreich oder in England. Spitzfindige Kommentatoren wollten die Geschichte umschreiben und anhand von Aktenfunden beweisen, dass Deutschland nicht, wie immer behauptet, die Wiege des Automobilbaus gewesen sei. Ihnen schlug der lautstarke Protest der patriotischen Autofreunde entgegen.

Zwei Jahre zuvor hatte US-Präsident Barack Obama bereits für hitzige Diskussionen in Deutschland gesorgt, als er in seiner ersten Rede nach Amtsantritt vor dem Kongress sagte: »Ich glaube, dass die Nation, die das Automobil erfunden hat, es nicht im Stich lassen darf.«[1] Er spielte damit auf die Weltwirtschaftskrise an, die den amerikanischen Autobauern schwer zu schaffen machte. Und dabei behauptete er nebenbei, das Auto sei in den USA erfunden worden.

Obama dachte bei dieser patriotischen Anwandlung vermutlich an den amerikanischen Autopionier George Baldwin Selden, dem es in den 1890er-Jahren gelungen war, das erste Automobil mit Ladefläche zu konstruieren, sozusagen den ersten Pick-up der Weltgeschichte. Er ignorierte dabei geflissentlich, dass es ein Deutscher war, Carl Benz mit Namen, der zuvor den Grundstein zur Entwick-

13

lung des Automobils gelegt hatte. 1886 erfand und entwickelte er in Mannheim das erste Fahrzeug, das für den Antrieb mit einem Verbrennungsmotor konstruiert war.

Damit wäre auch die Frage geklärt, ob nicht doch ein anderer das Automobil erfunden habe. Aber es gab tatsächlich niemanden, der ihm diesen Ruhm hätte streitig machen können. Denn sowohl das mit Dampf betriebene Fahrzeug des Franzosen Nicholas Joseph Cugnot von 1769 als auch das von einem Leuchtgasmotor angetriebene Gefährt von Étienne Lenoir aus dem Jahr 1863 als auch alle anderen vor Benz unternommenen Versuche, vier Räder mit einem Motor zu bewegen, scheiterten. Zeitgleich mit Benz baute Gottlieb Daimler zusammen mit Wilhelm Maybach in Cannstatt eine Pferdekutsche so um, dass sie mit einem Benzinmotor fahren konnte. Carl Benz aber gelang eben der größere Coup, als er seine Konstruktion auf den Betrieb mit einem Motorantrieb hin entwickelte.

Am 29. Januar 1886 erhielt dieser geniale deutsche Konstrukteur vom Kaiserlichen Patentamt das Patent Nr. 37435 für sein Fahrzeug. Am 3. Juli desselben Jahres gelang es Benz, seinen Wagen straßentauglich zu machen. Auf drei Rädern, mit einem Einzylinder-Viertaktmotor, einem Liter Hubraum und circa drei PS fuhr Benz durch Mannheim. Zwei Jahre später, am 5. August 1888, legte seine Ehefrau Bertha mit diesem Wagen die erste Langstrecke von Mannheim nach Pforzheim zurück. Es war die erste dokumentierte Überlandfahrt mit einem Automobil.

Parallel zu Benz entwickelten Daimler und Maybach ihre »Kutschwagen«, das waren mit Benzinmotoren ausgerüstete Pferdekutschen ohne Pferde. Später, im Jahr 1926 fanden die Firmen von Daimler und Benz zusammen und begründeten die berühmteste deutsche Automarke, deren Bekanntheit später nur noch von Volkswagen übertroffen worden ist.

Benz, Daimler und Maybach sorgten dafür, dass sich immer mehr deutsche Ingenieure am Bau von Autos versuchten. Sehr erfolgreich waren dabei Siegfried Marcus und Albert Hammel, Erfinder, die heute längst vergessen sind, deren motorisierter Handwagen aber sehr wohl im Museum zu sehen ist. Keinesfalls vergessen, sondern bekannter als fast alle anderen deutschen Erfindungen wurde die Konstruktion von Rudolf Diesel, der 1892 seine »Neue rationelle Wärmekraftmaschine« beim Patentamt anmeldete, den »Dieselmotor«. Rudolf Diesel (1858–1913) ist wegen des nach ihm benannten Kraftstoffs weltweit heute wahrscheinlich der meistgenannte Deutsche, sein Name bekannter als die der berühmtesten Deutschen Martin Luther, Friedrich der Große und Bismarck zusammen.

Weniger bekannt als Diesel, dafür aber mindestens ebenso erfolgreich wurde der im Taunus geborene deutsche Maschinenbauer Nicolaus August Otto (1832–1891), der unter dem Dach der von ihm gegründeten »Gasmotorenfabrik Deutz« im Jahr 1876 einen Gasmotor nach dem Viertaktprinzip entwickelt hatte. Dieser Motor wurde zum Prototypen für alle nachfolgenden Verbrennungsmotoren bis zum heutigen Tag. Otto hatte es durch die entscheidende Erfindung der elektrischen Zündung möglich gemacht, dass neben Gas nun erstmals auch flüssige Brennstoffe verwandt werden konnten. Damit verhalf er dem Automobilbau zum entscheidenden Sprung nach vorn. Statt des damals noch schwer zu transportierenden Gases konnte nun Benzin als stark konzentrierte Energiequelle mitgeführt werden. Perfektioniert wurde Ottos elektrische Zündung durch den schwäbischen Tüftler Robert Bosch (1861–1942), der im Jahre 1902 den Hochspannungsmagnetzünder für schnell laufende Benzinmotoren erfand.

Nicht alle deutschen Automobil-Pioniere kamen später zu solchem Ruhm wie Benz, Diesel, Otto und Bosch. Wer weiß zum Beispiel heute noch, dass wir die Erfindung des Scheibenwischers am Auto dem Bruder des letzten deutschen Kaisers zu verdanken haben. Prinz Heinrich von Preußen (1862–1929), ein leidenschaftlicher Autonarr, war es, der sozusagen nebenbei im Jahr 1905 das Patent für einen von ihm selbst entwickelten Handscheibenwischer anmeldete. Bereits zwei Jahre zuvor hatte die Amerikanerin Mary Anderson ein ähnliches System patentieren lassen. Prinz Heinrich aber war es, der schließlich im März 1908 das erste deutsche Patent zum mechanischen Beseitigen von Regentropfen auf der Autoscheibe bekam. 1926 rüstete Robert Bosch dann den Wischer des Prinzen erstmals mit einem Elektromotor aus. Nun war der Scheibenwischer geboren, wie wir ihn heute wie selbstverständlich bei schlechtem Wetter einschalten.

Was allen deutschen Erfindern und Tüftlern allerdings nicht gelang, war die Vermarktung ihres Produkts und dessen preiswerte Massenfertigung. Das Automobil blieb in Deutschland fast 30 Jahre lang ein Liebhaberstück und Luxusprodukt, bis es endlich für ein breiteres Publikum interessant und erschwinglich wurde. Den Meilenstein auf diesem Wege setzte kein Deutscher, sondern der Amerikaner Henry Ford. Wie gern habe ich immer in seiner Autobiografie gelesen (*Mein Leben und Werk*) und dort besonders gern die Stelle, an der er über seine erste Autowerbung schreibt. Dort heißt es: »Wir wandten uns nicht an den Vergnügungssinn des Publikums. Das haben wir niemals getan. Bei unserer ersten Reklame wiesen wir bereits auf den Nutzen eines Automobils hin. Wir sagten: Wie oft hören wir das alte Wort: ›Zeit ist Geld.‹ Und doch – wie wenige Geschäftsleute und Berufsmenschen handeln, als glaubten sie tatsächlich an dessen Richtigkeit. Männer, die fortgesetzt über Zeitmangel jammern und sich darüber beklagen, dass die Woche zu wenige Tage habe, Männer, die für jede fünf Minuten, die sie verlieren, einen Dollar zum Fenster hinauswerfen, Männer, für die fünf Minuten Aufschub mitunter den Verlust vieler Dollar bedeutet, verlassen sich trotzdem auf die zufälligen, unbequemen und mitunter mangelhaften Verkehrsverbindungen, die uns die Straßenbahn usw. bietet, während die Investierung einer außerordentlich bescheidenen Summe in den Ankauf eines tadellosen, leistungsfähigen, hochwertigen Automobils sie jeder Sorge und Unpünktlichkeit enthebt und sie mit einem luxuriösen, stets ihres Winkes harrenden Beförderungsmittel versieht.«[2]

Warum lese ich diese Stelle so gern? Weil Henry Ford hier im Jahr 1922, also vor 90 Jahren, wie ein Visionär in seine Welt von morgen, also unsere Welt von heute, blickt und beschreibt, weshalb das Automobil Grundlage der einmaligen Industriegeschichte zuerst der westlichen und dann der ganzen Welt wurde: weil das Automobil eben in erster Linie Zeit spart und die vollständige individuelle Mobilität ermöglicht. Natürlich hob Ford dann nicht nur auf die Nützlichkeit des Automobils ab, natürlich machte er auch von Anfang an die Freude am Fahren zum Thema, die Lust an der Beschleunigung. In seiner ersten Autowerbung spricht er den künftigen Kunden so an: »Sie sind auch Herr über die Geschwindigkeit. Sie können, wenn Sie wollen, langsam durch schattige Alleen gleiten, oder Sie können den Gashebel mit Ihrem Fuße herunterdrücken, bis die ganze Landschaft um Sie herum verschwimmt und Sie die Augen aufreißen müssen, um die Meilensteine am Wege zu zählen.«[3]

Henry Ford gab der Frühgeschichte des Automobils den entscheidenden Impuls, als er die Massenproduktion erfand. Bis dahin waren Automobile stückweise von Hand zusammengebaut worden. Die Ford Motor Company in Detroit produzierte als erster Autohersteller der Welt mit einer Fertigungsstraße, an deren Stationen jeweils nur ein Arbeitsschritt gemacht wurde. So entstanden Autos aus normierten, austauschbaren Einzelteilen, die nun viel preiswerter waren als die zuvor in Handarbeit gebauten. Das erste Produkt, das ab 1913 nach dieser Fertigungsmethode hergestellt wurde, war das Ford T-Modell, im Volksmund auch »Tin Lizzy« genannt, »Blechliesel«. Die Tin Lizzy wurde mit mehr als 13 Millionen verkauften Wagen zu einem der bis heute erfolgreichsten Automodelle aller Zeiten.

In Deutschland kam die Massenfertigung von Autos nach dem Fordschen Vorbild erst nach dem Ersten Weltkrieg Anfang der 20er-Jahre in Gang. Hier rollte als erstes Serienmodell ein Opel mit vier PS vom Band, der landläufig »Opel Laubfrosch« genannt wurde. Mit dem Laubfrosch war der Durchbruch geschafft, und das Auto wurde nun auch in Deutschland einem breiten Publikum zugänglich. Die große Mehrheit der Bevölkerung hatte es indes noch nicht erreicht. Inflation, Weltwirtschaftskrise und die Ausrichtung der Wirtschaft im Dritten Reich auf den Bedarf des Militärs hielten die Entwicklung weitere 20 Jahre auf. Erst in der von Ludwig Erhard entwickelten sozialen Marktwirtschaft der jungen Bundesrepublik mit dem deutschen Wirtschaftswunder und dem von Ferdinand Porsche entwickelten VW Käfer setzte die Massenmotorisierung hierzulande endgültig ein.

Bereits 1955 lief in Wolfsburg der einmillionste Käfer vom Band. Sechs Jahre zuvor, im Jahr der Gründung der Bundesrepublik, hatte der Karosseriebauer Karmann das erste Käfer-Cabrio auf den Markt gebracht. Im selben Jahr wurde die Auto-Union in Ingolstadt neu gegründet, nachdem die Produktion in Zwickau keine Erfolgschancen mehr hatte, denn der ursprüngliche Firmensitz lag nun auf dem Gebiet der DDR. In die Auto-Union eingegangen waren die erste Firma des deutschen Automobil-Pioniers August Horch (1868–1951) und auch seine spätere zweite Firma, die er in Anlehnung an den eigenen Namen »Audi« (horch, lateinisch: »audi«) nannte. Aus der Auto-Union ging später die Erfolgsmarke Audi hervor.

Die 1950er-Jahre sorgten für die schönsten Überraschungen auf dem deutschen Automarkt. 1954 kam der Mercedes 300 SL mit den berühmten Flügeltüren heraus, mit einem Gitterrohrrahmen konstruiert und einem großartigen 215-PS-Sechszylinder unter der Haube. Die Höchstgeschwindigkeit betrug sagenhafte 260 km/h. Zwei Jahre später entwickelte Albrecht Graf Goertz für BMW den bildschönen Zweisitzer 507. DKW baute im selben Jahr die erste Karosserie aus glasfaserverstärktem Kunststoff. Schlüsselerfindungen machten in ganz Europa die Runde: Fiat stellte den 500 vor und die British Motor Company (BMC) den Mini. Beide Hersteller begründeten eine völlig neue Fahrzeugklasse im Kleinstwagensegment.

In den 50er-Jahren machte auch der ADAC eine entscheidende Erfindung und ließ die Straßenwacht rollen. Präsident des Clubs war zum Zeitpunkt dieser Neuerung Werner Endress (1953–1964). Techniker, die Pannenfahrern zu jeder Tages- und Nachtzeit zu Hilfe eilten, wurden ab 1954 zunächst auf Motorrädern mit Beiwagen losgeschickt. 1962, als sich die Zahl der registrierten Autos auf Deutschlands Straßen bereits auf 6,8 Millionen erhöht hatte, nahm der ADAC die ersten Pkw als Pannenhelfer-Fahrzeuge in Betrieb. Jetzt fuhr die Straßenwacht im gelben Käfer.

Die 60er-Jahre machten mit noch mehr legendären Erfindungen der deutschen Autobauer Furore: 1961 begründete Opel mit dem ersten Kadett eine neue Modelltradition. 1962 wurde in Berlin das erste Amphibienauto gebaut. Ein Jahr später stellte Porsche auf der IAA den

911er vor, Mercedes das neue Modell des Traumsportwagens SL. 1964 brachte NSU mit dem Wankel Spider das erste Serienauto mit Kreiskolbenmotor heraus. Ihm folgte 1966 der Ro 80. 1965 wurde unter VW-Regie der erste Audi nach dem Zweiten Weltkrieg gebaut, der F 103, Vorgänger des Audi 100. 1968 präsentierte Opel mit dem GT eine verkleinerte, sozusagen deutsche Ausgabe des legendären Chevrolet Corvette. 1970 folgte das preisgünstige beliebte Opel-Coupé mit dem Namen »Manta«. Die 70er-Jahre waren geprägt vom großen Neustart bei VW. 1973 lief der Passat und 1974 der erste Golf vom Band, jene beiden Modelle, die die Wolfsburger zum zweitgrößten Autobauer der Welt nach General Motors machten. Ebenfalls 1973 sorgte auch BMW für Aufsehen, als mit dem 2002 Touring das erste deutsche Serienfahrzeug mit Turbolader auf den Markt kam. Dann war Mercedes wieder vorn: Die S-Klasse bot 1977 den ersten Pkw-Dieselmotor mit Turboaufladung an, 1980 den ersten bestellbaren Airbag und 1996 das erste serienmäßige elektronische Stabilitätsprogramm (ESP).

Bis heute gehören die deutschen Autobauer zu den international innovativsten Entwicklern, und es ist vielleicht nicht übertrieben, im Jahr 2012 zu sagen: Deutschland hat nicht nur das erste Auto gebaut, sondern Deutschland baut heute, 126 Jahre später, die besten Autos der Welt. Rund um den Globus werden wir Deutsche mit dem Automobil identifiziert. Unsere Auto-Erfinder gehören zu den beliebtesten Deutschen im Ausland. Die britische Tageszeitung *Sun* ließ 2011 von ihren Wählern die »Lieblingsdeutschen« wählen. Unter den acht Namen an der Spitze waren zwei Autobauer: Ferdinand Porsche und Carl Benz.[4] Und dazu muss man wissen, dass das englische Massenpublikum, das die *Sun* liest, wahrhaft wenig freundschaftliche Gefühle für uns Deutsche hegt – und wenig über uns weiß.

20

Mich selbst hat der Erfolg des deutschen Automobilbaus seit Kindertagen fasziniert, und ich habe mein Leben außerhalb meiner beruflichen Tätigkeit intensiv der Förderung des motorisierten Individualverkehrs gewidmet. Mein erstes Wort war nach Angaben meiner Eltern nicht »Mama« und auch nicht »Papa«, sondern »Auto«. Mein bevorzugtes Spielzeug waren Autos aller Art, insbesondere auch Modellrennautos von Märklin, die ich mit Knete und Bleiplättchen beschwerte, damit sie nach dem Anschieben schneller und weiter rollten. Ich sammle bis heute Modellautos und Motorräder, die in Galerien und Vitrinen zu Hause in Berlin, in meinen Kanzleien und in meinem Zweitdomizil in Südfrankreich ihren Platz haben.

Den Führerschein holte ich mir am Tag meines 18. Geburtstags ab, am 20. März 1953. Mein erstes Auto, bereits in der Referendarzeit, war ein mithilfe meines Vaters angeschaffter neuer VW Käfer. Von meinem ersten erfolgreichen Börsengang kaufte ich mir im Jahr 1961 einen neuen weißen Sportwagen von Porsche. Seit 60 Jahren sitze ich am Steuer, fast die Hälfte der Zeit, die die Automobilgeschichte überhaupt erst währt. Ich fuhr nicht nur Käfer und Porsche, sondern auch BMW-Cabrio und so ziemlich alle Mercedes S-Klassen. Mein Vater, Friedrich Karl Wegener, fuhr unter anderem einen Opel Admiral, meine Frau den Karmann Ghia, mein Schwiegersohn fährt einen Aston Martin.

Doch ich liebte das Autofahren nicht nur, ich setzte mich auch immer tatkräftig dafür ein. In der Mauerzeit erwirkte ich als Mitglied im »Ausschuss für Individual- und Personenverkehr« 1972 eine Regelung, nach der die West-Berliner Autofahrer nicht mehr aussteigen mussten, wenn sie bei der Transitreise von DDR-Grenzsoldaten kontrolliert wurden. Das klingt nach einer Kleinigkeit, war es aber nicht, sondern entscheidend für den Autoverkehr damals von und nach Berlin. 1988 trat ein von mir angeregtes Abkommen über einen ADAC-Pannenservice auf den Transitautobahnen nach Berlin in Kraft. Im selben Jahr gelang es uns, die ADAC-Luftrettung in Berlin zu etablieren. Kurt Helmich war mir damals stets ein ideenreicher Mitstreiter.

Ich habe mein Leben dem ehrwürdigen ADAC gewidmet und bin stolz und froh, nicht nur daran mitgearbeitet zu haben, dass dieser Automobilklub zu einem modernen Mobilitätsdienstleister wurde, sondern selbst auch zum Ehrenmitglied dieses Vereins ernannt worden zu sein. Als solches darf ich mich in der Tradition der großen ADAC Ehrenmitglieder Prinz Heinrich von Preußen, Carl Benz, August Horch, Robert Bosch, Ferdinand Porsche und Eugen Diesel sehen. Stolz bin ich auch auf die Tatsache, dass meine Familie nunmehr 90 Jahre lang lückenlos Mitglied im ADAC ist. Mein Vater hatte sich als junger Doktor der Juristerei im Jahre 1921 ein Motorrad zugelegt und war sofort dem ADAC beigetreten. So haben wir Wegeners den größten Teil der Clubgeschichte als eingetragene Mitglieder begleitet.

Wenn ich die große Geschichte des deutschen Automobils erwähne und auf den folgenden Seiten dieses Buches davor warne, dass eine verbohrte Verkehrspolitik diesen einmaligen deutschen Erfolg ernsthaft gefährdet, dann kann ich sagen, dass ich weiß, wovon ich spreche.

Deutschland baut die besten Autos

Ist diese Behauptung eine Übertreibung? Mag sein, doch wenn ich sie dennoch aufstelle, so nicht nur deshalb, weil ich persönlich die deutschen Autos für die besten der Welt halte, sondern weil alle Zahlen dafür sprechen, dass der

Rest der Welt das auch so sieht und dass es vielleicht wirklich so ist. Das Jahr 2011 spricht in dieser Hinsicht für sich. Die deutschen Autobauer kamen mit der Produktion nicht mehr nach, die Bestellungen aus dem In- und Ausland häuften sich in den Konzernetagen.

Allein die Volkswagengruppe verkaufte im ersten Halbjahr 4,1 Millionen Fahrzeuge. Das waren 14 Prozent mehr als im Vergleichszeitraum des Vorjahres und so viele wie nie zuvor. Die Kernmarke Volkswagen steigerte ihre Auslieferungen dabei gegenüber dem Vergleichszeitraum 2010 um 11,8 Prozent. Polo, Golf, Passat und andere Modelle verkauften sich besonders gut nach Russland, nach Asien und sogar auf dem schwierigen nordamerikanischen Markt.

Porsche verzeichnete mit 60 659 Auslieferungen im ersten Halbjahr 2010 die höchste Produktionszahl aller Zeiten und ein Plus von 37 Prozent gegenüber dem Vorjahreszeitraum, BMW steigerte die Produktion um 19,7 Prozent auf 833 366 Pkw. Mercedes-Benz lieferte allein im Juni 2011 weltweit 120 510 Autos aus und erreichte damit im ersten Halbjahr 2011 die höchsten Produktionszahlen der Werksgeschichte.[1] Pünktlich zum 125. Geburtstag des Automobils und nach 65 Jahren Produktion in der Nachkriegszeit erreichte Mercedes-Benz im Jahr 2011 übrigens eine weitere runde Rekordzahl: Das 30-millionste Fahrzeug mit dem Stern auf dem Kühler wurde an einen glücklichen Kunden ausgeliefert.[2]

Große Erfolge erzielte die deutsche Autoindustrie im Jahr 2011 auch auf dem schwierigen nordamerikanischen Markt. Dort sind im September die Verkäufe gegenüber dem Vorjahresmonat um 10 Prozent auf fast 1,1 Millionen Einheiten angestiegen.[3] Damit schnitten die deutschen Hersteller eindeutig am besten ab: So legte Volkswagen im September 2011 gegenüber dem Vorjahresmonat um 35,6 Prozent auf 27 036 Fahrzeuge zu. BMW verkaufte mit insgesamt 25 749 Neuwagen 11,4 Prozent mehr. Daimler steigerte den Verkauf um 15, 6 Prozent auf 23 897 Fahrzeuge.[4] Im Markt für Geländewagen und Pick-ups wuchsen die deutschen Marken sogar um 27 Prozent, während der gesamte Markt nur um 17 Prozent zulegte.[5] Es grenzt geradezu an ein Wunder, dass die Nachfrage nach deutschen Autos weltweit so groß ist. Der gute Ruf ist allerdings auch wohl begründet. Denn deutsche Autos sehen nicht nur gut aus und fahren sich gut, sie bleiben auch selten liegen.

In der ADAC-Pannenstatistik von 2010 waren die deutschen Autos in fünf von sechs Klassen die zuverlässigsten. In der Mittelklasse zum Beispiel siegte dabei der BMW 1er, gefolgt von der Mercedes C-Klasse und dem 3er BMW. In der Oberklasse lag der Audi A 5 vorn, gefolgt vom 5er BMW, und unter den Kleinbussen siegte der VW Transporter. Für diese Untersuchung wertete der ADAC insgesamt 500 000 Panneneinsätze aus. Berücksichtigt wurden Autos der Baujahre 2005 bis 2010. Eine ähnliche Auswertung aus dem Jahr 2009 hatte fast identische Ergebnisse gezeigt.[6]

Die guten Noten des ADAC für die deutschen Autobauer werden von Auswertungen der Dekra und des TÜV gestützt. So heißt es im Dekra-Mängelbericht 2010: »Die obere Mittelklasse und Oberklasse bleiben, wie in den Vorjahren, eine Domäne der deutschen Hersteller.« Und im TÜV-Report desselben Jahres steht: »Wie auch in den vergangenen Jahren, teilen sich die Marken aus Fernost und Deutschland die Top-Plätze (...).«

Noch vor fünf Jahren war das anders, da lagen die Japaner in den Mängelberichten zu großen Teilen noch vor den Deutschen. Dann aber packte die Germanen erneut der große Ehrgeiz, und sie setzten sich wieder an die Spitze. Der Autoexperte Ferdinand Dudenhöffer erklärt, wie sie das geschafft haben. Die deutschen Autobauer hätten sich bei ihrer Qualitätsoffensive von Toyota inspirieren lassen und dort vor allem von der Praxis, in neue Modelle Teile einzubauen, die sich in älteren Modellen bereits bewährt hatten. So umgeht man die berühmten Kinderkrankheiten, die auftreten, wenn ein neues Modell in großer Eile auf den Markt gebracht werden muss.[7] Sehr gute Ergebnisse erzielen die deutschen Hersteller auch bei den Rückholaktionen. Aus Deutschland gibt es dazu zwar keine aussagekräftigen Zahlen, da das Kraftfahrt-Bundesamt in Flensburg seine Listen nicht nach Marken getrennt führt. Aber in den USA wird nach Marken unterschieden. Das Center for Automotive der Fachhochschule der Wirtschaft (FHDW) in Bergisch Gladbach wertete die amerikanischen Zahlen der Rückrufaktionen für 2009 und 2010 aus und kam zu dem Ergebnis, dass deutsche Hersteller ihre Wagen seltener aufgrund von Mängeln in die Werkstätten zurückholen müssen als die Autobauer aus Japan und den USA. Rekordhalter war dabei übrigens BMW. Die Bayern hatten 2009 in Nordamerika keinen einzigen Wagen zurückrufen müssen.[8]

Zur guten Bewertung der Autos aus deutscher Produktion kam in den letzten Jahren auch noch dickes Lob für den Produktionsstandort Deutschland. Das tat gut, denn Deutschland wurde noch vor zehn Jahren als »kranker Mann Europas« bezeichnet. Seine Industrie sei zu teuer wegen der hohen Lohnnebenkosten und vielem mehr. Nichts von dieser Kritik hat sich halten können. 2011 lobte die europäische Autoindustrie Deutschland schließlich als weltweit innovativsten Standort mit höchster Qualität. Das geht aus der Europäischen Automobilstudie hervor, die von der Unternehmensberatung Ernst & Young kurz vor Beginn der IAA in Frankfurt präsentiert wurde. Die Studie basiert auf Befragungen von insgesamt 300 europäischen Automanagern. »Jeder zweite europäische Automanager bescheinigt den deutschen Firmen beste Chancen«, sagte Peter Fuß, Partner von Ernst & Young.[9] Damit meinte er, dass die Führer der europäischen Autoindustrie davon ausgehen, dass VW, Mercedes, BMW und Audi schon bald allesamt zu Weltmarktführern aufsteigen werden. Die deutsche Autoindustrie, so geht aus der Studie hervor, ist jetzt schon der Maßstab, an dem sich weltweit fast alle anderen Hersteller orientieren.

Dies gilt insbesondere für die ehrgeizigen Entwickler des koreanischen Herstellers Hyundai. Die Automarke aus Seoul, erst 1967 gegründet, wächst schneller als alle anderen Autohersteller der Welt und war 2011 bereits dabei, auf Platz vier der weltgrößten Produzenten aufzurücken. Die Ingenieure und Manager von Hyundai machen es heute so wie einst die Kollegen von Toyota: Sie beobachten die Konkurrenz sehr genau und versuchen dann, schneller zu sein. Hyundai hat dabei vor allem VW im Auge. VW-Chef Winterkorn ziehe deshalb gern, wenn er von Hyundai spreche, die Augenbrauen hoch, berichtete die *Frankfurter Allgemeine Zeitung* und schilderte folgende Szene von der IAA im Oktober 2011: »Die Zeiten, in denen Hyundai mit Billigautos Marktanteile eroberte, sind lang vorbei. Das zeigt ein wackeliges Handy-Video, das auf der IAA in Frankfurt aufgenommen wurde. Der VW-Chef ist darauf zu sehen, wie er, begleitet von einem Tross Mitarbeiter, den Hyundai-Stand besucht. Sein Interesse gilt dem neuen i30, mit dem die Südkoreaner das Wolfsburger Erfolgsmodell Golf direkt angreifen. Winterkorn setzt sich ins Auto, tastet, prüft, sieht sich um. Je länger er sich umsieht, desto genervter wird er. Der Moment der Schmach kommt, als der selbstbewusste VW-Chef die Lenkradverstellung des Autos aus Südkorea testet. »Bischoff«, faucht er, sein Chefdesigner Klaus Bischoff solle umgehend kommen. Winterkorn führt die Lenkung vor. »Da scheppert nichts«, schwäbelt er, warum können die Koreaner das? Winterkorn wird wütend. »BMW kann's nicht«, ruft er, »wir können's nicht.« Hyundais Ingenieure können es.[10] So gefährlich kann die plötzlich aufkommende Konkurrenz aus Asien sein … Aber die Geschichte zeigt, dass Deutschland letztlich doch vorne liegt.

Die unbestreitbar führende und immer weiter wachsende Qualität der deutschen Autos hat ihren Grund in der hervorragenden Leistung der deutschen Ingenieure und auch der amtierenden Führer der Automobilindustrie. Sie scheinen alle nach der berühmten Devise von Erich Sixt zu handeln, der einmal den folgenden Satz geprägt hat: »Für einen Unternehmer gibt es keine gesättigten Märkte. Es gibt nur Chancen.«

Ich nenne an dieser Stelle Martin Winterkorn, den Konzernchef von VW, den wir eben in der von der *FAZ* beschriebenen Szene sensibel gegenüber dem Aufstieg von Hyundai erlebt haben, der sich aber durchaus nicht verstecken muss, weil er nämlich dabei ist, seine Firma an die Weltspitze zu führen. Sein ohnehin ehrgeiziger Plan hatte vorgesehen, bis 2018 die Weltmarktführerschaft zu erreichen. Zehn Millionen Autos soll der Konzern dann pro Jahr verkaufen. Doch das Jahr 2011 ließ sogar einen schnelleren Weg zu diesem Ziel erwarten. So konnte der VW-Konzern seinen Umsatz bereits im ersten Quartal 2011 um 30,8 Prozent auf knapp 37,5 Milliarden Euro gegenüber dem Vorjahreszeitraum steigern und fast zwei Millionen Wagen ausliefern, das waren 14 Prozent mehr als im Vorjahr. Nie in seiner Firmengeschichte hat VW innerhalb eines Quartals mehr Fahrzeuge ausgeliefert. Analysten prophezeiten deshalb bereits, dass VW noch Ende 2011 oder aber 2012 zum Weltmarktführer aufsteigen könnte.[11]

Auch Audi-Chef Rupert Stadler gab zu großem Staunen Anlass, als er Mitte 2011 einen ehrgeizigen Modellplan bis zum Jahr 2020 vorstellte, nach dem Audi weltweit zur Nummer eins unter den Herstellern von Premiumautos werden soll.[12]

Sehr erfolgreich ist auch BMW-Chef Norbert Reithofer. Er hält die weltweit führende Premiummarke auf Erfolgskurs, und er geht gleichzeitig und mutig in das Kleinwagensegment, in dem der Preiskampf der Branche noch härter ist als in den anderen Klassen. Der wunderschöne Einser verkaufte sich seit seiner Schöpfung 2004 bis Mitte 2011 bereits 1,3 Millionen Mal. Er könnte so beliebt werden wie der Golf. Das Nachfolgemodell ist bereits am Start. Mit dem Einser und dem Kleinwagen Mini bestreitet BMW heute schon rund ein Drittel seiner gesamten Verkäufe.[13] Reithofer plant, den Mini, die 1er-Reihe und eine neue Baureihe, die unterhalb des Einsers angesiedelt ist, auf eine gemeinsame Basis zu setzen und daraus mindestens sieben neue Modelle zu entwickeln. 2016, zum einhundertjährigen BMW-Jubiläum, will Reithofer die magische Marke von zwei Millionen verkaufter Autos pro Jahr hinter sich lassen.[14]

Hervorheben möchte ich auch die ungewöhnlichen Leistungen von Dieter Zetsche. Seit Anfang 2006 ist er der Vorstandsvorsitzende der Daimler AG. Zuvor hatte Zetsche die Geschicke von Chrysler in den USA gelenkt und den Konzern nach Jahren der Verluste wieder in die schwarzen Zahlen geführt. Mit Zetsche an der Spitze meldete Daimler 2010 insgesamt 2000 (!) Patente an. Er strebe die »grüne Technologieführerschaft« an, verkündete Zetsche im Juli 2011. Und erklärte den Weg dorthin so: Bis 2016 werde die Mercedes-Flotte im Durchschnitt nur noch einen Verbrauch von fünf Liter auf 100 Kilometer und einen CO_2-Ausstoß von 125 Gramm haben.[15]

Im ersten Halbjahr 2010 wies Daimler in der wichtigen Autosparte eine Umsatzrendite von 10 Prozent aus, im zweiten Quartal betrug sie sogar 10,7 Prozent. Mit Mercedes-Benz-Cars konnte Zetsche sein hoch gestecktes Ziel also erreichen. Kämpferisch und selbstbewusst stellte er 2011 die neue M-Klasse und die neue B-Klasse vor. »Wir blasen nun zum Angriff aufs Kompaktsegment«, erklärte der Vorstandsvorsitzende. In China will er 2013 sogar ein Elektroauto auf den Markt bringen, und zwar in Kooperation mit dem Batteriehersteller BYD.[16] »Die beste Zeit des Autos kommt noch«, behauptete Zetsche im Dezember 2010 in einem Interview.[17] Zumindest für das darauf folgende Jahr hat er recht behalten. In einem weiteren Zeitungsgespräch wurde er konkreter und kündigte an: »In zwanzig Jahren wird es doppelt so viele Autos geben wie heute.« Ein kühner Satz. Doch wie ich Dieter Zetsche kenne, könnte er damit in Zukunft durchaus richtigliegen.[18]

Aber kehren wir zu VW zurück. Dort sitzt Ferdinand Piëch dem Aufsichtsrat vor. Er herrscht unangefochten über 400000 Mitarbeiter und annähernd 130 Milliarden Euro Umsatz. Ohne ihn wäre der sensationelle Aufstieg des größten deutschen Autobauers undenkbar gewesen. Ihm ist es gelungen, sich selbst für den Konzern unentbehrlich zu machen. Die Großaktionäre wollen ihn so lange wie möglich im Amt sehen.[19]

Piëch löste 1992 Carl Hahn im Vorstandsvorsitz ab. Der legendäre Automanager Hahn war 1953 zu VW gekommen und später zum Assistenten des Vorstandsvorsitzenden Heinrich Nordhoff aufgestiegen. Er leitete VW of America, wurde Vertriebschef in Wolfsburg und war 1992 schließlich Vorstandsvorsitzender. Zu seinen großen Erfolgen zählen die Verankerung des VW-Konzerns auf dem chinesischen Automarkt und die Übernahme des tschechischen Herstellers Skoda, den VW innerhalb eines Jahrzehnts vom Produzenten gefürchteter sozialistischer Horror-Autos in eine weltweit geachtete Premiummarke verwandelte. Am 1. Juli 2011 feierte Carl Hahn seinen 85. Geburtstag. Ohne Männer wie ihn und seine erfolgreichen Nachfolger wären die Glanzleistungen der deutschen Autoindustrie in den vergangenen Jahrzehnten nicht möglich gewesen. Wir nehmen diese Leistungen als selbstverständlich hin und profitieren alle davon. Dabei vergessen wir, welch harte Schlachten auf dem internationalen Automarkt geschlagen werden müssen, um Deutschland an der Spitze zu halten.

Zu diesem Zweck muss auch regelmäßig und von großem öffentlichen Interesse begleitet auf die großen Errungenschaften der deutschen Automobilindustrie hingewiesen werden: Da gibt es viele Preise, die vergeben werden, und Nennungen, die wichtig sind, zum Beispiel das »World Car of the Year«, das »Beste Familienauto«, den »E-Car-Award«, das »Auto der Vernunft« oder auch die »Auto-Umweltliste«, die vom Verkehrsclub Deutschland (VCD) erstellt wird. Zwei Automobilpreise möchte ich hier hervorheben, denen es gelungen ist, große Aufmerksamkeit bei Herstellern und Kunden zu erringen und sich sozusagen zu den Oscars der Straße zu entwickeln. Es sind diese das »Goldene Lenkrad« und der »Gelbe Engel«. Das Goldene Lenkrad geht auf eine Initiative des Berliner Verlegers Axel Springer zurück und wird von der Zeitung *Bild am Sonntag* in Kooperation mit der *Auto Bild* einmal jährlich im Herbst vergeben. Die Preisträger werden dabei nicht, wie im Falle anderer Preise, von Lesern gewählt, sondern nach zweitägigen Testfahrten von einer unabhängigen Jury aus Fachleuten, Prominenten und Rennfahrern gekürt.

Der Gelbe Engel wird vom ADAC immer im Januar vergeben. Eine hochkarätige Jury aus Mitgliedern des ADAC Präsidiums sowie der Nationalen Plattform für

Elektromobilität (NPE), von VDA und ZDK entscheidet in den wesentlichen Kategorien, wer die Trophäen erhält. Beide Preise, das Goldene Lenkrad und der Gelbe Engel, werden im Rahmen von Veranstaltungen beim Axel Springer Verlag in Berlin und in der Allerheiligen-Hofkirche in der Münchner Residenz vergeben, zu denen regelmäßig die gesamte Prominenz der deutschen Autoindustrie aufläuft. Es ist schön, wenn die Leistungsträger dieses Landes zusammenströmen, um die besten ihrer Produkte öffentlich gefeiert zu sehen!

Deutschland lebt vom Auto

Das Automobil bildet gleich beide Standbeine, auf denen die deutsche Wirtschaft steht. Einerseits ist die Versorgung der Bevölkerung, des Handels und der Industrie ohne Straßenverkehr nicht denkbar, andererseits ist die Produktion von Pkw und Lkw der Motor der gesamten deutschen Wirtschaft. Die Automobilindustrie ist der wichtigste Wirtschaftszweig unseres Landes. Mit einem Umsatz von insgesamt 315 Milliarden Euro war sie im Jahr 2010 mit 20 Prozent am Gesamtumsatz der deutschen Industrie beteiligt. 714 000 Menschen waren 2010 in der Automobilbranche tätig, umgerechnet 14 Prozent aller Beschäftigten in der deutschen Industrie. Zwischen 1996 und 2010 wurden 55 000 neue Jobs in der Autobranche geschaffen.

Noch beeindruckender werden die Zahlen, wenn man alle Beschäftigten zusammenrechnet, die in einem mit der Autoproduktion verbundenen Betrieb arbeiten. Dann kommt man auf mehr als fünf Millionen Arbeitsplätze. Dann stellt sich heraus, dass jeder siebte deutsche Arbeitnehmer sich deshalb auf sein regelmäßiges Einkommen verlassen kann, weil in Deutschland so viele Autos gebaut werden. Und nicht nur hier. Weltweit war 2010 jeder sechste gebaute Kraftwagen ein deutscher Wagen. Der Verband der deutschen Automobilwirtschaft rechnete in seinem Jahresbericht 2010 vor, dass wegen der Zulieferungen von Vorprodukten für den Bau deutscher Autos im Ausland auch Arbeitsplätze im Inland entstehen. Drei neue Jobs in der deutschen Autoproduktion im Ausland ziehen einen neuen Job im Inland nach sich.

Auch Deutschlands stolze Rolle als Export-Weltmeister ist allein der Autoindustrie zu verdanken. Drei von vier Autos, die bei uns gebaut werden, liefern wir ins Ausland. Der Handelsbilanzüberschuss der deutschen Autobranche lag 2009 bei sagenhaften 67 Milliarden Euro. Und um der Zahlen noch mehr hinzuzufügen, sei hier auch vermerkt, dass die Autoindustrie zwei Drittel aller Forschungs- und Entwicklungsmittel der deutschen Wirtschaft stellt. 2009 waren das 20 Milliarden Euro. Deutsche Autobauer und ihre Zuliefererbetriebe zählen weltweit zu den führenden Patentanmeldern.[1]

Im Inland halten die deutschen Autobauer noch einen weiteren Rekord. Sie gehören zu den beliebtesten Arbeitgebern, ganz besonders auch unter den Berufsanfängern. Kaum ein anderer Wirtschaftszweig vermag es nämlich, fast allen Jugendlichen und jungen Erwachsenen, vom Hauptschulabsolventen bis zum Dr. Ing., ein so vielfältiges Angebot von persönlichen Arbeits- und Entwicklungsmöglichkeiten zu machen und einen so guten Start ins Berufsleben zu ermöglichen wie die Autofirmen und ihre Zulieferer. Sie bieten in Deutschland allein 40 000 Ausbildungsplätze in 50 verschiedenen Ausbildungsberufen. Die Autoindustrie finanziert außerdem viele Studiengänge und sogar Lehrstühle an Universitäten, wie zum Beispiel den bundesweit ersten Lehrstuhl für »Kraftfahrzeugmechatronik« in Stuttgart.[2] Ohne Autoproduktion hätten unzählige Schulabgänger und Universitätsabsolventen schlechte oder gar keine Aussichten auf einen guten Job.

Die großen Produktionsstätten der deutschen Automobilbauer, ob Stammwerke oder Filialen, prägen mit ihrer Unternehmenskultur ganze Regionen in Deutschland. Daimler prägt das Bild von Stuttgart und Umgebung, Opel dominiert den Arbeitsmarkt in Rüsselsheim, Bochum und Eisenach, die BMW-Werke geben München, Regensburg und Leipzig ein ganz besonderes Flair, VW ist sozusagen identisch mit der Region Wolfsburg, aber auch Ingolstadt, Dresden, Emden, Hannover und Zwickau-Mosel. In Osnabrück rettete VW das alte Karmann-Werk und sicherte der Stadt damit ihren Platz in der Automobilwirtschaft. Der heutige Bundespräsident Christian Wulff, der damals Ministerpräsident von Niedersachsen war, setzte sich maßgeblich für den Erhalt des traditionellen Standorts für den Cabriobau ein.

Das Wolfsburger Stammwerk von VW gilt als die größte zusammenhängende Automobilfabrik der Welt. Hier werden nicht nur ganze Pkw gebaut, sondern vor allem auch Komponenten, die an allen anderen Standorten Verwendung finden.

Die deutschen Autobauer gehörten zu den wenigen Industrien, denen es erfolgreich gelungen ist, nach dem Zusammenbruch der DDR relevante Produktionsstandorte in den neuen Bundesländern zu halten oder neu zu eröffnen. Von BMW in Leipzig war schon die Rede, wo ein ganz neuer Standort aus der Erde gestampft wurde. Große Leistungen vollbrachte Opel am traditionsreichen Standort Eisenach. Hier hatte 1898 die serienmäßige Produktion des Wartburg begonnen. Von 1928 bis 1952 produzierte am selben Ort sehr erfolgreich die Firma BMW, bis sie von der SED enteignet wurde. 1989 waren von dem stolzen Autowerk nur noch unbrauchbare Reste übrig, als die

Adam Opel AG 1992 einstieg und aus dem Standort Eisenach innerhalb weniger Jahre eine der produktivsten Fertigungsstätten Europas machte. Die Stadt Eisenach, zu DDR-Zeiten vollends heruntergekommen und verarmt, blühte auf und entwickelte sich zu einer der wohlhabendsten Regionen der fünf neuen Bundesländer. Hier wurde die berühmte Vision des früheren Bundeskanzlers Kohl zur Wahrheit, der 1989 von »blühenden Landschaften« gesprochen hatte, die man auf dem Boden der ehemaligen DDR noch sehen werde. Zu diesen Erfolgen haben übrigens auch die Gewerkschaften beigetragen. Durch kooperative Verhandlungen und von ihnen gestützte moderate Tarifabschlüsse trugen und tragen sie dazu bei, dass die deutsche Automobilwirtschaft nicht nur wettbewerbsfähig bleibt, sondern von Jahr zu Jahr erfolgreicher wird. Eine ganz wichtige Rolle spielt dabei IG-Metall-Chef Berthold Huber, der u. a. auch stellvertretender Aufsichtsratsvorsitzender der Audi AG und Aufsichtsratsmitglied bei Porsche ist. Aus den von ihm geleiteten Verhandlungen gingen immer wieder sehr innovative und flexible Tarifverträge hervor. Mutig setzte er sich dabei gegen Kritik aus dem linken Gewerkschaftslager durch.

Schließlich sorgt die deutsche Autoindustrie nicht nur für Arbeitsplätze und Spitzenprodukte, sondern natürlich in erster Linie auch für Mobilität und Versorgung, denn 80 Prozent des Personenverkehrs und 70 Prozent des Güterverkehrs werden hierzulande über die Straße abgewickelt. 700 000 Tonnen an Fahrzeugen des gewerblichen Güterkraftverkehrs waren 2008 auf Deutschlands Straßen unterwegs. Sie leisteten 248 Milliarden Kilometer und beförderten 1,8 Milliarden Tonnen Güter. Diese Branche bildet nicht nur das Rückgrat unseres täglichen Lebens, sie sorgt ebenfalls für viele gute Jobs. 582 000 Beschäftigte zählte der gewerbliche Güterkraftverkehr Deutschlands im Jahr 2008.[3] Und dieser Güterverkehr und auch der Personenverkehr sind ohne die Produktion und Weiterentwicklung hochwertiger Automobile und Lkw nicht denkbar. Deutschland lebt vom Auto. Man stelle sich vor, es würden keine Autos und Lkw mehr gebaut. Dann würde unser blühendes Land verblühen, würde still stehen, die Wirtschaft würde zusammenbrechen und mit ihr Wohlstand und Zivilisation. Armut und Elend wären die Folge.

Dieser für jeden erkennbare Zusammenhang hindert viele Politiker in diesem Land aber leider nicht daran, immer wieder gegen den motorisierten Individual- und Güterverkehr zu agitieren. So verlangten die Grünen in Bremen, als sie sich 2011 gemeinsam mit der SPD zur Machtübernahme im Rathaus rüsteten, die Erwähnung der Autoproduktion in Bremen solle aus dem Wirtschaftsprogramm der neuen Landesregierung gestrichen werden. Wohlbemerkt: Allein die Erwähnung, dass es in Bremen eine Automobilwirtschaft gibt, war ihnen ein Dorn im Auge. Dazu muss man wissen, dass das Mercedes-Benz-Werk in Bremen heute mit noch 11 229 Mitarbeitern der größte private Arbeitgeber der Hansestadt und nach Sindelfingen das zweitgrößte Produktionswerk von Daimler in Deutschland ist. Die Bremer SPD dagegen hatte den Satz »Bremen ist eine Autostadt« in das Programm aufnehmen wollen. Man einigte sich schließlich auf die Formulierung: »Bremen ist eine Stadt der Automobilwirtschaft.« Gut, dass es so gekommen ist. Unbegreiflich bleibt mir nur, warum die Grünen den Ast, auf dem Bremen sitzt, verbal absägen wollten.[4]

Ähnlich verfuhren die Grünen nach ihrem Wahlsieg in Baden-Württemberg. Noch vor ihrer Regierungsübernahme sagte der designierte Ministerpräsident der Grünen Winfried Kretschmann: »Weniger Autos sind natürlich

besser als mehr.« Und fügte ganz konkret hinzu, die Autobauer sollten in Zukunft weniger und nicht mehr Fahrzeuge herstellen und exportieren.[5] Damit brachte er die gesamte Automobilbranche gegen sich auf. Uwe Hück,
Betriebsratschef bei Porsche, wetterte:»Kretschmann hat
noch nicht einmal mit uns geredet und sich angehört,
woran wir arbeiten.«[6] Tatsächlich besuchte der grüne Ministerpräsident dann das Porsche-Werk, äußerte sich dort
aber gleich wieder unangemessen einseitig: Er habe einfach
nicht »das libidinöse Verhältnis zu diesen Autos, wie diejenigen, die sie gern fahren«, sagte er.[7]

Nicht selten musste sich der Landesvater wegen seiner
ironischen Distanz zur Schlüsselindustrie seines Landes
fragen lassen, ob er denn mit dem Klammerbeutel gepu-
dert sei. Und nie wurde wirklich klar, ob Herr Kretschmann denn eigentlich ermessen konnte oder hatte ermessen wollen, welchen Schaden er da angerichtet hatte.

Als schließlich Kretschmanns Verkehrsminister Winfried Hermann ins selbe Horn stieß und die Abkehr der
deutschen Autobauer von der Premiumklasse verlangte,
da platzte Matthias Wissmann, Präsident des Verbandes
der Deutschen Automobilindustrie (VDA), der Kragen:
»Herr Hermann ist ein intelligenter Mann«, sagte er, »aber
gelegentlich denkt er offensichtlich noch in alten Stereotypen. Baden-Württemberg ist Premiumland, dafür stehen
die Marken Audi, Porsche und Mercedes-Benz. Hier laufen jährlich über eine Million hochwertiger Pkw vom
Band. Auch der neue Verkehrsminister sollte erkennen,
dass die deutsche Premiumflotte die effizienteste der Welt
ist.«[8]

Minister Hermann ruderte schließlich kleinlaut zurück.
Auf der Hauptversammlung des ADAC am 14. Mai 2011
in Mannheim sagte er:»Und wenn Sie da und dort kriti-
sche Worte zur Automobilindustrie hören, dann drücken

diese – jedenfalls wenn sie aus meinem Munde kommen oder auch, wenn das Winfried Kretschmann sagt – keinesfalls eine Einstellung gegen das Auto aus. Uns treibt dann allein die Sorge um das Wissen, diese Arbeitsplätze in Baden-Württemberg nur dann halten zu können, wenn es rechtzeitig gelingt, die Modernisierung der Produkte so hinzubekommen, dass sie auch noch in 10, 15 oder 20 Jahren im globalen Wettbewerb bestehen können.« Hermann fügte hinzu: »Politik muss darauf drängen, dass der Wandel hin zu einem effizienten Verbrennungsmotor oder eben zu alternativen Technologien voranschreitet.«[9]

Diese Einlassung des grünen Verkehrsministers enthält meines Erachtens gleich zwei Unwahrheiten. Denn erstens muss die Politik keinesfalls darauf achten, dass effiziente Verbrennungsmotoren und alternative Antriebe entwickelt und produziert werden. Das tun die Autohersteller nämlich mit großem Aufwand und großem Erfolg seit Jahrzehnten selbst. Politiker wären gar nicht in der Lage, wirtschaftliche Innovationen zu erwirken. Wenn sie das glauben, dann überschätzen sie sich maßlos. Und zweitens drücken die kritischen Worte der Grünen gegenüber der Autoindustrie keinesfalls deren Sorge um Arbeitsplätze, sondern sehr wohl ihre grundsätzliche Feindschaft gegenüber dem Automobil als Verkehrsmittel aus. Das lässt sich mit schier unendlich vielen Beweisen belegen, und ich werde das im Verlauf dieses Buches auch tun.

Übrigens polemisieren die grünen Machthaber in Stuttgart nicht nur gegen das Automobil, sie schaffen auch Fakten. So beteiligte sich Baden-Württemberg, quasi als erste Amtshandlung der neuen Regierung, im Frühjahr 2011 nicht am Testlauf für die Gigaliner. Diese Lastkraftwagen sind länger und schwerer als die herkömmlichen. Sie haben ein Gesamtgewicht von 44 statt 40 Tonnen und ziehen hinter dem Auflieger noch einen fest verbundenen, zweiachsigen Hänger hinter sich her. Die Gigaliner werden von Mercedes-Benz entwickelt und sind in vielen anderen europäischen Ländern längst auf der Autobahn. Mit ihnen soll der Güterverkehr effizienter und umweltfreundlicher gestaltet werden. Die Bundesregierung will die Groß-Lkw testen und benötigt dafür die Genehmigung der Bundesländer. Von Baden-Württemberg bekommt sie diese nicht. »Ziel ist es, den Lkw-Verkehr zu bündeln und dadurch die Fahrten auf der Straße und den Schadstoffausstoß im Verkehr zu reduzieren«, begründete das Bundesverkehrsministerium den Gigaliner-Versuch.[10] Diese Tests, so möchte man glauben, sollten die grünen Herren in Stuttgart doch wohl tolerieren. Aber nein, sie tun es nicht. Ihre Ideologie schreibt ihnen vor, den Güterverkehr auf die Schiene zu verlagern, ob das sinnvoll, kostengünstig und effizient ist oder nicht. Also werden Maßnahmen torpediert, die eigentlich dazu ergriffen werden sollten, dem Güterverkehr auf der Straße bessere Bedingungen zu schaffen.

Nicht immer natürlich ist die Politik nur Klotz am Bein. Deshalb möchte ich hier auch ein positives Beispiel heranziehen, das verdeutlicht, wie eine vernünftige politische Entscheidung der Industrie in schwierigen Zeiten helfen kann. Schwierige Zeiten erlebte die deutsche Autoindustrie zuletzt in den Jahren nach der Weltwirtschaftskrise 2008. Als ein Jahr später die Absatzmärkte im In- und Ausland einzubrechen drohten, setzte die Bundesregierung unter Federführung von Bundeskanzlerin Angela Merkel (CDU) und Bundesfinanzminister Peer Steinbrück (SPD) die sogenannte »Umweltprämie« in Kraft, die später auch »Abwrackprämie« genannt wurde. Insgesamt 2500 Euro bekam derjenige, der sein altes Auto zwischen dem 14. Januar 2009 und dem 30. Juni 2010 verschrottete und im selben Zeitraum einen Neuwagen auf seinen Namen anmeldete. So sollten Besitzer von Altwagen dazu angeregt werden, einen Neuwagen zu erwerben und damit die Produktion anzukurbeln. Fünf Milliarden Euro wurden für dieses Programm zur Verfügung gestellt.

Zwar hatten so einflussreiche Publizisten wie Thilo Sarrazin noch 2008 behauptet, die Deutschen würden in der Krise einfach bei ihrem alten Auto bleiben und auf keinerlei Kaufanreize reagieren. Wörtlich hatte Sarrazin in einem Interview gesagt: »Mein Audi A4 ist jetzt sieben Jahre alt, bestens in Schuss. Und er fährt noch mal sieben Jahre, vielleicht auch acht. Und das machen alle Deutschen so.«[11] Doch Sarrazin hat sich in diesem Fall tatsächlich einmal geirrt, es kam anders!

Im Januar 2010 meldete der Verband der Deutschen Automobilindustrie (VDA), die Abwrackprämie sei zum vollen Erfolg geraten. Der europäische Branchenverband ACEA gab gleichzeitig bekannt, der Autoabsatz in Deutschland habe sich aufgrund der Prämie im Jahr 2009 gegenüber dem Vorjahr um 23 Prozent erhöht.[12] Laut Statistik des Bundesamts für Ausfuhrkontrolle und Wirtschaft (BAFA) profitierte von diesem künstlich inszenierten Boom vor allem die Marke VW. So habe sich jeder zehnte Käufer, der von der Abwrackprämie Gebrauch machte, beim Kauf des Neuwagens für einen VW Golf oder Jetta entschieden. Auch der zweite und dritte Platz dieser Abwrack-und Neukauf-Hitliste wurde vom VW-Konzern mit den Modellen VW Polo und Skoda Fabia angeführt. Den vierten und fünften Platz belegte Opel (Corsa, Astra).[13]

Mit dem von der Abwrackprämie erzielten Absatzboom konnte sich die deutsche Autoindustrie über zwei schwierige Jahre retten, bevor Ende 2010 die Konjunktur wieder ansprang. Diese Rettung kam natürlich auch der Zuliefererindustrie zugute. So konnte zum Beispiel auch Maria-Elisabeth Schaeffler, deren Unternehmen in der Krise arg gebeutelt worden war, schon Mitte des Jahres 2010 melden, es gehe langsam wieder aufwärts. Und Ende 2011 konnte das Familienunternehmen verkünden, der Umsatz sei in den ersten neun Monaten des Jahres um 15 Prozent gestiegen. Ebenso vernünftig wie die Abwrackprämie waren ein Jahr später, im 125. Jahr des Automobilbaus, auch die Worte der deutschen Bundeskanzlerin in Richtung der deutschen Autoindustrie. Auf der Jubiläumsveranstaltung des Stuttgarter Autobauers Daimler im Januar 2011 formulierte sie den schönen Satz: »Deutschland ist ein Autoland.«[14] Ja, so ist es, in jeder Hinsicht. Und noch eine Bestandsaufnahme der Kanzlerin zum selben Anlass entspricht der Wahrheit: Sie sagte, der Wunsch nach Mobilität werde nicht verloren gehen. Sieben Milliarden Menschen träumten davon, also die ganze Weltbevölkerung. Richtig! Und Deutschland leistet einen nicht unerheblichen Beitrag dazu, dass sich immer mehr Menschen von diesen sieben Milliarden den Traum vom eigenen Auto erfüllen können.

Der Deutschen liebstes Kind

Sprichwörtlich heißt es ja, das Auto sei des Deutschen liebstes Kind, und dieses Sprichwort enthält sehr viel Wahrheit. Im Auto verbindet sich unser Stolz auf die Spitzenprodukte made in Germany mit der Freude am Fahren, der Freude an der Unabhängigkeit. Die Deutschen haben das Auto immer geliebt, und die meisten haben nie aufgehört, es zu lieben. Auch hier sprechen die Zahlen für sich: 82,8 Prozent der 40 Millionen Haushalte in Deutschland verfügten über mindestens ein Auto. 29 Prozent besitzen sogar zwei oder mehrere Pkw. Im Süden ist der Hang zum motorisierten Individualverkehr besonders stark ausgeprägt: 88,6 Prozent aller Haushalte in Baden-Württemberg leisten sich ein Auto, in Bayern sind es 87, 2 Prozent, in Hamburg dagegen nur 66 Prozent und in Berlin nur 58,8 Prozent.[1]

Deutlich wird die innige Zuneigung der Deutschen zu ihrem Auto, wenn man fragt, wer seinem Pkw einen Namen gibt. Dann sagen 40 Prozent der weiblichen und 24 Prozent der männlichen Autobesitzer, ihr Auto habe einen Namen. Das ergab eine Umfrage der Online-Börse *Auto-Scout24.de* aus dem Jahr 2010 unter 1000 Nutzern. Vor allem Verniedlichungen werden gern genommen. Nahezu jedes dritte benamte Auto in Deutschland trägt einen Kosenamen wie »Baby«, »Schnucki« oder »Kleiner«.

Die Designer der großen Autobauer wiederum tragen diesem innigen Verhältnis zum Auto immer mehr Rechnung. Die Modelle von BMW, Mercedes, Audi und auch VW sind in den vergangenen zehn Jahren immer schöner geworden. Die E-Klasse, der Passat, der 3er- und der 5er BMW, alles Wagen mit früher eher schwerfälligen und wenig charmanten Karosserien, sind heute so elegant und weltläufig, wie es früher nur die edlen britischen Fabrikate waren. Heute kann man also mit Fug und Recht behaupten, dass Deutschland nicht nur technisch perfekte Autos, sondern zunehmend auch Design-Ikonen baut.

Die Begeisterung der Deutschen erstreckt sich übrigens nicht nur auf aktuelle und immer neue Modelle. Auch die Liebe zu alten und historischen Fahrzeugen ist in unserem Land besonders stark ausgeprägt. Insgesamt 210 000 Oldtimer mit H-Kennzeichen rollten 2010 auf Deutschlands Straßen. Mehr als 13 Millionen Deutsche interessieren sich für Oldtimer. Drei Millionen von ihnen sind echte Fans, und zwei Millionen von diesen Fans wiederum kennen sich so gut mit Oldtimern aus, dass sie regelmäßig Freunde und Bekannte auf diesem Gebiet beraten. Insgesamt schwärmt fast ein Viertel aller Bundesbürger zwischen 25 und 49 Jahren für die automobilen Klassiker. Das ergab die Allensba-

cher Markt- und Werbeträgeranalyse (AWA) 2010.[2] Diese
Liebe zu den alten Autos ist in den vergangenen Jahren
noch einmal stark gewachsen. So nahm die Zahl der Wagen
mit H-Kennzeichen auf Deutschlands Straßen zwischen
2007 und 2010 um 30 Prozent zu. Zwischen 1995 und 2010
stieg der Anteil der mehr als 30 Jahre alten zugelassenen
Pkw und Motorräder in Deutschland um 218 Prozent von
189 000 auf mehr als 600 000. Der beliebteste Oldtimer ist
übrigens, wie sollte es auch anders sein, der VW-Käfer.[3]

Deutsche Autobesitzer haben in jeder Hinsicht ein spezielles Verhältnis zu ihrem liebsten Kind. Sie gehen gene-
rell vorsichtiger und penibler mit ihrem Gefährt um als
Pkw-Halter in anderen Ländern. Bei uns wird ein kleiner
Kratzer im Lack als Angriff auf Leib und Leben des
Halters verstanden. Man ruft hier die Polizei wegen Blech-
schäden, die noch nicht einmal der Gutachter auf den ersten Blick erkennt. Bin ich aber zum Beispiel in Südfrankreich an der Côte d'Azur unterwegs, dann sehe ich auch
wohlhabende Leute in kleinen, verbeulten Wagen herumfahren. Es kümmert sie überhaupt nicht, wie ihr Gefährt
von außen aussieht oder welcher Motor unter der Haube
arbeitet. Fahren muss es und seinen Zweck erfüllen. Die
Mehrheit der Bevölkerung in Frankreich, Italien und England betrachtet das Auto nicht als Statussymbol. Man investiert lieber in gute Kleidung, gutes Essen und die Im-
mobilie. In Deutschland ist es genau umgekehrt: Mit
meinem Wagen vor der Tür zeige ich dem Nachbarn, dass
ich ihn sozial überholt habe. Da zählen Größe, Kraft und
Markenprestige und nicht die Frage, ob ein kleineres,
preiswerteres Auto für meine Bedürfnisse ausreichen
würde. Wir werden für unser ganz spezielles Verhältnis
zum Auto im Ausland oftmals belächelt. Doch will man es
uns verdenken? Die anderen wissen ja gar nicht, wie es ist,
in einem Land zu leben, in dem Autos von Mercedes, Por-

sche, BMW, Audi und VW gebaut werden. Das macht stolz. Diese Wagen will man dann auch selbst fahren. Und wir alle fahren gerne Auto, besonders drei Gruppen der Gesellschaft: die Berufstätigen, die Mütter und Väter und die Senioren. Trotz astronomischer Steuerquoten und aller sonstigen Einschränkungen, die die Politik dem Autoverkehr seit mehr als 20 Jahren auferlegt, fahren die Deutschen nach wie vor am liebsten mit dem eigenen Auto zur Arbeit. 60 Prozent der Berufstätigen benutzten 2008 den eigenen Wagen (Statistisches Bundesamt). Bus und Bahn verloren sogar an Zuspruch. Den öffentlichen Personennahverkehr nutzten 2008 nur 10,8 Prozent der Berufstätigen für den Weg zur Arbeit. 1996 waren es noch 11,5 Prozent.

Im Jahr 2010 ergab die repräsentative Studie »Wohnen und Leben 2010« im Auftrag von *Immowelt.de* (1029 Personen, befragt durch das Marktforschungsinstitut Innofact), dass die Deutschen bereit sind, eine Strecke von durchschnittlich 98 Kilometer pro Tag zum Arbeitsplatz zurückzulegen, wenn sie mit dem Auto fahren können. Erst ab einer Wegstrecke, die diese 98 Kilometer überschreitet, ziehen sie einen Umzug in Betracht, um näher am Arbeitsplatz zu wohnen. Die jeweilige Schmerzgrenze ist abhängig vom Gehalt. Für 54 Prozent der Geringverdiener wäre ein Anfahrtsweg von 100 Kilometern zu viel, sie würden einen Ortswechsel vornehmen. Knapp ein Drittel der Befragten mit maximal 1000 Euro Haushaltsnettoeinkommen würde schon bei weniger als 50 Kilometer täglichem Arbeitsweg umziehen. Sie könnten sich die große finanzielle Belastung, die das Pendeln verursacht, nicht leisten. Anders ausgedrückt: Die hohen Abgaben und Gebühren, mit denen der Staat das Autofahren künstlich verteuert, treffen die Haushalte mit niedrigem Einkommen besonders empfindlich.

Autofahren werde »mehr und mehr zum Privileg für Besserverdienende«, so formulierte es im September 2011 der Vorsitzende des Auto Club Europa (ACE) Wolfgang Rose. Es drohe eine Zweiklassengesellschaft, in der viele Menschen abgehängt würden. Das Statistische Bundesamt gab der Warnung Roses übrigens recht: Nach Angaben des Amtes sind die Preise für das Autofahren von August 2009 bis August 2011 in Deutschland um 7,2 Prozent gestiegen, während sich die Verbraucherpreise insgesamt im selben Zeitraum nur um 3,8 Prozent erhöhten.[4]

Ähnlich wichtig wie den Berufstätigen ist das Automobil auch Vätern und Müttern. Rüdiger Mautz vom Soziologischen Forschungsinstitut Göttingen stellte in seinem Werk »Mobilität im Alltag: Warum wir nicht vom Auto lassen« anhand wissenschaftlicher Forschungen fest, dass das Auto bei Paaren mit Kindern eine besonders große Rolle spielt. Warum? Ganz einfach! Wenn Familien gegründet werden, zieht man gern an den Ortsrand, die Anbindung an den öffentlichen Personennahverkehr wird lückenhafter, nur das Auto kann jetzt Mobilität garantieren.

Wohnt man bereits im Umland und hat sich bisher mit Fahrrad und Bahn behelfen können, so wird spätestens mit dem ersten Kind der Ruf nach mindestens einem Auto lauter. Insbesondere Frauen verzichten jetzt auf keinen Fall mehr auf die damit verbundene Freiheit und Beweglichkeit. Sie müssen Beruf und Haushalt, Erziehung und Einkauf verbinden und kommen mit ihrem Zeitbudget ohne Auto nicht mehr aus. Väter nehmen neben dem Beruf immer mehr Erziehungsaufgaben wahr und brauchen daher ebenfalls einen Wagen. Schulweg, Job, Zahnarzt, Kindergeburtstag – ohne Auto keine Chance!

Familien waren einer Umfrage im Jahr 2007 zufolge mobiler als noch zehn Jahre zuvor und legen immer mehr Wert auf das Auto. Fast die Hälfte aller jungen Eltern in

Deutschland (41 Prozent) haben bereits zwei Autos, ergab eine in Mainz veröffentlichte Umfrage des Instituts für Demoskopie Allensbach. 1997 hatten erst 30 Prozent der jungen Familien zwei Fahrzeuge besessen. Ohne Auto kommen heute laut Umfrage lediglich fünf Prozent der jungen Eltern aus. Als Ursache für die zunehmende Motorisierung der Familien werden die häufigere Berufstätigkeit von Müttern und »ein wenig auch die verstärkte Intensität der Bindungen zur näheren und weiteren Verwandtschaft« genannt.

Deutlich mobiler als noch vor zehn Jahren ist heute auch die Generation der über 59-Jährigen: Laut einer Allensbach-Umfrage saßen 55 Prozent von ihnen im Jahr 2007 hinterm Steuer eines Autos. 1997 waren es erst 40 Prozent gewesen. Dass sie mindestens einen Wagen im Haushalt haben, geben nun 69 Prozent der über 59-Jährigen an. Zehn Jahre zuvor hatten erst 55 Prozent der Senioren ein eigenes Auto besessen.

Laut Shell-Studie zum motorisierten Individualverkehr aus dem Jahr 2010 fahren insbesondere Frauen über 50 immer häufiger selbst. Daraus folgt eine zunehmende Motorisierung im Alter. Aus der Studie »Mobilität in Deutschland 2008« des Bundesverkehrsministeriums geht hervor, dass der Trend der Senioren zum Auto mehrere Ursachen hat. Viele ältere Menschen seien mobiler und agiler und gingen heutzutage mehr aus dem Haus. Ihre Freizeitfahrten (35 Prozent) und Einkaufsfahrten (30 Prozent) nehmen stetig zu. Laut Studie fühlen sich Senioren im eigenen Auto ungleich sicherer als in Bus und Bahn. Auf den öffentlichen Personennahverkehr umsteigen wollen im Alter nur die wenigsten.

Es ist ganz offensichtlich: Der Hang, sich im Zuge steigender Mobilität eines oder mehrerer Autos zu bedienen, nimmt immer mehr zu.

Und dennoch gibt es einen neuen Trend, dem zufolge das Auto für Teile der jungen Generation als Statussymbol schleichend an Wert verliert. Es ist dies eine Entwicklung, die zunächst auf die Großstädte beschränkt bleibt, von der man aber nicht weiß, wie weit sie sich ausbreiten wird. Es gibt sie nicht ohne Grund: Drei Jahrzehnte politischer Propaganda gegen den motorisierten Individualverkehr haben das Image des Autos unübersehbar getroffen, eine rigide Verkehrsplanung, die alle anderen Verkehrsmittel vor dem Auto bevorzugt, hat begonnen, die Attraktivität und die Stärke des Automobils tatsächlich zu untergraben. Hiervon wird in den folgenden Kapiteln die Rede sein.

Erste Anzeichen einer Autodämmerung

Das unbekümmerte Verhältnis zum Auto ist in der großen Mehrheit der Bevölkerung nachweislich noch vorhanden. Und auch der Wunsch, ein eigenes Auto zu besitzen und als Statussymbol vorzeigen zu können, ist den meisten Deutschen noch zu eigen. Doch gibt es erste Anzeichen für eine Lebenseinstellung, die ohne Automobil auskommt. Ein neuer Trend greift in den Städten um sich, vor allem unter ganz jungen Deutschen, der das Auto nicht mehr auf Platz eins der Statussymbole stellt.

Als Daimler-Chef Dieter Zetsche im April 2011 von »goldenen Jahren« sprach, die auf uns zukommen würden und in denen die deutschen Autohersteller »überdurchschnittlich wachsen« würden[1], da hatte er ganz sicher recht. Wahr ist aber auch, dass der Export unserer Automobile insbesondere nach Asien und Russland einen immer größeren Anteil am Erfolg unserer Autoindustrie hat. Ein Jahr zuvor hatte sich Zetsches Kollege Rupert

Stadler, Vorstandschef von Audi, noch optimistischer geäußert. »Das Automobil hat Zukunft«, hatte Stadler erklärt. »Der Mensch will mobil sein«.[2] Auch Stadler hatte auf jeden Fall recht. Für eine Autodämmerung in Deutschland spricht derzeit nicht viel, jedoch mehr, als ich erwartet hatte, bevor ich mich mit diesem Thema eingehend befasste. Um es vorwegzunehmen: Die ersten Anzeichen sprechen dafür, dass die jahrzehntelange Antipropaganda der Politik und Umweltverbände gegen das Automobil erste Früchte gezeitigt hat. Diese Entwicklung soll Thema dieses Kapitels sein.

Nur kurze Zeit nach den optimistischen Äußerungen Stadlers wurde eine aufsehenerregende Studie des »Center of Automotive« in Bergisch Gladbach bekannt. Diese Studie mit dem Titel »Jugend und Automobil 2010«[3] kam nach einer repräsentativen Befragung von 1100 jungen Erwachsenen zwischen 18 und 25 Jahren zu dem Schluss, dass sich die jungen Erwachsenen in Deutschland mit immer weniger Leidenschaft mit Autos beschäftigen, dass sie ihr Geld für viele Dinge ausgeben möchten, nicht aber für ein Auto, dass sie ihre Freizeit ganz woanders verbringen möchten als hinter dem Steuer. »Die emotionale Bindung der jungen Generation an das Statussymbol Auto lässt deutlich nach«, resümiert die Studie.

20 bis 30 Prozent der jungen Männer und Frauen in Deutschland sähen im Auto nur noch ein mehr oder weniger praktisches Fortbewegungsmittel und kein erstrebenswertes Statussymbol mehr. 23 Prozent der Männer und 21 Prozent der Frauen in dem genannten Alter können sich sogar vorstellen, ganz auf das Auto zu verzichten. Diese jungen Männer und Frauen sind auch nicht mehr bereit, für die Anschaffung eines Automobils etwa auf eine Urlaubsreise oder eine komfortable Wohnung zu verzichten. Auf die Frage, worauf sie eher verzichten könnten, auf

eine eigene Wohnung oder ein eigenes Auto, nannten nur vier Prozent der 18- bis 25-Jährigen die Wohnung. Immer mehr wird auch das Car-Sharing zum Trend, eine sehr praktisch Art der unkomplizierten Autovermietung.

Zahlen des Kraftfahrtbundesamtes (KBA) stützen die Aussagen der Studie und vor allem den Trend, den diese Aussagen andeuten, den Trend eines Teils der jungen Generation weg vom Auto. So waren unter den Käufern eines Neuwagens in Deutschland im Jahr 2009 nur sieben Prozent im Alter zwischen 18 und 29 Jahren. Zehn Jahre zuvor war die Gruppe der jungen Neuwagenkäufer in dieser Altersklasse noch doppelt so groß.[4]

Auto und Jugendkultur scheinen weniger miteinander im Einklang zu sein, als das noch in früheren Jahren der Fall war. Sind die Zeiten von James Dean endgültig vorbei? Drive In und Autokino: alles von gestern? Ist das Auto auf dem Weg vom Freiheitssymbol zur uncoolen Dreckschleuder? Sicherlich nicht. Sind vier Räder und ein Motor keine Verlockung mehr? Auch diese Befürchtung ist sicherlich übertrieben. Wundern und stutzig machen muss uns aber, dass es Risse in der althergebrachten Begeisterung für das Automobil zu geben scheint. Eine Untersuchung des Deutschen Jugendinstituts (DJI) ergab im Jahr 2010, dass die jungen Deutschen das Auto tatsächlich immer weniger nutzen. Die 18- bis 24-Jährigen nutzten es im Jahr 2008 um 12 Prozent weniger als noch im Jahr 2002. Und auch die Lust am Führerschein nahm eher ab als zu. Im Jahre 1998 besaßen noch 89,4 der unter 25-Jährigen Deutschen eine Fahrerlaubnis, 2008 aber nur noch 75,5 Prozent. Entsprechend wenig attraktiv wirkte das neue Angebot des Gesetzgebers, schon mit 17 Jahren ein Auto fahren zu dürfen – mit Begleitung versteht sich. Nur ein Drittel der Jugendlichen macht von diesem Angebot Gebrauch.[5] Und das Bundesverkehrsministerium stellte in seiner letzten Mobilitätsstudie bereits 2008 fest, dass der Anteil der Personen, die im Besitz eines Führerscheins sind, in den älteren Bevölkerungsgruppen wächst, bei den jüngeren Altersgruppen aber leicht abnimmt.[6]

Ein leicht abgekühltes oder auch etwas nüchterneres Verhältnis zum Automobil stellen Forscher indes nicht nur bei der ganz jungen Generation fest. So ergab eine Umfrage des Marktforschungsunternehmens Ipsos für den Autovermieter Europcar bereits im Jahr 2009, dass 30 Prozent aller Bundesbürger darüber nachdenken, ob sie nicht in naher Zukunft mindestens eines ihrer Autos abgeben sollten. Ein Jahr zuvor hatte die Quote derjenigen, die sich ein Leben auch ohne Auto vorstellen konnten, erst bei 17 Prozent gelegen.[7]

Es könnte also künftig Gruppen in der Bevölkerung geben, die sich vorstellen können, auch ohne Auto zu leben. Die Automobilexperten der Unternehmensberatung Roland Berger, Wolfgang Bernhart und Philipp Grosse-Kleimann, sehen einen Bedeutungsverlust des Automobils in Deutschland bis zum Jahr 2025 auf uns zukommen. »Schon heute beobachten wir einen deutlichen Trend zur Demotorisierung«, sagen sie und vergleichen Deutschland mit dem aufstrebenden China. Während in China eine gewaltige Motorisierungswelle erwartet werde, pendle sich Deutschland auf hohem Niveau ein. In China kämen heute auf 1000 Einwohner 43 Autos, in 15 Jahren würden es aber schon 200 sein. In Deutschland dagegen, wo etwa auf jeden zweiten Einwohner ein Auto komme, setze ein gegenläufiger Trend ein, es begänne »zu bröckeln«.[8] »Hier haben sich in den letzten Jahren die emotionalen Präferenzen verschoben«, sagt Wolfgang Bernhart. Insbesondere gelinge es nicht mehr so selbstverständlich wie früher, das Auto in »die neue Lebenswirklichkeit junger Leute einzubinden«.[9] Gemeint mit dieser Lebenswirklichkeit ist die elektronische Welt der Kommunikation, das Internet. Hier finden Jugendliche und junge Erwachsene heute eher ihre Freiheit und ihren Trend als im eigenen Auto. Wo die Prioritäten der 14- bis 29-jährigen Deutschen liegen, erforschte der IT-Branchenverband Bitkom im Frühjahr 2010: Neun von zehn Befragten konnten sich damals schon ein Leben ohne Internet und Handy nicht mehr vorstellen, ein Leben ohne Auto aber durchaus.[10] Sogar die deutsche Automobilindustrie selbst, wenn sie denn Studien in Auftrag gibt, kann in deren Ergebnissen nicht auf Entwarnung hoffen: Vorsichtig formuliert sprach das zu BMW gehörende Ifmo-Institut im Frühjahr 2011 von »möglichen Brüchen« im Mobilitätsverhalten Jugendlicher.[11]

Und sogar der Chefredakteur der ADAC-Motorwelt, Michael Ramstetter, musste im Dezember 2010 in seinem Editorial feststellen, »eine leichte Tendenz zur Auto-Enthaltsamkeit« sei in Deutschland nunmehr »spürbar«.

Augenfällig wird das neue Phänomen einer Demotorisierung auf hohem Niveau und einer beginnenden Auto-Enthaltsamkeit in keiner anderen deutschen Stadt mehr als in Berlin. Hier kommt inzwischen auf nur noch etwa jeden dritten Einwohner ein Auto.[12] In der Hauptstadt verfügen 45 (!) Prozent aller Haushalte nicht mehr über ein eigenes Fahrzeug. Im Jahr 2010 wurden in Berlin insgesamt 20 (!) Prozent weniger Autos zugelassen als noch 2009. In keiner anderen europäischen Metropole sei der Grad der motorisierten Mobilisierung derart gering, gab die Berliner Verkehrsverwaltung im Frühjahr 2011 voller Stolz bekannt.[13] Gleichzeitig wurde angekündigt, der Anteil des motorisierten Individualverkehrs am gesamten Verkehrsaufkommen in Berlin, der derzeit bei 32 Prozent liegt, solle künftig auf nur noch 25 Prozent sinken. Darauf wolle die Politik hinwirken.[14] Wie das Auto weiter aus dem Berliner Stadtbild verdrängt werden soll, legte die frühere Verkehrssenatorin

Ingeborg Junge-Reyer (SPD) im »Stadtentwicklungsplan Verkehr 2025« fest.[15]. Gezielt sollen Fahrrad, Bus und Bahn Vorfahrt eingeräumt werden. Auf die Methoden der Politiker, dem Bürger das Autofahren zu verleiden, komme ich in den folgenden Kapiteln noch deutlich zu sprechen.

Sicherlich bildet Berlin die Speerspitze der von Ramstetter genannten »Auto-Enthaltsamkeit«. Gleichwohl ist die beginnende Demotorisierung auf hohem Niveau auch im ganzen Lande zu spüren – zum Vorteil des Fahrrades. Nach Angaben des Verbandes der Zweirad-Industrie (ZIV) gibt es in Deutschland inzwischen 69 Millionen Fahrräder, von denen 30 Millionen regelmäßig in Gebrauch sind. Dem gegenüber stehen »nur« 42,3 Millionen Autos in Deutschland.[16] Der Fahrradclub ADFC fand überdies heraus, dass vier Millionen Deutsche täglich mit dem Fahrrad zur Arbeit führen. Dabei kommen laut ZIV die Fahrräder mit Elektromotor immer mehr in Mode. Während 2007 in Deutschland erst 70 000 Elektrobikes verkauft worden waren, stieg deren Zahl 2010 bereits auf 200 000 und 2011 auf 300 000 an. Und während die Deutschen noch 2008 nur durchschnittlich 387 Euro für ein Fahrrad ausgaben, so stieg diese Summe 2010 bereits auf 460 Euro.[17] ZIV-Geschäftsführer Siegfried Neuberger spricht von einem grundlegenden Imagewandel des Fahrradfahrens. Heute sei der Radfahrer nicht mehr jemand, der sich abstrampele, weil er sich kein Auto leisten könne, sondern jemand, der mit großem Selbstbewusstsein sein Umwelt- und Gesundheitsbewusstsein vorlebe.[18]

Dieses Bewusstsein, etwas unbedingt Gutes zu tun, wenn man eben nicht Auto fährt, greift in Deutschland immer weiter um sich. In den Schulen wird es von den Lehrern vermittelt, von den Eltern an die Kinder weitergegeben. Überall wird es zelebriert wie ein Ritus. Auch die Gotteshäuser bleiben von diesem Trend nicht verschont.

Die Kirchen zum Beispiel bieten in Deutschland jedes Jahr zur Fastenzeit auch die »Aktion Autofasten« an. In dieser Zeit sollen alle, die mitmachen wollen, möglichst auf alle Fahrten mit ihrem Auto verzichten. Als Anreiz zum Mitmachen winkt vielerorts per Verlosung sogar ein zweiwöchiges Gratis-Busticket. Die 47-jährige Christiane Hoffmann aus Mainz-Bombach verriet der Allgemeinen Zeitung (RheinMainPresse): Bei ihren Freunden und Bekannten stoße das Autofasten, das sie selbst betreibe, durchweg auf Akzeptanz. Umweltbewusstsein und Ökologie seien ja momentan »eine Art Zeitgeist«, da komme so etwas gut an.[19]

Angesichts einer solch starken grünen Meinungsführerschaft in der Öffentlichkeit, die sich prinzipiell gegen das Automobil wendet, erregt es kaum noch Aufsehen, wenn grüne Propheten das Ende des motorisierten Individualverkehrs überhaupt an die Wand malen. So behauptete der Berliner Mobilitäts- und Zukunftsforscher Stephan Rammler im Frühjahr 2011 unwidersprochen, im Jahr 2025 werde es den klassischen Individualverkehr mit dem Auto in Deutschland gar nicht mehr geben. Zumindest die Bewohner der Städte würden sich dann nur noch mit der Bahn, dem Fahrrad oder zu Fuß fortbewegen.[20] Das Frauenhofer-Institut für System- und Innovationsforschung (ISI) geht immerhin so weit, für 2050 einen drastischen Rückgang des Autoverkehrs vorauszusagen. »Das Auto«, sagte ISI-Projektleiter Wolfgang Schade, habe dann »als Statussymbol endgültig ausgedient«.[21]

Diese Behauptung ist mit Sicherheit eine Übertreibung. Dennoch kann man die in diesem Kapitel beschriebene beginnende Abkehr vom Auto nicht leugnen. Welche Ursachen liegen dieser Entwicklung zugrunde? Davon sollen die nächsten Kapitel handeln.

Die Tin Lizzy. Henry Ford, der Erfinder des Automobilbaus in Massenproduktion, bringt 1908 das Modell T auf den Markt, im Volksmund Tin Lizzy (Blechliesel) genannt. Die Blechliesel ist das meistverkaufte Automobil der Welt, bis ihr 1972 der VW Käfer den Rang abläuft.

Der erste Deutsche vom Fließband. 1929 lief bei der Adam Opel AG der erste deutsche Pkw vom Fließband. Zuvor waren alle deutschen Autos in der Manufaktur gebaut worden. Der Fließband-Opel hieß im Volksmund »Laubfrosch«. Sein 1,1 Liter Motor leistete zunächst nur vier PS. Mit diesem Antrieb erreichte der Laubfrosch dennoch eine Geschwindigkeit von 60 km/h.

2. Kapitel

Wie die Politik das Auto verdrängt

Steuern und Abgaben

Wer im Sommer 2011 an die Zapfsäule fuhr und einen Liter Super E 10 für 154,9 Cent kaufte, der zahlte dabei 90,1 Cent Steuern direkt an den Staat, also 58,2 Prozent des Gesamtpreises.[1] Diese enorm hohe Abgabe setzt sich aus drei Steuern zusammen: Die erste ist die Energiesteuer, die bis 2006 noch Mineralölsteuer hieß. Die zweite ist die sogenannte »Ökosteuer«, die 1999 als Aufstockung der Mineralölsteuer eingeführt wurde und trotz aller Proteste seitdem erhalten blieb. SPD und Grüne hatten diese neue Steuer 1998 im Bundestag durchgepeitscht mit der Begründung, Anreize zur Energieeinsparung geben zu wollen. »Die Bundesregierung sollte sich endlich von der Ökosteuer verabschieden. Diese Schummelsteuer hat mit Straßenverkehr und Mobilität rein gar nichts zu tun!«, wetterte 2009 dagegen Michael Haberland, der Chef des Autofahrerverbandes »Mobil in Deutschland«.[2] Die dritte Steuer, die die Abgaben auf Benzin in die Höhe treibt, ist schließlich noch die Mehrwertsteuer, die bekanntlich am 1. Januar 2007 von der Großen Koalition unter Führung von Bundeskanzlerin Merkel und Außenminister Steinmeier von 16 auf 19 Prozent angehoben wurde.

Alle diese drei auf das Benzin aufgeschlagenen Steuern sind nicht zweckgebunden. Sie werden nicht in den Unterhalt der Straßen oder sonst einen dem Kfz naheliegenden Zusammenhang gespeist, sondern werden als allgemeine

Einnahmequelle des Staates angesehen, genauso wie übrigens auch die Kfz-Steuer. Was man dem Bahn- und Busfahrgast nicht zumutet, das verlangt man dem Autofahrer ab: Steuern zu zahlen, nur weil er fährt – und das Jahr für Jahr mehr. Allein in den vergangenen 25 Jahren wurden die Steuern (ohne Mehrwertsteuer) auf den Liter Diesel mehr als verdoppelt und auf den Liter Benzin nahezu verdreifacht, ohne dass es irgendwelche entsprechenden Gegenleistungen für den motorisierten Individualverkehr gegeben hätte.[3]

Kommt der Staat in Finanznöte, so schaut er sich stets zuerst nach dem Autofahrer um, könnte man das ungeschriebene Gesetz nennen, nach dem die Steuern auf Diesel und Benzin immer und immer wieder angehoben werden. So war es übrigens auch schon ganz am Anfang:

Wir schreiben das Jahr 1929. Deutschland wird vom Strudel der Weltwirtschaftskrise mitgerissen. Die Arbeitslosenzahlen schnellen in die Höhe, die Einnahmen des Staates schrumpfen, die Zahlungsunfähigkeit der öffentlichen Hand droht. Die Reichsregierung weiß nicht mehr weiter. Und was tut sie? Sie erfindet eine neue Steuer auf Benzin, die Mineralölsteuer. Im Krisenjahr 1929 wurde diese Steuer geboren, und sie hat sich dann mehr als 80 Jahre lang immer tiefer ins Portemonnaie der Autofahrer gefressen. 1930 wurde sie ganz einfach mit populistischen Argumenten eingeführt, denn damals konnten sich nur sehr wohlhabende Bürger ein Auto leisten, eine reiche Minderheit sozusagen, die man mit dem Einverständnis der Mehrheit schröpfen konnte. Heute ist das anders, denn ein Auto hat fast jeder, und dennoch ist das Auto die bevorzugte Melkkuh des Finanzministers geblieben.

So wuchteten denn auch die Regierungen unter Bundeskanzler Helmut Kohl (CDU) und Bundeskanzler Gerhard Schröder (SPD) in den 90er-Jahren den Benzinpreis weiter nach oben und zwar in bis dahin ungeahnte Höhen. Zwischen dem 1. Januar 1987 und dem 1. Januar 2001 wurde die Mineralölsteuer um insgesamt 70 Pfennig (umgerechnet ca. 35 Cent) erhöht und in diesem Zeitraum mehr als verdoppelt. Deutschlands Autofahrer fuhren dadurch in diesen 13 Jahren insgesamt 300 Milliarden Mark zusätzlich in den Bundeshaushalt ein.[4]

Immer fanden sich neue Begründungen für eine abermalige Anhebung der Mineralölsteuer. So argumentierte die Regierung Kohl 1989 (Anhebung: 9 Pfennig je Liter) mit der Notwendigkeit der Sanierung der Staatsfinanzen, die anders nicht zu machen wäre. Als im Jahre 1991 absehbar wurde, dass die Finanzierung der deutschen Einheit ein Fass ohne Boden werden würde, brach die Bundesregierung ohne Hemmungen ihr Wahlversprechen von 1990, die Steuern für den Wiederaufbau der DDR nicht erhöhen zu wollen.[5] Also wurden am 1. Juli des Jahres 1991 genau 22 Pfennig auf den Liter aufgeschlagen – ein einmalig großer Satz nach oben. Am 1. Januar 1994 folgte eine Mineralölsteuer-Erhöhung um weitere 16 Pfennige pro Liter Benzin und Super und entsprechend auch auf Diesel. Nun hieß es, die Privatisierung der Deutschen Bahn verschlinge leider mehr Geld als angenommen, hierfür müssten neue Einnahmequellen erschlossen werden.[6]

Es folgte der Machtwechsel im Jahr 1998. Eine sozialdemokratisch geführte Regierung mit Beteiligung der Grünen mit Kanzler Schröder an der Spitze wurde gewählt. Diese Regierung hielt an der für die deutsche Politik zur Routine gewordenen Erhöhung der Steuern auf Benzin fest, nun aber unter dem Vorzeichen einer ökologischen Steuerreform. Dabei konnte sich die SPD mühelos hinter dem kleinen Koalitionspartner, den Grünen, verstecken, die seit ihrer Gründung immer wieder einen Benzinpreis von runden fünf Mark pro Liter vorgeschlagen hatten und nun ganz entspannt darauf hinweisen konnten, dass sie ja dennoch an die Macht gewählt worden wären.

Der damalige Bundesfinanzminister Oskar Lafontaine (SPD) nannte die ökologische Steuerreform im März 1999 gar »das zentrale Projekt der Moderne«.[7] Neue Steuern wurden auf alle möglichen Energieträger erhoben. Auf die Mineralölsteuer wurde in diesem Rahmen gleich noch eine neue Abgabe aufgeschlagen, die im Volksmund bald »Ökosteuer« hieß. Mit dieser Ökosteuer wurden fünf Jahre lang, also bis einschließlich 2003, die Steuern auf Benzin und Diesel um jährlich 3,07 Cent pro Liter angehoben, also um insgesamt 15,35 Cent.

Diese »Ökosteuer« verfolgte zweierlei Zwecke: Sie sollte den Benzinverbrauch verteuern und dadurch die Autofahrer dazu bewegen, auf Bus und Bahn umzusteigen oder aber auch ein sparsameres Gefährt zu erwerben. Zweitens sollte mit den Einnahmen aus der Ökosteuer die Rentenkasse aufgefüllt werden, damit die Beiträge für die Rente nicht ständig weiter steigen müssten.[8] Diese beiden Zweckbestimmungen widersprachen sich offensichtlich, denn einerseits wollte man mit der Energiesteuer den Benzinverbrauch eindämmen, um Ressourcen zu schonen, andererseits hofft man aber offenbar darauf, dass der Benzinverbrauch doch nicht allzu sehr sinken würde, damit in der Folge die Rentenkasse nicht leiden müsse.

Natürlich sank der Benzinverbrauch nicht, da der Autoverkehr auch nicht abnahm, und so vermeldete das Bundesfinanzministerium im Sommer 2011 schließlich voller Stolz: »Mit rund 40 Milliarden Euro jährlich ist die Energiesteuer, die unter anderem auf Benzin und Diesel erhoben wird, für den Bund (...) die wichtigste Verbrauchssteuer.«[9]

Da stand es also einmal schwarz auf weiß: Der Autofahrer zahlt die wichtigste Verbrauchssteuer, die diesen Staat finanziert. Warum nur der Autofahrer? Das erklärte der Finanzminister nicht.

Die Ökosteuer wurde übrigens nie wieder abgeschafft. Die Große Koalition, die 2005 an die Macht kam, ließ sie ebenso stehen wie die schwarz-gelbe, die 2009 folgte, obwohl CDU und FDP anfangs gegen diese neue Autosteuer Sturm gelaufen waren. »Selbst Union und FDP schafften die Ökosteuer nicht ab«, schrieben die Grünen 2009 stolz in ihr bundesweites Wahlprogramm. Sieben Jahre hätten sie das Land gemeinsam mit der SPD regiert. Die großen Erfolge aus dieser Zeit trügen eine grüne Handschrift, schrieben sie weiter im Wahlprogramm. Einer dieser Erfolge sei die »Ökologische Steuerreform« gewesen.[10] Recht hatten sie: Die Ökosteuer trägt die »grüne Handschrift«. Mit dieser Handschrift wurde das Autofahren abermals exorbitant verteuert und insbesondere für die unteren Einkommensgruppen immer unerschwinglicher.

Als ich dieses Buch im Jahr 2011 schrieb, hatten die Steuern auf Benzin in ihrer Höhe bereits locker die Kategorie einer Luxussteuer erreicht. Kein Produkt des alltäglichen Bedarfs wird in Deutschland derartig hoch mit Abgaben belegt wie Benzin und Dieselkraftstoff.

Bereits das Jahr 2010 war für den deutschen Autofahrer das bis dahin teuerste seit 1949 (Beginn der vergleichbaren Berechnungen) geworden. Bis zum Ende dieses Jahres waren die Kosten für den Unterhalt und die Anschaffung eines Automobils gegenüber dem Jahr 1995 um genau 42 Prozent gestiegen, die allgemeine Lebenshaltung im gleichen Zeitraum dagegen nur um 24 Prozent.[11] Der deutlichste Anstieg der Kosten wurde von 2009 auf 2010 registriert. Im Jahr 2010 stiegen die Kosten für Anschaffung und Unterhalt eines Automobils in Deutschland um 3,7 Prozent im Durchschnitt, während die Lebenshaltungskosten allgemein nur um 1,1 Prozent zunahmen.[12]

Und auch im ersten Quartal 2011 riss dieser Trend nicht ab. im Gegenteil: Jetzt lagen die Kosten für das Automobil sogar um 4,2 Prozent höher als im Vorjahr. »Die Ausgaben sind doppelt so stark gestiegen wie die allgemeinen Lebenshaltungskosten«, stellte ADAC-Präsident Peter Meyer am Rande der Hauptversammlung des Vereins in Mannheim fest.[13]

Hauptursache für die steigenden Kosten des Automobils waren die Kraftstoffpreise, die in den genannten 15 Jahren zwischen 1995 und 2010 um 86 Prozent nach oben schnellten. Hierbei wiederum spielten noch weit vor den steigenden Rohölpreisen die rasant wachsenden Abgaben an den Staat die entscheidende Rolle.

Der ADAC stellte folgende Modellrechnung an: Während im Jahr 2000 ein städtischer Single-Haushalt für das Autofahren durchschnittlich 3340 Euro ausgeben musste, waren das nur fünf Jahre später schon 3900 Euro und im Jahr 2010 schließlich 4380 Euro, also über 1000 Euro mehr als zehn Jahre zuvor. Für eine vierköpfige Familie auf dem Land mit zwei Autos stiegen die Ausgaben in den genannten zehn Jahren um 30 (!) Prozent von 5940 auf 7740 Euro pro Jahr.[14] »Das Jahr 2010 wird als das für Autofahrer teuerste Jahr aller Zeiten in die Geschichte eingehen«, schrieb der ADAC in einer Meldung zu Weihnachten 2010. Gleichzeitig machte sich die Autoindustrie Sorgen über diese hohen Kosten als Absatzbremse für den nationalen Automarkt. »Wenn Mobilität deutlich teurer wird, geht die Nachfrage zurück«, erklärte der Präsident des Verbands der Automobilindustrie und frühere Bundesverkehrsminister Matthias Wissmann.[15]

Immer mehr entwickelt sich das Auto wegen der steigenden Kosten hin zum Luxusobjekt, immer mehr zu einem Standard, den Familien oder Singles mit geringem Einkommen nicht mehr selbstverständlich halten können.

Darauf wies die deutsche Automobil Treuhand (DAT) bereits im Jahr 2008 hin. In einer groß angelegten Untersuchung fand das älteste deutsche Marktforschungsinstitut für den automobilen Individualverkehr heraus, dass die deutschen Autofahrer, kurz gesagt, immer weniger Auto fahren. Noch 2003 behielten Neuwagenkäufer laut dieser Studie ihr Auto im Schnitt 65 Monate lang in ihrem Besitz, bis sie es wieder verkauften. 2006 lag diese Haltedauer aber schon bei 76 Monaten. Vor allem die rasant steigenden Abgaben auf Benzin und Diesel waren für diese Entwicklung verantwortlich. Auch die Jahresfahrleistung des privaten Automobils sank ab. Während zum Beispiel 2005 die deutschen Autofahrer ihr Automobil noch durchschnittlich 16 500 Kilometer pro Jahr bewegten, waren es 2006 nur noch 15 190 Kilometer.

DAT-Geschäftsführer Volker Prüfer interpretierte diese Zahlen so:»Es könnte passieren, dass sich in wenigen Jahren eine immer höhere Zahl von Menschen individuelle Mobilität nicht mehr leisten kann – mit verheerenden volkswirtschaftlichen Folgen.«[16]

Und als ob diese Folgen nicht längst absehbar wären, als ob nicht längst vor aller Augen deutlich wäre, dass das Automobil mit viel zu hohen Kosten belegt wird, kam 2010 sogar noch die Debatte über eine Pkw-Maut auf, angezettelt ausgerechnet von der CSU in München. Es war auf der Verkehrsministerkonferenz in Potsdam im April 2011, als Bayerns Innenminister Joachim Herrmann (CSU), der auch für den Straßenverkehr zuständig ist, den folgenden Satz in die Mikrofone sprach:»Die Jahresvignette könnte 100 Euro kosten. Im Gegenzug sollte die Kfz-Steuer entsprechend gesenkt werden, denn ich will auf keinen Fall eine Mehrbelastung der deutschen Autofahrer sehen.«[17]

Richtig, diese Mehrbelastung würde denn auch dem Fass endgültig den Boden ausschlagen.

Ich verstehe ja die Argumentation, die hinter der Idee einer Pkw-Maut für deutsche Autobahnen steht: Der Transitverkehr, also alle Fahrzeuge, die unser Land durchqueren, deren Halter hier aber keine Steuern zahlen, könnten als neue Finanzquelle erschlossen werden und dazu beitragen, dass neue Einnahmen für den Straßenbau zustandekommen. Aber diese Argumentation ist deshalb nicht schlüssig, weil der Anteil der ausländischen Pkw an der Fahrleistung aller Pkw auf deutschen Autobahnen nur 5,2 Prozent beträgt. 94,8 Prozent der Autos auf deutschen Autobahnen sind in Deutschland gemeldet.[18] Die Pkw-Maut würde also hauptsächlich deutsche Autofahrer treffen. Und wer glaubt denn ernsthaft daran, dass der Bundesfinanzminister zustimmen würde, im Gegenzug zu einer Pkw-Maut die Kfz-Steuer abzuschaffen? Ich nicht! Eher gehe ich davon aus, dass die Maut zusätzlich zu allen anderen Steuern und Abgaben noch erhoben werden wird. Doch davon soll ein gesondertes Kapitel handeln.

Umweltzonen – kalte Enteignung der Autofahrer

Zu einem nie da gewesenen Eingriff in die Freiheit des Autofahrers entschloss sich die deutsche Politik im Jahr 2006. Ohne auf irgendeinen Bestandsschutz zu achten, sollte es nun möglich werden, Kraftfahrzeugen auch nach ihrer ordnungsgemäßen Zulassung ein Fahrverbot zu erteilen, nämlich dann, wenn ihre Abgase neu definierte Grenzwerte überschreiten. Es sollte keine Rolle mehr spielen, dass diese Grenzwerte zum Zeitpunkt der Zulassung eines Kraftfahrzeugs noch nicht gegolten hatten, dass also der Halter zum Zeitpunkt des Erwerbs seines Fahrzeugs gar nicht wissen konnte, ob es die später verordneten Grenzwerte einhalten könnte. Autohalter wurden über Nacht mit Fahrverboten konfrontiert, wenn ihr Fahrzeug Abgasnormen nicht einhalten konnte, von denen sie gar nichts gewusst hatten. Wo war der Bestandsschutz geblieben? Auf der Strecke war er geblieben!

Plötzlich war es möglich, Autos per Verordnungen faktisch stillzulegen, die erst nach Zulassung der Autos in Kraft getreten waren. Möglich wurde das am 10. Oktober 2006. An diesem Tage nämlich verabschiedete die Bundesregierung unter Umweltminister Sigmar Gabriel (SPD) die »Verordnung zum Erlass und zur Änderung von Vorschriften über die Kennzeichnung emissionsarmer Kraftfahrzeuge«. Hinter diesem bandwurmartigen Titel verbarg sich tatsächlich ein Fahrverbot für Pkw und Lkw, die künftig die neu festgelegten Abgaswerte nicht mehr einhalten konnten. In etwas kürzerem Verwaltungsdeutsch nannte sich die neue Vorschrift auch »Feinstaubverordnung«. Am 1. März 2007 trat sie in Kraft.

Der Begriff »Feinstaub« wiederum, der in Deutschland bis dahin noch nicht unbedingt zum alltäglichen Sprachgebrauch gehört hatte, war zuvor in diversen Amtsstuben des Bundes und der Europäischen Union erschaffen worden und meint ganz feine Ruß- und Staubpartikel, die in die Lunge des Menschen eindringen und erhebliche Gesundheitsschäden verursachen können. Studien der EU, der Weltgesundheitsorganisation WHO und der Ludwig-Maximilians-Universität München[1] kamen zu dem Schluss, dass innerhalb der Europäischen Union pro Jahr 65 000 Menschen vorzeitig durch Feinstaub sterben würden. In Deutschland würde sich die Lebenserwartung der Betroffenen um durchschnittlich zehn Monate verringern. Und der Sachverständigenrat für Umweltfragen der Bundesregierung stellte 2008 fest: »Der Hauptverursacher für die Belastungen mit (...) Feinstaub in den städtischen Ballungsgebieten ist nach wie vor der Straßenverkehr.«[2]

Na also, da hatte man es amtlich. Von Todesopfern war die Rede, von verkürzter Lebenserwartung. Alles nur wegen der Autoabgase? Was für ein Skandal! Es musste gehandelt werden. Eine EU-Verordnung lag ohnehin schon lange vor. Das ist ja immer am bequemsten, wenn Brüssel drängt, dann braucht man das nur umzusetzen. Die »EU-Luftqualitätsrichtlinie« von 1999 schrieb den deutschen Städten und Kommunen ohnehin eine Senkung ihrer Feinstäube in der Luft vor.[3] Die EU dachte zwar an eine Umsetzung der Richtlinie erst ab dem Jahr 2011, die deutsche Bundesregierung aber wollte schneller sein und setzte bereits 2006 die Hebel in Bewegung, um die sogenannten Umweltzonen einrichten zu können.

»Sogenannte Umweltzonen« nenne ich sie hier, da bis heute nicht nachgewiesen werden konnte, dass diese Zonen in den deutschen Städten dazu beigetragen haben, die Feinstaubwerte in der Luft zu verringern. Dennoch werden landauf, landab immer neue Umweltzonen eingerichtet, und zwar mit äußerster Härte. Denn das Befahren der Umweltzone ohne die erforderliche grüne Plakette mit der Ziffer 4 zieht ein Bußgeld von 40 € und einen Eintrag mit einem Punkt im Verkehrszentralregister in Flensburg nach sich. Eine saftige »Strafe« also – für welches Delikt? Für das Führen eines Kraftfahrzeugs »trotz eines Verbots zur Verminderung schädlicher Luftverunreinigungen«.[4] Wie aber kann man von solch einem Tatbestand ausgehen, wenn doch nicht nachgewiesen wird, dass der motorisierte Individualverkehr für die Feinstaubbelastung verantwortlich ist? Das soll mal einer erklären.

Zunächst aber zur Frage, warum nun innerhalb der vielen aufwendig eingerichteten und streng kontrollierten Umweltzonen die Feinstaubbelastung nicht abnimmt. Das wird sehr anschaulich in einer Ausgabe des Ärzteblattes von 2009 erklärt. Dort heißt es: »Anscheinend haben meteorologische Faktoren einen deutlich größeren Einfluss auf Feinstaubkonzentrationen in Innenstädten als verkehrsbeschränkende Maßnahmen. Dies erscheint auch nicht unlogisch, da doch andere Feinstaubquellen innerhalb und außerhalb einer Umweltzone nicht beschränkt werden, wie Haushalte, Industrie, Reifen- und Bremsabrieb, Schiffstransporte, Zugverkehr oder Schüttgutverladung etc. Eine verlässliche Zuordnung der Staubquellen würde die Überlegungen, wo Feinstaubreduktion wirklich sinnvoll ist, deutlich erleichtern.« Und im selben Text heißt es dann noch:»Es ist schon verwunderlich, dass bei Einführung der Umweltzone keine Überlegungen erfolgt sind, wie eine Wirksamkeit dieser Maßnahme belegt werden kann.«[5]

Ja, das ist wirklich verwunderlich. Große Einschränkungen, Strafen und Verbote wurden und werden dem Autofahrer mit dem Mittel der Umweltzone auferlegt, ohne dass zuvor bewiesen werden musste, dass das Automobil ursächlich für den Feinstaub in der Luft verantwortlich ist. Nur ließen sich Maßnahmen gegen das Auto eben leichter durchsetzen als gegen mögliche andere Verursacher, weil das Auto ja ohnehin als Umweltverschmutzer Nummer eins gilt, weil es ja von der Politik immer wieder als Schuldiger für alle möglichen Umweltprobleme hingestellt wird.

Es kommt sicherlich weniger gut an, einer Schafherde vorzuwerfen, sie wirbele beim Traben Feinstaub auf und verkürze damit das Leben der Bauern ringsum. Es käme auch nicht gut an, wenn Politiker fordern würden, die Straßenbäume in den Städten umzulegen, weil ihre Laubkronen dazu beitragen, Feinstaub in der Luft zu halten, der sich sonst weiterverteilen würde. Da klingt es weit besser, man stellt das Auto an den Pranger, auch wenn dessen Abgasemissionen nicht zu den wesentlichen Verursachern von Feinstaub in der Luft gehören. Schafe und Bäume können nicht schädlich sein, nein, aber das Auto, das ist immer und überall der Übeltäter.

Auf den Punkt brachte die Schwachstellen der Umwelt-zonen-Verordnung eine Studie des ADAC bereits im Juni 2009. Unter dem Titel »Wirksamkeit von Umweltzonen« heißt es dort im Fazit, »dass der durch die Einführung von Umweltzonen erhoffte Effekt keinesfalls in dem Umfang eingetreten ist, wie er gewünscht war«. Der ADAC verglich Messwertergebnisse von Städten mit Umweltzonen und ohne Umweltzonen, verglich also zum Beispiel Berlin mit Potsdam, Mannheim mit Ludwigshafen und Karlsruhe, Stuttgart/Tübingen/Ludwigsburg mit Pforzheim/Heilbronn/Herrenberg/Mühlacker und kam zu verblüffenden Ergebnissen. So wies zum Beispiel Potsdam, wo noch keine Umweltzone eingerichtet war, eine geringere Luftbelastung mit Feinstaub auf als Berlin, wo es bereits eine Umweltzone gab.

Damit keine Missverständnisse aufkommen: Der ADAC begrüßte es im Zusammenhang mit der Studie, dass die deutschen Städte von der EU aufgefordert sind, für die Verbesserung ihrer Luftqualität zu sorgen. Nur sei die Umweltzone dafür ganz offensichtlich nicht geeignet. Dafür stelle sie aber einen »tief greifenden Einschnitt in die individuelle Mobilität des Menschen« dar. Denn für die Betroffenen würden Fahrverbote eine bedeutende Einschränkung ihrer Freiheit bedeuten. Dazu kämen wirtschaftliche Einbußen durch eingeschränkte Zugänglichkeit von Betrieben, die Notwendigkeit der Beschaffung eines anderen Fahrzeugs und der Wertverlust des alten Pkw. Besonders engagiert im Kampf gegen die Ungerechtigkeiten der flächendeckenden Umweltzone waren Rechtsanwalt Werner Kaessmann, der Generalsyndikus des ADAC und Rechtsanwalt Ralf Wittkowski, der ADAC Rechtsexperte in Berlin.

Es nützte indessen alles nichts. Alle diese eindringlichen Warnungen, die mit wissenschaftlichen Studien belegt waren, gingen an den Ohren der Politiker ebenso vorbei, wie an der Mehrzahl der Journalisten, die ebenfalls kaum Interesse hatten, alle diese Argumente aufzugreifen. Eine Ausnahme bildete im Jahr 2010 der niedersächsische Umweltminister Hans-Heinrich Sander (FDP), der eine Lockerung der Bestimmungen für die Umweltzone in Hannover verfügte. Er hatte die Zufahrt in die Umweltzone auch für Autos mit der gelben Plakette genehmigt, also auch für Dieselfahrzeuge ohne Rußpartikelfilter. Sander hatte nichts zu lachen, denn sofort stellte sich die gesamte deutsche Umweltlobby gegen ihn auf die Hinterbeine. Die »Deutsche Umwelthilfe« fand umgehend zwei Anwohner innerhalb der Umweltzone von Hannover, die angaben, sich von den Autos mit gelben Plaketten bedroht zu fühlen, und beim Verwaltungsgericht einen Eilantrag gegen die Verfügung des Ministers durchbrachten.[6]

Die Wächter über die Umweltzonen sind gut organisiert. Sie arbeiten mit den Ängsten der Bevölkerung. Sie sagen, dass die feinen Rußpartikel nicht nur zu Atemwegserkrankungen und Lungenkrebs führen können, sondern auch das Risiko für Herz-Kreislauf-Erkrankungen erhöhen. Je kleiner die Partikel seien, desto größer werde das Risiko.

Das ist auch alles richtig, nur lassen die Verfechter der Umweltzonen eine Frage unbeantwortet: Welche Rolle spielt der Dieselruß? Er hat wahrscheinlich nur einen ganz geringen Anteil am Feinstaubaufkommen. Diese Vermutung wird durch Messergebnisse zum Beispiel aus Berlin belegt. Dort wurde an der viel befahrenen Frankfurter Allee im Ostteil der Stadt die vorgegebene Feinstaub-Grenze der Europäischen Union (EU) im Jahr 2010 an 48 Tagen überschritten, und zwar innerhalb der Umweltzone. Die EU-Richtlinie verlangt, dass nur an maximal 35 Tagen pro Jahr mehr als 50 Mikrogramm Feinstaub pro Kubikmeter in der Luft sein dürfen. Im Jahr 2009 wurden die Grenzwerte an der Messstelle der Frankfurter Allee aber nur an 39 Tagen und im Jahr 2008 sogar nur an 24 Tagen überschritten, obwohl damals noch Fahrzeuge mit der gelben Plakette, also ohne Dieselrußfilter, dort innerhalb der Umweltzone fahren durften.[7]

Wie kam es also, dass sich nach der Aussperrung der »Stinker« die Luftqualität verschlechterte? Meteorologen machten dafür den heißen Sommer 2010 verantwortlich. Viele Staubpartikel hielten sich länger in der Luft als sonst und wurden von keinem reinigenden Regen herausgewaschen. Winde trugen Staubwolken von den Äckern des Umlands in die Stadt. Feinstaubwolken bewegten sich sogar von Polen bis nach Berlin und in die umgekehrte Richtung. Kein Mensch hat nachgemessen, ob der Feinstaub, den man in Berlin messen konnte, nun aus Dieselruß bestand oder aus feinem märkischem Staub aus den Sandböden der Region. Kein Mensch auch hat nachgemessen, wie viel Feinstaub in der Luft im Sommer zum Beispiel vom Blütenstaub der Lindenbäume an den Straßenrändern herrührt. Warum eigentlich nicht? Schließlich gilt Blütenstaub im Sinne der europäischen Richtlinien auch als Feinstaub.

Übrigens hat bisher auch noch kein Mensch nachgeprüft, wie viel Feinstaub von Staubsaugern in Haushalten und Büros in die Luft geblasen wird. Nach den Normen, die man für Dieselfahrzeuge festlegte, müsste jeder Staubsauger in jedem Haushalt heute einen Rußfilter tragen. Da der Staubsauger in geschlossenen Räumen zum Einsatz kommt, das Auto aber bekanntlich im Freien fährt, wäre es ungleich sinnvoller, zuerst die Staubsauger mit Rußfiltern nachzurüsten und dann die Autos!

Sogar das Umweltbundesamt stellte schließlich fest, die Feinstaubbelastung hänge zu großen Teilen vom Wetter ab. Lokale Maßnahmen könnten die Konzentration des Feinstaubs in der Luft nur wenig beeinflussen. Feinstaub setze sich wegen der geringen Größe der Partikel nur langsam ab und erfahre durch den Wind einen »Ferntransport über Kontinente hinweg«.[8]

Wenn denn der Feinstaub schon über Kontinente hinwegfliegt, dann fliegt er erst recht aus der Umgebung einer Umweltzone in die Umweltzone hinein. Eine Stadt, die in eine Umweltzone und Gegenden außerhalb dieser Zone eingeteilt ist, darf doch wohl Autos innerhalb der Umweltzone das Fahren nicht verbieten, wenn sie drum herumfahren dürfen. Auch das ist doch nicht logisch, selbst wenn man davon ausginge, dass der Dieselruß die Hauptquelle der Verschmutzung wäre, was ja eben umstritten ist.

Die Politiker gingen, als sie den Nachweis schuldig blieben, dass der Feinstaub maßgeblich vom Dieselmotor stammt, zu neuen Meßmethoden über. In Berlin zum Beispiel wurde der Feinstaub nicht mehr pro Messstelle im Vergleich zum Vorjahr ermittelt, sondern es wurde ab 2009 ein Mittelwert der Ergebnisse aller Messstellen gebildet. So kam man hin und wieder zu positiven Ergebnissen. Berlins frühere Umweltsenatorin Katrin Lompscher (Linkspartei) ließ außerdem Ende 2010 verkünden, sie freue sich, dass »die Berliner Kfz-Flotte durch den Druck der Umweltzone stark modernisiert« worden sei. Die Frage, ob diese Modernisierung die Luft verbessert habe, ließ sie einfach offen. Noch irrationaler gingen zwei Politiker der regierenden Koalition in Berlin vor, Kathi Seefeld von der Linkspartei und Jürgen Radebold von der SPD. Alle Messungen und Vergleiche seien zweitrangig, stellten sie fest und behaupteten einfach, »ohne die strengen Auflagen gäbe es doch auf jeden Fall noch mehr Feinstaub in der Luft«.[9]

Weder diese beiden Politiker noch die Berliner Umweltsenatorin noch alle Politiker, die bisher für die Einführung von Umweltzonen in Deutschland verantwortlich waren, machten sich aber offenbar Gedanken darüber, welchen Preis die Bürger für die von Frau Lompscher sogenannte »Modernisierung der Kfz-Flotte« zahlen mussten. Die Fahrverbote nämlich, die die Umweltzonen für Pkw und Lkw ohne grüne Plakette mit sich brachten, waren »mit dramatischen finanziellen, an Enteignung grenzenden Folgen verbunden«. So formulierte es der Vizepräsident des ADAC, Ulrich Klaus Becker, einmal treffend.[10]

Becker hat recht. Das sei an folgenden zwei Beispielen anschaulich gemacht. Der Tischler Jens Tomalik aus Berlin, Prokurist und Juniorchef eines Elf-Mann-Betriebs, hatte im Jahr 2005 einen Transporter gekauft. Dieser Wagen erfüllte die Abgasnormen nicht. Tomalik bekam Fahrverbot für die Umweltzone, die in Berlin das gesamte Gebiet der Innenstadt innerhalb des S-Bahn-Rings umfasst. Tomalik beantragte eine Ausnahmegenehmigung, da sich sein Wagen nicht mit moderner Filtertechnik nachrüsten ließ. Diese Ausnahmegenehmigung wurde ihm mit der Begründung verweigert, seine Firma habe ihren Sitz außerhalb der Umweltzone. Keine Rolle spielte es, dass Tomalik seine Kunden innerhalb der Umweltzone aufsuchen musste. Eiskalt gab die Senatsumweltverwaltung bekannt, Firmen, die über keine schadstoffarmen Wagen verfügten, könnten sich ja Kunden außerhalb der Umweltzone suchen.[11] Was für ein Zynismus gegenüber einem Handwerker, der tagtäglich sein Brot verdienen muss und dabei existenziell auf sein Fahrzeug angewiesen ist.

Ähnlich wie Tomalik erging es dem Berliner Glaser Hans Joachim Möbes. Von seinen 17 Wagen durften nur noch 12 in die Umweltzone einfahren. 450 000 Euro musste er für neue Lastwagen ausgeben.[12]

Ungezählt bleiben die Unternehmen, die in allen deutschen Städten mit Umweltzone erhebliche finanzielle Einbußen hinnehmen mussten. Ungezählt blieben die Beispiele der Privathaushalte, die wegen der Umweltzonen gezwungen waren, ihre Autos abzuschaffen, zu verkaufen auf einem Markt, der für Fahrzeuge ohne grüne Plakette natürlich längst zusammengebrochen war. Volksvermögen wurde vernichtet, Familien wurden um viel Geld gebracht, nur um eine Richtlinie aus Brüssel umzusetzen – und das auch noch vorzeitig. Denn in vorauseilendem Gehorsam waren die Umweltministerien der Länder daran gegangen, die Umweltzonen bereits ab 2008 einzurichten, dabei wäre das nach den Vorgaben aus Brüssel erst 2012 notwendig gewesen.

Der Berliner ADAC unterstützte Klagen von geschädigten Anwohnern gegen die Umweltzone. Geklagt hatten Besitzer von älteren Fahrzeugen, die nicht mehr innerhalb des S-Bahn-Ringes, also innerhalb der Umweltzone, fahren durften. Sie führten an, die Umweltzone sei nicht geeignet, die Belastung mit Feinstaub und Stickstoffdioxid zu mindern. Die Richter des Oberverwaltungsgerichts Berlin-Brandenburg wiesen die Klage am 20. Oktober 2011 ab und ließen keine Revision zu. Das war vor dem Hintergrund der Problemlage eine erstaunlich eindeutige Entscheidung, die schwer nachzuvollziehen ist.

Wie groß die finanziellen Probleme bei der Anpassung der Pkw und Lkw an die Anforderungen der Umweltzone waren, zeigte sich deutlich am Vorgehen der deutschen Länder, Städte und Kommunen. Kurzerhand befreiten sie die meisten ihrer eigenen Fahrzeuge von der Plakettenpflicht. Polizeiwagen, Feuerwehren, Omnibusse und alle Fahrzeuge der landeseigenen und kommunalen Unternehmen, wie zum Beispiel der Müllentsorger, mussten keine grüne Plakette führen und durften dennoch innerhalb der

Umweltzone verkehren. Ungeniert argumentierten die Politiker dabei mit den Kosten der Umrüstung der Fahrzeuge, die einfach zu hoch gewesen wären. Genau diese Kosten aber muteten sie den privaten Unternehmen und den privaten Haushalten zu.

Und warum, um alles in der Welt, galt von vornherein kein Bestandsschutz für Fahrzeuge, die nicht mit einem Dieselrußfilter ausgerüstet werden konnten? Es hätte doch die Bilanz der Umweltzonen in keiner Weise verändert, wenn die älteren Fahrzeuge weiter hätten fahren dürfen. Ausnahmen hingegen wurden nur zugelassen, wenn der Halter des Fahrzeugs seinen wirtschaftlichen Ruin im Falle eines Fahrverbots nachweisen konnte, und auch dann kosteten diese Ausnahmegenehmigungen Hunderte von Euro und galten nur ein oder zwei Jahre. Wie aber sollte eine Hebamme, die mit ihrem Auto nicht mehr zu ihren Patienten fahren durfte, wie sollte eine Mutter, die ihre Kinder nicht mehr zur Schule bringen konnte, den wirtschaftlichen Ruin nachweisen? Woher diese Gnadenlosigkeit der Behörden? Und hier komme ich zu meinem grundlegenden Verdacht zurück: weil es ums Auto ging und geht. Das Auto steht unter Generalverdacht, für alle Umweltübel verantwortlich zu sein. Da hauen die Politiker gern drauf, da verstummen große Teile der Presse, da kann der Bürger sehen, wo er bleibt. Das Auto zu bekämpfen ist immer richtig – und sei es mit dem Mittel der Umweltzone.

Deutschland, einig Kraterland. Wie die Politik das
deutsche Straßennetz auf Verschleiß fährt

Man kann es überall im Land sehen und als Autofahrer auch deutlich fühlen: Der Zustand der Fernstraßen, der Autobahnen und regionalen Straßennetze wird von Jahr zu Jahr schlechter. Immer größere Schlaglöcher brechen im Frühjahr nach der Frostperiode auf. Dann geben sich die Politiker regelmäßig überrascht und rufen nach Sofortprogrammen. Doch der Verfall der Straßensubstanz ist alles andere als eine Überraschung. Er ist die logische Konsequenz einer Vernachlässigung, die von Jahr zu Jahr größere Ausmaße annimmt. Im Jahr 2010 gaben Städte und Kommunen in Deutschland so wenig Geld für die Instandhaltung ihres Straßensystems aus wie seit 1990 nicht mehr. Gegenüber 2009 nahmen die Investitionen in Reparaturen im Jahr 2010 noch einmal dramatisch ab. Anschaulich führte diesen Abbau der Vizepräsident des Deutschen Asphaltverbandes Franz Voigt vor Augen, als er für das Jahr 2010 feststellte: »Wir haben 20 Prozent weniger Asphalt verkauft als 2009.«[1]

Städte und Gemeinden sind für insgesamt zwei Drittel des bundesdeutschen Straßennetzes verantwortlich. Für die Instandhaltung dieses 600000 Kilometer umfassenden Straßennetzes müssten die Städte und Kommunen nach einer Studie des Deutschen Instituts für Urbanistik bis 2020 rund 162 Milliarden Euro ausgeben[1], um den Bestand zu erhalten. Acht bis zehn Milliarden Euro müssten pro Jahr in den Unterhalt der Straßen fließen. Tatsächlich wird aber nur die Hälfte dieser Summe ausgegeben. Viele Gemeinden stoppten die Reparaturen ihrer Asphaltdecken gänzlich, um das knappe Geld zu sparen. Vergeblich warteten sie auf Hilfe vom Bund. Der nämlich legte 2010 ein Konjunkturprogramm fast ausschließlich für Hochbaumaßnahmen auf. Milliarden Euro flossen aus Berlin als Förderung für Lärmschutz und energetische Sanierung an Schulen und Verwaltungsgebäude. Die Kommunen gaben in der Folge ihre spärlichen Eigenmittel lieber in diese bezuschussten Projekte als in den nicht bezuschussten Straßenbau.

Und so ging es im ganzen Land: Nach Auskunft des Zentralverbands des Deutschen Bauhandwerks stiegen im Jahr 2010 die Investitionen von Bund, Ländern und Kommunen in Hochbauprojekte um zwölf Prozent auf 11,6 Milliarden Euro. Dagegen sanken die Ausgaben für den Tiefbau, der im Wesentlichen den Straßenbau umfasst, um 3,6 Prozent auf 15,4 Milliarden Euro.[3]

Ähnlich schludrig wie Städte und Gemeinden mit ihren Straßennetzen geht auch der Bund mit seiner Infrastruktur um. Dazu seien auch noch ein paar Zahlen genannt: Um das deutsche Fernstraßennetz, das insgesamt 53 000 Kilometer umfasst, ordentlich zu sanieren, werden schätzungsweise 100 Milliarden Euro benötigt. Der Bundesfinanzminister genehmigt für diesen Zweck pro Jahr aber nur fünf Milliarden Euro.[4] Mindestens 20 Jahre wird es deshalb dauern, die Fernstraßen instand zu setzen, die in diesem Zeitraum natürlich abermals neue Verschleißerscheinungen zeitigen werden, deren Größenordnung dann wiederum kaum abzuschätzen ist.

So ist der Wettlauf mit dem Verfall der Fahrbahnen ganz offensichtlich nicht zu gewinnen. Und es stellt sich die Frage, warum die Politiker das Rückgrat der gesamten Infrastruktur unseres Landes, also das Straßennetz, derartig zu vernachlässigen begonnen haben.

Warum wird die Politik nicht endlich mal aktiv? Wie können unsere Politiker sehenden Auges in Kauf nehmen, dass die Straßen buchstäblich auseinanderfallen?

Der Anteil des Wegenetzes, der sich in gutem Zustand befindet, lag 1972 bei 82 Prozent, 2002 aber nur noch bei 68 Prozent. Nun möchte man auf den ersten Blick vielleicht sagen, die ungünstige Bilanz sei durch das DDR-Straßennetz entstanden, das in seinem katastrophalen Zustand seit 1990 in die Statistiken mit einging. Dem ist aber nicht so. Im Gegenteil: Während die Straßensanierung in den neuen Ländern innerhalb der letzten 20 Jahre in geradezu vorbildlichem Tempo vorangetrieben wurde, baute das westdeutsche Straßennetz genau in diesem Zeitraum ganz erheblich ab.

Warum kam es dazu? An dieser Stelle muss ich auf den alten Vorwurf des ADAC an die Politik zurückkommen, diese nutze den Autofahrer als Melkkuh der Nation. Denn dieser Vorwurf ist berechtigt. Die folgenden beiden Zahlen geben über diesen Zusammenhang Auskunft: Aus Kfz-, Mineralöl- und Ökosteuer auf Benzin und Diesel nahm der deutsche Staat 2010 rund 54 Milliarden Euro ein. Nur 14 Milliarden aber gab er für Straßenerhalt, Straßenbau und Straßentechnik aus. 40 Milliarden flossen ganz woandershin, etwa in den Zuschuss zur Rentenversicherung oder in das Gesundheitssystem oder vielleicht in die Bedienung der Zinsen auf die ausufernden Staatsschulden. Alle Probleme wären längst behoben, würde wenigstens der doppelte Anteil aus den Steuern ins Straßennetz fließen, die man den Autofahrer tagtäglich zahlen lässt.

Der Verband der Automobilindustrie (VDA) forderte Bundesverkehrsminister Ramsauer im Herbst 2010 dringend dazu auf, die Mittel zum Erhalt des deutschen Straßennetzes deutlich aufzustocken. Es gebe erheblichen Nachholbedarf, weil in den vergangenen Jahren so drastisch gespart worden sei, sagte VDA-Präsident Matthias Wissmann in einem Zeitungsinterview und fügte hinzu: »Schlaglochpisten wie in manchen Städten der USA wünsche ich mir in Deutschland nicht. Wir müssen unsere hohen Standards halten, auch im Interesse der Sicherheit.«[5]

Im Koalitionsvertrag versprach die schwarz-gelbe Bundesregierung denn auch zunächst Abhilfe. Ab dem 1. Januar 2011 sollten alle Einnahmen aus der Lkw-Maut in den Fernstraßenbau fließen, heißt es dort. »Wir wollen, dass die Nutzer sehen, was mit ihrem Geld passiert«, erklärte dazu Verkehrsminister Peter Ramsauer.[6] Schön und gut. Doch als dann der 1. Januar 2011 vorüber war, stellte sich heraus, dass die Mittel nur umgeschichtet würden. Während man auf der einen Seite alle Einnahmen aus der Lkw-Maut in die Straßensanierung steckte, zog man auf der anderen Seite Steuermittel aus den Straßenbauetats heraus, um sie nun wiederum in das Schienennetz der Deutschen Bahn zu investieren. Netto kam also gar nicht mehr für den Straßenbau heraus. Was für eine Augenwischerei!

Auch im Bundeshaushalt 2012 scheinen die Mittel für Straßen und Autobahnen nicht aufgestockt worden zu sein. Schon als im Frühjahr 2011 die groben Umrisse der Ausgaben erkennbar wurden, stand der Autoverkehr nicht im Vordergrund. »Mit dem Eckwertebeschluss wird zudem die Schiene gestärkt«, ließ das Bundesverkehrsministerium im März 2011 stolz verkünden.[7] Warum sollte nun die Schiene Vorrang haben? Natürlich müssen wir darauf achten, dass der Güterverkehr und auch der Personenverkehr per Bahn gut vorankommt. Wir müssen darauf achten, dass Schienen und Gleisbetten nicht verfallen. Wir müssen darauf achten, dass die Bahn ein modernes Verkehrsmittel bleibt. Aber warum auf Kosten des Straßennetzes? Wie kann es sein, dass ein Bundesverkehrsminister, zumal einer angeblich wirtschaftsfreundlichen Regierung, nur »die Schiene stärkt« und dabei den Eindruck erweckt, ihm sei die Instandhaltung der Fernstraßen und Autobahnen weniger wichtig?

Und wo kommt überhaupt noch der Neubau von Straßen vor? Das Jahr 2012 wird aller Voraussicht nach das erste Jahr in der Geschichte der Bundesrepublik sein, in dem gar kein Spatenstich für neue Autobahnabschnitte oder Ortsumgehungen mehr gesetzt wird. Denn es wird kein Geld mehr ausgegeben werden für neuen Asphalt. Die wenigen Mittel werden in das spärliche Ausbessern der schlimmsten Schäden fließen. Nicht auszuschließen ist es, dass Brücken gesperrt werden müssen, weil ihr Zerfall verkehrsgefährdend ist, weil sie schweren Lastwagen oder Erschütterungen durch den Autoverkehr einfach nicht mehr standhalten. »Hunderte Brücken und viele Straßenabschnitte sind in einem katastrophalen Zustand«, stellte der stellvertretende Vorsitzende der FDP-Fraktion im Deutschen Bundestag Patrick Döring im April 2011 fest. Mit dieser Feststellung hatte er noch deutlich untertrieben. Denn etwa die Hälfte der Fahrbahnen auf den 38 800 Brücken der Fernstraßen und Autobahnen ist sanierungsbedürftig, nur 15 Prozent sind in gutem oder sehr gutem Zustand. Die überwiegende Zahl der Fahrbahnen auf den Brücken ist 30 bis 50 Jahre alt. 40 Prozent der rechten Fahrspuren dieser Fahrbahnen, auf denen die schweren Lkw rollen, müssten sofort erneuert werden. »Im Zickzackkurs« würden Schwerlaster inzwischen durch das Land kurven, weil sie Strecken umfahren müssten, auf denen Brücken stehen, die einsturzgefährdet seien. Das sagte der SPD-Verkehrsexperte Uwe Beckmeyer.[8] Niemand hat ihm widersprochen.

Überhaupt scheint es den Politikern der Schlagloch-Republik Deutschland die Sprache verschlagen zu haben. So ging zum Beispiel eine aktuelle Stunde im Deutschen Bundestag am 27. Januar 2011 aus wie das Hornberger Schießen. Festgestellt wurde damals im hohen Hause von allen debattierenden Abgeordneten, dass rund 1,30 Euro pro Jahr und Quadratmeter Straße ausgegeben werden müssten, um das Straßennetz instand zu halten. Tatsächlich werde aber nur noch die Hälfte ausgegeben. Also viel zu wenig. Anschließend an diese wirklich erschreckende Feststellung stritten sich die Fraktionen noch über die Frage, ob es ein staatliches, gesondertes Konjunkturprogramm für den Straßenbau geben sollte, was von der Opposition verlangt und von den Regierungsfraktionen abgelehnt wurde, und dann ging man auch schon zum nächsten Tagesordnungspunkt über.[9] So viel schert sich der Deutsche Bundestag um das Schicksal der Autofahrer, die täglich auf den zerbröselnden Straßen unterwegs sind!

Dabei sind die Probleme alle nicht neu. Der Verfall der Straßen währt schon viele Jahre, und zwar nicht nur im Fernstraßen- und Autobahnbereich, sondern auch im kommunalen Rahmen. So stellte die Kölner Stadtverwaltung bereits 2004 fest, 45 Prozent der Straßen der schönen Stadt am Rhein seien in einem »kritischen Zustand«. In Dresden wurde der Anteil der Straßen in kritischem Zustand im selben Jahr mit 43, 5 Prozent angegeben. In Köln gab damals Heribert Krichel vom Amt für Straßen- und Verkehrstechnik zu Protokoll: »Qualitätsstandards spielen im Grunde keine Rolle mehr.« Der Schwerpunkt liege nur noch auf der »Gefahrenbeseitigung und Erhaltung der Verkehrssicherheit«.[10]

Ähnlich und noch viel schlimmer sah und sieht die Lage in der Bundeshauptstadt Berlin aus. Hier forderte der ADAC im Frühjahr 2010 ein Sanierungsprogramm im Umfang von 500 Millionen Euro, um das Straßennetz zu retten. »Es ist wie beim Zahnarzt«, sagte dazu der Berliner ADAC-Verkehrsexperte Jörg Becker, »nur wer seine Zähne pflegt, hat Freude daran.«[11]

Die IHK rechnete gleichzeitig vor, dass der Berliner Senat nur fünf Prozent der dringend benötigten Reparaturarbeiten zu finanzieren gedenkt.[12] Tatsächlich waren die Tiefbauämter in Berlin zu diesem Zeitpunkt bereits dazu übergegangen, die Schlaglochpisten gar nicht mehr grundlegend zu sanieren. Stattdessen wurde überall einfach nur die Fahrbahndecke weggefräst und oberflächlich erneuert. Die so reparierten Straßendecken werden, das wissen auch die Fachleute in den Tiefbauämtern, den nächsten Frostperioden kaum standhalten. Der Berliner Regierung geht es offenbar nicht mehr um die Einhaltung von Qualitätsstandards, sondern nur noch um Gefahrenabwehr.

Ähnlich bedauerlich sieht die Lage im Bundesland Brandenburg aus, da es sich unter den fünf neuen Bundesländern leider am wenigsten um Erhalt und Ausbau seiner Straßen kümmert. In ihrem »Landesstraßenbedarfsplan« von 1995 hatte die Regierung in Potsdam noch den Neubau von 82 Landesstraßen vorgesehen. Davon wurden aber bis 2011 nur 14 realisiert. Bereits 2008 hatte der Landesrechnungshof in seinem Jahresbericht gerügt, dass Brandenburg zu wenig für den Erhalt seiner Straßen investiere, von denen 26 Prozent sofort und 30 weitere Prozent in nächster Zeit dringend erneuert werden müssten, also insgesamt 2900 Straßenkilometer. Die Landesregierung reagierte auf diese Warnung so gut wie gar nicht und schrieb in dem neuen »Landesstraßenbedarfsplan 2010 bis 2024« nur noch 18 neue Straßenbauprojekte fest.[13]

Der Brandenburger Bürger Jan-Erik Hansen schlug Ministerpräsident Matthias Platzeck (SPD) daraufhin über dessen Bürgerforum im Internet vor, den Straßennotstand wie im Dorf Niederzimmern in Thüringen zu beheben. Der Ort im Weimarer Land, dem das Geld völlig ausgegangen war, hatte für 40 Schlaglöcher auf der Dorfstraße Patenschaften ausgeschrieben: Wer sich mit 50 Euro an der Reparatur eines Schlagloches beteiligen würde, dessen Name werde in den frischen Teer gestanzt. Der Ministerpräsident beantwortete diesen scherzhaften Vorschlag eines verzweifelten Autofahrers mit den Worten: »Was Landesstraßen angeht, werden wir als Landesregierung diesen Vorschlägen nicht folgen.« Es war verständlich, dass er das Niederzimmerner Patenschaftsmodell ablehnen musste. Besser wäre es aber noch gewesen, wenn Ministerpräsident Platzeck dem Bürger erklärt hätte, wie er denn die Straßen des Landes nun retten wollte. Das tat er nicht – aus gutem Grund: Leider weiß er es auch nicht.[14]

Alle genannten Beispiele zeigen: Deutschland lebt von der Substanz, das Volksvermögen Straße verkommt. Die öffentliche Hand reagiert nur noch, um Schadenersatzansprüche abzuwenden. Denn die können ordentlich zu Buche schlagen. So musste die Stadt Hamburg schon im Jahr 2003 insgesamt 20 000 Euro an Fahrradfahrer zahlen, die wegen schlechter Straßenverhältnisse gestürzt waren oder sich die Gabeln ihrer Fahrräder verbogen oder die Hosenbeine zerrissen, und an Autofahrer, deren Fahrzeuge wegen Schlaglöchern Schaden genommen hatten. In Hannover betrug diese Entschädigungssumme im selben Jahr sogar 75 000 Euro. In Würzburg nahm die Zahl der Entschädigungsklagen wegen schlechten Straßenzustands gegen die Stadt schon im Jahr 2002 um ein Drittel gegenüber dem Vorjahr zu.

Das deutsche Verkehrsnetz verliert auf diese Weise auch ständig an Wert. Die Vernachlässigung der Wartung nimmt dabei groteske Züge an. Der Straßengutachter Volker Schäfer aus Brake brachte das Dilemma einmal sehr treffend in diesem Satz auf den Punkt: »Das ist so, als würde ich beim Auto alle Inspektionen ausfallen lassen und erst beim Kolbenfresser Öl nachgießen.«[15]

Oft wird auch nicht einmal mehr Öl nachgegossen, sprich, ein Schlagloch gestopft. Dann lässt man den Kolbenfresser einfach liegen und stellt ein Schild daneben. Das geht in folgender Reihenfolge: Zuerst sehen wir am Fahrbahnrand der schwer beschädigten Straße ein Achtung-Schild mit dem berühmten Ausrufezeichen im roten Dreieck. Darunter steht »Straßenschäden«. Vielleicht ein Jahr später wird dieses Zeichen durch ein Tempo-30-Schild ersetzt, auf Autobahnen entsprechend durch Tempo 100, auf Landstraßen durch Tempo 80.

In Berlin wurde das Tempo auf der ältesten aller deutschen Autobahnen, der Avus, jahrelang streckenweise sogar auf 60 herabgesetzt, weil die Fahrbahnen komplett zerschunden waren. Auf Berliner Nebenstraßen wurde allen Ernstes schon einmal Tempo 10 (!) verhängt, nachdem die Schlaglöcher dort Tiefen von mehr als fünfzehn Zentimetern erreicht hatten. Der Vorteil dieses Verfahrens liegt auf der Hand: Ein Tempo-30-Schild kostet eben nur 70 Euro. Was für ein kleines Geld gegenüber den Kosten der Erneuerung einer Straße! Und was die Rechtsprechung angeht, so tut so ein Schild zur Geschwindigkeitsbegrenzung eben auch seinen Dienst. Denn die Pflicht der Behörden zur »Gefahrenabwehr« besteht nur, wenn ein Verkehrsteilnehmer selbst bei »gebotener Sorgfalt« eine Gefahr durch Schlaglöcher nicht erkennen konnte. So entschied es zum Beispiel einmal das Landgericht Trier (AZ 11 O 134/02). Das heißt nichts anderes, als dass Schlaglochopfer immer dann leer ausgehen, wenn vor der Gefahrenquelle, durch die sie zu Schaden kamen, gewarnt wurde.[16]

Was aber ist das für eine Politik, die den Autofahrer im Regen stehen beziehungsweise im Schlagloch festsitzen lässt und nichts weiter tut, als Schilder aufzustellen und das Tempo zu begrenzen, um sich selbst vor Schadenersatzansprüchen zu schützen? Das ist wahrlich keine bürgernahe Politik! Diese Politik ist jedenfalls unendlich weit entfernt vom Bürger, der Tag für Tag auf sein Auto angewiesen ist. Und es ist eben eine Politik, die glaubt, mit dem Rückenwind des Zeitgeists dem Autofahrer, der ja ohnehin ständig mit schlechtem Gewissen unterwegs sein soll, diese schlechten Straßen zumuten zu können. Es ist eine Politik, die glaubt, immer neue und höhere Steuern auf das Autofahren erheben zu können, ohne das Geld dann für die Instandhaltung des Straßennetzes ausgeben zu müssen. Es ist eine Politik, die unser Land kaputtmacht, ein Land, das früher einmal weltweit für sein solides und gut gepflegtes Straßennetz bekannt gewesen ist.

Wem nutzen die Parkgebühren? Warum gibt es in den Innenstädten immer weniger Parkplätze?

Wer Auto fahren will, muss parken können. Wer nicht parken kann, dem nutzt das Auto wenig oder gar nichts, wenn er es am Ziel seines Weges nicht abstellen kann. Immer im Kreis zu fahren, nützt niemandem. Genau darauf aber, das ist meine Behauptung in diesem Kapitel, scheint die Verkehrspolitik der Städte und Gemeinden in zunehmendem Maße abzuzielen. Man lässt die Bürger ihre Runden drehen, bis sie entnervt und vor Wut schnaubend im Parkverbot halten. Dann knöpft man ihnen ein ordentliches Bußgeld ab oder erreicht, dass sie verzweifelt das Weite suchen und nie wieder oder nur noch ungern mit dem Auto in die Stadt kommen.

Über die stets wachsende Reglementierung der Parkplätze und die ständige Erhöhung der Gebühren für die Parkplätze wird dem Autofahrer seit Jahren systematisch der Weg in das Innere der Städte und Gemeinden erschwert und vor allem verteuert. Man könnte auch sagen: Die Fahrt mit dem Auto in die Innenstadt bleibt zunehmend den wohlhabenden Bürgern vorbehalten, die solche hohen Parkgebühren aufbringen können. Für alle anderen Autofahrer werden die Innenstädte zu einem zu teuren Pflaster.

Natürlich weiß ich, dass sich die Zahl der Pkw überall in Deutschland immer noch erhöht und die Zahl der Parkplätze in jeder Innenstadt irgendwie begrenzt ist. Man kann also darüber reden, ob bei starker Verknappung der

Parkplätze Gebühren für das Abstellen des Autos auf diesen Parkplätzen erhoben werden müssen, damit die wenigen Parkplätze für möglichst viele Verkehrsteilnehmer nutzbar sind und nicht irgendjemand sein Wohnmobil für ein halbes Jahr am Straßenrand abstellt und alle anderen daran hindert, den so blockierten Parkplatz in diesem halben Jahr ebenfalls zu nutzen.

Wir müssen aber auch darüber reden, ob die Zahl der Parkplätze nicht künstlich verringert wird und die Parkgebühren nicht längst einem ganz verkehrsfremden Zweck dienen, nämlich dem Auffüllen der öffentlichen Kassen.

Ich erinnere mich noch gut an die gute alte Parkscheibe. Man legte sie ins Fenster, und die Polizei konnte erkennen, ob man noch im Rahmen der vorgegebenen Zeit parkte oder schon darüberlag. Das funktionierte ganz prima! Die modernen grünen Verkehrsplaner werden nun einwenden, dass die Parkscheibe schlecht zu kontrollieren war, dass damit Schindluder getrieben und betrogen wurde. Ich aber gehe davon aus, dass die meisten deutschen Autofahrer ehrliche Leute sind und es nicht darauf abgesehen haben, die Polizei oder das Ordnungsamt mit einer Parkscheibe hinters Licht zu führen. Dieses Vertrauen sollte man in die Menschen haben.

Das Vertrauen der Bürger in den Staat wiederum hat aber, so scheint es mir, wegen der Reglementierung der Parkplätze und der ständig steigenden Parkgebühren deutlich gelitten und leidet noch. Dazu möchte ich aus einem Leserbrief zitieren, der im Juli 2011 im *Reutlinger General-Anzeiger* erschien. Dort schreibt der Leser Cyrill Harnischmacher: »Nachdem die Parkbewirtschaftung in der Oststadt scheinbar nicht zu der erhofften großen Einnahmequelle für die Stadt geworden ist, sondern zu einer Parkflucht in die umliegenden Stadtteile und auf die Bau- und Supermarktparkplätze von Rewe und Obi geführt hat, kommt nun der nächste Streich. Einem Schreiben des Ordnungsamts ist zu entnehmen, dass in Zukunft im Amalienweg, Baumgartenweg sowie in Holzstraße und Enge Straße ein Parkverbot eingerichtet werden soll. Die Maßnahme wird damit begründet, dass ein Durchkommen für die Feuerwehr nicht möglich sei.«

Dieser Leser scheint davon auszugehen, dass Parkgebühren ohnehin nur für den Zweck erhoben werden, die Stadtkasse zu füllen, nicht aber, um den Auto-Parkverkehr zu regulieren, wofür sie ja per definitionem eigentlich erhoben werden sollten. Der Leser erzählt im weiteren Verlauf, dass er per Maßband die angegebenen Straßen ausgemessen und festgestellt habe, dass sie breit genug sind, um Feuerwehrwagen durchzulassen, auch wenn zu beiden Seiten Autos parken. Genau drei Meter würden in der Mitte übrig bleiben, genug für jedes Einsatzfahrzeug. Der Leser fährt fort: »Ein paar Engpässe gibt es zugegebenermaßen an den Einmündungen, doch die könnte man problemlos durch einen Halteverbotsstreifen von ein paar Metern Länge in den Griff bekommen oder durch exakt ausgewiesene Parkbuchten.« Dann kommt die Schlussfolgerung: »Der Eindruck, der entstehen kann, ist: Hier geht es gar nicht um die Parksituation in der Oststadt, sondern es müssen dringend Argumente geschaffen werden, um die misslungene Parkbewirtschaftung weiter begründen zu können, beziehungsweise es sollen durch künstliche Verknappung von Parkplätzen Einnahmen generiert werden.«

Diesen harten Vorwurf untermauert Cyrill Harnischmacher schließlich mit einer persönlichen Beobachtung: »In der ganzen Diskussion um die Parkplatzsituation in der Oststadt gab es bisher ein dominierendes Thema: das Geld. ›Wenn die Parkbewirtschaftung der Oststadt nicht eingeführt wird, entgehen der Stadt enorme Einnahmen‹, hörte man ständig aus dem Rathaus.«[1]

Diese persönliche Beobachtung des Lesers Harnischmacher teilen in Deutschland leider allzu viele Autofahrer. Denn immer offener sprechen die Politiker davon, dass Parkgebühren und auch Bußgelder als Einnahmequelle der öffentlichen Hand dringend gebraucht und in den Haushalten auch immer öfter eingeplant werden.

Und die Quellen sprudeln! In Chemnitz zum Beispiel entschieden die Stadträte in ihrer letzten Sitzung vor der Sommerpause 2011 darüber, die Parkgebühren in der Stadt um 50 Prozent anzuheben. Bisher war in Chemnitz ein Euro pro Stunde und Auto fällig, künftig sollten es 1,50 Euro sein. Während man in Chemnitz bisher für 50 Cent 30 Minuten parken konnte, sollten es künftig nur noch 20 Minuten für diese 50 Cent sein. Die Tageszeitung »Freie Presse« aus Chemnitz berichtete in erfreulicher Offenheit, die Erhöhung der Parkgebühren durch den Chemnitzer Stadtrat sei Teil des Sparpakets der Stadt, im Behördendeutsch auch »Entwicklungs- und Konsolidierungskonzept« (Ekko) genannt. Bis 2015 will Chemnitz 46 Millionen Euro mehr in der Kasse haben, entweder durch Kürzungen der Ausgaben oder durch Mehreinnahmen über Gebühren.

Da steht die Welt schon in der Wortwahl auf dem Kopf: Die Stadt spart, indem sie den Autofahrer zur Kasse bittet. Das ist kein Sparen, sondern eine Zumutung. Ungefähr 570 000 Euro zusätzlich will Chemnitz künftig pro Jahr einnehmen – über die höheren Parkplatzgebühren, aber auch mittels eines zweiten Tricks: Auch an den Sonnabenden, an denen das Parken bisher kostenfrei war, sollen künftig Gebühren fällig werden, also dann, wenn die Menschen zum Einkaufen und für die Vorbereitung ihres lang ersehnten Wochenendes in die Stadt kommen.[2]

Die Argumentation der Stadtväter von Chemnitz ist übrigens in höchstem Maße entlarvend. Denn wenn, wie von allen Politikern immer wieder betont wird, dass das gebührenpflichtige Parken die Autofahrer dazu bringen soll, das Auto immer mal wieder stehen zu lassen und dafür den Bus, die Bahn oder das Fahrrad zu nehmen – wie können sie dann feste Einnahmen planen, die aus den erhöhten Parkgebühren geschöpft werden sollen? Wer diese Einnahmen plant, der will, dass die Leute mit dem Auto kommen, der will, dass sie parken, der will sie dann abkassieren. Das ist doch die einfache Wahrheit.

Die Stadträte von Chemnitz begründeten die Anhebung der Parkgebühren außerdem noch mit zwei Argumenten. Erstens: In Leipzig seien die Parkplätze noch teurer und zweitens: Die Parkhäuser in Chemnitz und anderswo würden Preise aufrufen, die ebenfalls weit über denen der Parkgebühren der Parkplätze im öffentlichen Straßenland lägen. Ja, so kann man auch argumentieren: Woanders ist es teurer, also ziehen wir die Preise hoch! Es fragt sich nur, ob diese Argumentation dem Autofahrer gegenüber fair und freundlich ist. Mit welchem Recht erhöht man denn Parkgebühren, wenn man solche Argumente im Munde führt? Die Straße gehört den Bürgern, nicht den Stadträten, würde ich sagen.

Diese Erkenntnis scheint den Politikern allerdings vielerorts verloren gegangen zu sein. So zäumte der Rat der Stadt Essen zum Beispiel im Jahr 2010 das Pferd gleich von hinten auf: Pro Jahr, so wurde beschlossen, sollte die Stadt eine Million Euro mehr als bisher aus Parkgebühren einnehmen. Anhand dieser Vorgabe wurden dann die Gebühren ganz willkürlich um 30 Prozent erhöht. Um diese Wegelagerei nun nicht allzu sehr als eine solche erscheinen zu lassen, wurde dann noch schnell eine Begründung nachgeschoben. »Verlängerte Ladenöffnungszeiten« hätten den »Druck« auf die angebotenen Kurzzeitparkplätze erhöht. Deshalb hätten die Gebühren steigen müssen.[3]

Seitdem das Gebührenparken am Straßenrand eingeführt wurde, stiegen die Gebühren überall kontinuierlich
an. Im Februar 2010 lagen sie bereits bei durchschnittlich
zwei bis drei Euro pro Stunde in den deutschen Innenstädten.[4] In München kostete zu dieser Zeit ein Parkplatz in
der Innenstadt bereits 2,50 Euro pro Stunde am Straßenrand und 6 (!) Euro im Parkhaus. In Stuttgart stiegen die
Preise für eine Stunde Straßenrand-Parken im Jahr 2010
von 2,00 Euro auf 2,40 Euro und für zwei Stunden von 3,60
auf 4,30 Euro.[5]
Wie schnell sind zwei Stunden vergangen, wenn man in
der Stadt irgendetwas zu erledigen hat! Wie viel Geld sind
4,30 Euro, wenn man zum Beispiel 2000 Euro im Monat
verdient! Für 4,30 Euro kann man zu Mittag essen oder
Kaffee trinken oder drei 1000-Gramm-Brote beim Dis-
counter kaufen und davon zwei Wochen satt werden.
4,30 Euro nur zum Abstellen eines Autos sind also eine
ganze Menge. Und wohlgemerkt: Es gibt dafür ja keine
Gegenleistung! Das Gebührengeld fließt in den Staatssä-
ckel, nicht zweckgerichtet, sondern in den großen Topf.
Von den Parkgebühren werden keine Straßen repariert, aus
den Parkgebühren werden keine neuen Parkplätze gebaut,
von den Parkgebühren wird überhaupt nichts für den Autofahrer getan.
Das bestätigte zum Beispiel der Tübinger Oberbürgermeister Boris Palmer, als der Gemeinderat der Stadt Tübingen am 19. April 2010 die Parkgebühren in der Altstadt,
im westlichen Teil der Wilhelmstraße und im südlichen
Stadtzentrum auf 2,00 Euro pro Stunde anhob. Da erklärte
Palmer, der den Grünen angehört: »Im Übrigen sind wir
angesichts unserer Finanzlage auf höhere Einnahmen angewiesen. Da ist die Erhöhung der Parkgebühren wesentlich sinnvoller als die Erhöhung der Kindergartenbeiträge.«[6]

Mag ja sein, dass die Erhöhung der Parkgebühren »wesentlich sinnvoller« ist als die Erhöhung der Kindergartenbeiträge. Ich meine es nicht, aber auch wenn es stimmen würde: Wo ist hier, bitteschön, der Zusammenhang? Die Autofahrer werden zur Kasse gebeten, damit die Preise für Kindergartenplätze niedrig bleiben? Genauso gut könnte man sagen: Reiter zahlen eine Galopp-Abgabe, damit das Bier in der Kneipe erschwinglich bleiben kann. Mit Verlaub, die Argumentation des Herrn Palme ist schlichtweg unseriös, und nicht nur seine ist es. Überall im Land wird ja ähnlich schräg argumentiert, wenn es darum geht, Mehrbelastungen für den Autofahrer zu rechtfertigen.

Und überall im Lande ist die Freude groß, wenn der Autofahrer ordentlich geblecht hat. Dann jubeln Journalisten und Politiker gern gemeinsam. »Die Bilanz ist erfreulich.« Mit diesen Worten begann die Journalistin Sabine Flatau zum Beispiel ihren Bericht in der *Berliner Morgenpost* über die Entwicklung der Einnahmen aus den Parkgebühren in Berlin Pankow. Angesteckt hatte sie mit seiner Freude der dortige Stadtrat Jens-Holger Kirchner (Grüne). Der hatte nämlich durch neu eingerichtete Parkzonen in Prenzlauer Berg zwischen Herbst 2010 und Sommer 2011 einen »Überschuss« von drei Millionen Euro »erwirtschaftet«. 4,8 Millionen Euro waren eingenommen worden, 1,8 Millionen Euro für Verwaltungs- und Personalkosten dabei wieder ausgegeben worden, drei Millionen waren also übrig geblieben. Gerechnet hatte Kirchner »nur« mit 2,5 Millionen Euro »Gewinn«.

Wo war also der weitere »Überschuss« hergekommen? Aus Bußgeldern! Denn oft hatten Autofahrer ihre Gebühren nicht vollständig oder gar nicht bezahlt. Fünf bis zehn Euro Bußgeld pro parkendem Auto sprudelten auf diese Weise zusätzlich in den Pankower Haushalt. Natürlich führte diese Erkenntnis nicht zu einem neuen Angebot des

Bezirks, etwa Parkscheinautomaten aufzustellen, die Kreditkarten akzeptieren. Das wäre höflich und freundlich gewesen, denn oft zahlen Autofahrer ja nur deshalb ihr Parkgeld nicht, weil sie es nicht passend haben. Wie aber sollte der Bezirk Pankow ein Interesse daran entwickeln, dass möglichst alle Autofahrer die Chance bekommen, ihre Parkscheine zu bezahlen, wenn doch aus den Bußgeldern noch höhere Gewinne zu erzielen sind?

Besonders attraktiv ist die Einnahmequelle über Bußgelder von Falschparkern natürlich dort, wo die Parkplatznot am größten ist, zum Beispiel rund um die Berliner Max-Schmeling-Halle. Diese Sporthalle, ehemals für die Olympiabewerbung der Hauptstadt im Jahr 2000 erbaut, bietet 9000 Zuschauern Platz. Dennoch wurde kein einziger Besucherparkplatz gebaut. Nur eine Handvoll Parkplätze für Ehrengäste wurden eingerichtet. Denn denen wollte man dann doch nicht zumuten, mit der S-Bahn zu fahren.

Die Weigerung, Parkplätze für das breite Publikum zur Verfügung zu stellen, sollte offenbar erzieherische Wirkung haben. So verwies der Berliner Senat immer wieder darauf, dass die Schmeling-Halle ganz hervorragend mit Bus und Bahn zu erreichen sei. Im Umkreis von 800 Metern um die Halle herum befänden sich vier U-Bahnhöfe, mehrere S-Bahn-, Bus- und Straßenbahnlinien, wurde immer wieder erklärt, wenn die Wellen der Empörung vonseiten der Autofahrer hoch schlugen und der Unmut von den örtlichen Journalisten aufgegriffen wurde.

Die Besucher folgten und folgen dem Hinweis auf die öffentlichen Verkehrsmittel aber nur bedingt. Zu jeder Sportveranstaltung in der Schmeling-Halle reisen, so ergab eine Studie schon Ende der 90er-Jahre, 40 Prozent der Besucher mit dem eigenen Pkw an.[7] An dieser Situation hat sich bis heute nichts geändert. Rund 1300 Autos kreisen vor jeder Veranstaltung durch die an die Halle angrenzenden Wohngebiete – auf der Suche nach einem nicht vorhandenen Parkplatz. Rückt die Zeit näher, zu der die Sportveranstaltung beginnt, so lassen die verzweifelten Autofahrer ihr Fahrzeug auch schon mal ohne Parkschein oder im Halteverbot stehen – und schon regnet es Bußgelder in die öffentlichen Kassen, denn pünktlich nach Beginn einer jeden Sportveranstaltung in der Schmeling-Halle schwärmen die Mitarbeiter des Ordnungsamts aus, um den Falschparkenden unter den 1300 Autos rund um die Halle auf die Spur zu kommen.

Aber auch die wenigen Glücklichen, die noch rechtzeitig irgendwo am Straßenrand einen Parkplatz gefunden und einen Parkschein gelöst haben, kommen nicht glimpflich davon. Denn immer wenn eine Veranstaltung in der Halle angekündigt ist, hebt das Bezirksamt die Parkgebühren während der Veranstaltung an den Straßenrändern rund um die Schmeling-Halle um einen Euro auf drei Euro pro Stunde an. »Diese Parkraumbewirtschaftung soll keine Abzocke sein, sondern die Lebensqualität für Anwohner und Gäste verbessern«, sagte dazu der zuständige Stadtrat in Berlin Pankow, Jens-Holger Kirchner, der den Grünen angehört.[8]

Das Beispiel Schmeling-Halle in Berlin ist nur eines von vielen, die ich hier aufzählen könnte. Das Prinzip ist immer dasselbe. Zuerst werden Parkplätze nicht in ausreichender Zahl zur Verfügung gestellt mit dem Argument, Besucher von Veranstaltungen, Kneipengäste, Touristen u. a. könnten ja auch die S-Bahn oder den Bus benutzen. Und wenn sie das dann nicht tun und dennoch mit dem eigenen Auto anreisen, dann rauschen die Parkgebühren nach oben, dann hagelt es Knöllchen, dann freuen sich Politiker über steigende Einnahmen der Staatskasse. Ein seltsames Spiel ist das. Seine Regel gibt die Politik vor, und sie lautet: Verdrängt das Auto mit allen Mitteln aus dem Stadtbild, auch wenn es wehtut.

Dieses System hat Methode. In Berlin zum Beispiel beschloss der Senat Anfang 2011 allen Ernstes eine »Stellplatzobergrenzenverordnung«. Sie begrenzt die Zahl der Parkplätze, die künftig vor Supermärkten, Restaurants und Hotels erlaubt sein soll. Supermärkte zum Beispiel dürfen nach dieser Verordnung pro 75 Quadratmeter Verkaufsfläche künftig nur noch einen Stellplatz anbieten. Restaurants dürfen für jeweils 16 Gäste einen Parkplatz einrichten, Hotels ist für je acht Betten ein Stellplatz erlaubt.[9] Besonders anschaulich werden die Folgen dieser Verordnung im Falle der Kneipen und Restaurants. Wenn sie für jeweils 16 Gäste nur einen Parkplatz anbieten dürfen, so müssen diese 16 Gäste entweder alle zusammen in einem Auto anreisen. Das wird eng. Oder zwölf von ihnen sind gezwungen, mit Bus oder Bahn zu kommen. Das haben sie sich aber vielleicht nicht ausgesucht und wollen es auch nicht. Könnte es sein, dass solche Restaurants und Kneipen künftig Gäste verlieren werden, weil diese es nämlich nicht einsehen, dass sie nicht mit dem Auto kommen dürfen? Daran haben die hohen Herren und Damen im Berliner Senat wohl nicht gedacht, und vielleicht ist ihnen die wirtschaftliche Lage der Berliner Wirte auch egal.

Wenn in deutschen Städten und Gemeinden neue gebührenpflichtige Parkzonen eingerichtet werden, so wird immer gern argumentiert, auch die Anwohner würden davon profitieren. Ihnen bliebe der lästige Parksuchverkehr erspart, also jene vielen Fahrzeuge, die um die Häuser kreisen, weil sie keinen Parkplatz finden. Denn wo Parkplätze gebührenpflichtig seien, da wären auch immer welche frei. Außerdem stünden den Anwohnern ja selbst mehr Parkplätze am Straßenrand zur Verfügung, wenn die Parkraumbewirtschaftung greife.

Schön und gut, diesen Argumenten möchte ich ja gern Glauben schenken. Es gibt aber auch hier Ungereimtheiten. Wenn nämlich die Politiker den Anwohnern wirklich entgegenkommen wollten, warum bekommen diese ihre Parkausweise dann nicht kostenfrei ausgestellt? Wer eine Wohnung oder ein Haus gemietet oder gekauft hat, der wird doch wohl in der Straße, in der er wohnt, sein Auto abstellen dürfen? Mit welchem Recht wird auch er dazu verpflichtet, dafür zu bezahlen?

Parkausweise für den eigenen Wagen kosten für die Anwohner in Berlin-Pankow zum Beispiel 10,40 Euro für ein Jahr. Betriebe zahlen 90 Euro pro Jahr und Fahrzeug. Wer nachweislich Angehörige im Kiez versorgen oder pflegen muss, zahlt 26 Euro pro Jahr und Auto, Besucher zahlen 25 Euro für vier Wochen.[10] Das sind alles willkürlich festgelegte Preise. Für dieses Geld gibt es keine Gegenleistung für die Anwohner. Mit diesem Geld werden lediglich die öffentlichen Kassen gefüllt. Geisel dieser Politik ist der Auto fahrende Bewohner der Stadt. Er muss sein Auto abstellen, sonst kann er es nicht fahren. Er wird also zum Bezahlen gezwungen. »Man fragt sich, wo man sein Auto überhaupt noch hinstellen soll«, stellte der Berliner ADAC Gruppenleiter Klaus-Ulrich Hähle fest. Wenn es nach der Landesregierung gehe, bleibe am Ende nur noch der öffentliche Nahverkehr, so Hähle. Dem Auto werde schrittweise der Kampf angesagt.[11]

Dieser Kampf wird auf rein ideologischer Ebene geführt. Ziel soll es immer sein, das Autofahren so weit wie möglich zu erschweren. Dieses Ziel wird mittlerweile von der Mehrheit der politischen Parteien propagiert. Die Grünen gehen dabei immer noch weit voran. In Hannover zum Beispiel forderte die Öko-Partei 2009 eine umfängliche »Parkplatzbilanz« ein. Damit war gemeint, dass immer dann, wenn in neuen Parkhäusern oder Tiefgaragen neue

Parkplätze geschaffen wurden, dafür entsprechend Parkplätze am Straßenrand gesperrt werden sollten. Für jeden neu geschaffenen Parkplatz im Parkhaus oder in der Tiefgarage sollte ein Parkplatz auf der Straße entfallen. Die Grünen hatten herausgefunden, dass in Hannover zwischen 1990 und 2009 genau 2900 Stellplätze in Innenstadt-Parkhäusern entstanden, dass aber in diesem Zeitraum nur 50 Parkplätze durch Umbau im Straßenland entfernt worden waren.

Diese Bilanz empfanden sie als empörend. Sie fragten nicht danach, wie sich die Zahl der Zulassungen in diesem Zeitraum entwickelt hatte, und wie viele Parkplätze überhaupt nötig sind, um die Wirtschaft und das öffentliche Leben in Hannover reibungsfrei abwickeln zu können. Nein! Sie wollten einfach nur die Zahl der Parkplätze für Autofahrer reduzieren oder zumindest nicht vergrößern. Nach dem Motto »Wer nicht parken kann, der kann auch nicht fahren«, sollte der Gebrauch des Automobils in Hannover eingeschränkt werden, egal, ob die Hannoveraner nun damit einverstanden waren oder nicht.[12]

Rote statt grüne Welle

Die Ampel ist der Punkt im Verkehr, an dem sich Autofahrer bevorzugt und am meisten ärgern. Jeder denkende Mensch weiß zwar, dass die Erfindung mit den drei Lampen und den drei Farben eine segensreiche ist und täglich nicht nur Menschenleben rettet, sondern den Verkehr überhaupt erst fließen läßt, aber der Mensch hält prinzipiell nicht gerne an. Und dann gibt es an der Ampel ganz typische Konfliktsituationen, die jeder Autofahrer aus dem Alltag kennt, Sie, lieber Leser, sicherlich auch. Ich zähle hier die fünf größten Ampel-Ärgernisse auf:

1. Das Auto vor Ihnen rollt aus unerfindlichen Gründen besonders langsam an die noch auf Grün stehende Ampel heran. Dann geht der Vordermann schon bei Gelb voll in die Eisen. Sie müssen halten, obwohl Sie ohne den Vordermann noch gut bei Grün durchgekommen wären.
2. Die Ampel springt auf Grün. Vor Ihnen im Wagen unterhalten sich Fahrer und Beifahrer so intensiv, dass sie das Umschalten des Signals nicht bemerken. Trotz Hupkonzerts fährt der Wagen erst los, als die Ampel schon wieder auf Gelb springt, und Sie müssen noch eine volle Rotphase lang stehen bleiben.
3. Der Fahranfänger vor Ihnen würgt so lange den Motor ab, bis die Ampel wieder auf Rot springt.
4. Ihr Vordermann entscheidet sich plötzlich noch zum Abbiegen. Sie kommen nicht an seinem Wagen vorbei und haben schon wieder Rot.
5. Sie fahren auf einer Hauptstraße. Die Ampel vor Ihnen springt auf Gelb, obwohl die letzten beiden Ampeln auch schon Rot zeigten, als Sie sie erreichten. Sie bekamen viermal hintereinander Rot, obwohl Sie zwischen den Ampelkreuzungen zügig und weder zu schnell noch zu langsam gefahren waren. Sie haben ganz klar eine rote Welle erwischt. Sie haben es vielleicht eilig und sehen gar nicht ein, warum alle Ampeln auf Ihrer Strecke Rot zeigen. Ich bin ganz ehrlich und gebe zu, dass für mich die rote Welle immer das größte von den fünf aufgezählten Ärgernissen war und ist.

Ich selbst besitze den Führerschein 60 Jahre. Fast die Hälfte der 125 Jahre, die es das Automobil inzwischen gibt, habe ich selbst am Steuer gesessen. Ich weiß, wovon ich rede, wenn ich über Verkehrslenkung spreche. Ich bin immer gern Auto gefahren, es sei denn, künstliche Hindernisse verdarben mir die Freude am Fahren. Zu solchen Hindernissen zähle ich Ampelanlagen, die einfach schlecht geschaltet sind, im Extremfall so schlecht, dass mehrere Ampeln hintereinander rote Wellen bilden.

Fortschritt sieht anders aus. Als fortschrittlich galt in den 70er-Jahren einstmals die grüne Welle. So bezeichnet man im Volksmund eine Schaltung, die es dem Autofahrer erlaubt, bei gleichbleibender Geschwindigkeit mehrere Ampeln hintereinander bei Grün zu passieren. Grüne Wellen sollten helfen, Zeit und Sprit zu sparen und gleichzeitig die Umwelt durch Verringerung der Autoabgase und die Anwohner durch Verringerung des Motorlärms zu schonen. Computer errechneten eine sogenannte Progressionsgeschwindigkeit, mit der man die nächste Ampel bei Grün erreichen konnte. Dieses Tempo wurde auf Zusatztafeln an den Straßenrändern angegeben. Dort leuchtete dann in weißer oder gelber Schrift auf Anzeigenschildern die Ziffern 50 oder 45 oder 40 auf, je nachdem, wie die Ampeln sich gerade schalteten.

Die Idee der grünen Welle ist übrigens wesentlich älter als 40 Jahre. Zum ersten Mal wurden im Jahr 1917 in Salt Lake City/USA sechs Verkehrsampeln an sechs aufeinander folgenden Kreuzungen manuell so koordiniert, dass eine grüne Welle entstand. Die zweite manuelle grüne Welle der Welt wurde dann in den 20er-Jahren auf der Leipziger Straße in Berlin geschaltet. Später folgten relaisgesteuerte und noch später computergesteuerte Ampelanlagen, die auf grüne Welle geschaltet werden konnten. Dennoch wurde das Prinzip der grünen Welle nicht kontinuierlich weiterentwickelt, in vielen Städten scheint es sogar rückläufige Entwicklungen zu geben. Viele Autofahrer in ganz Deutschland berichten, dass sie in den vergangenen Jahrzehnten flüssiger vorankamen und weniger von Ampeln aufgehalten wurden als heute.

»Ampeln sind seit ihrer Erfindung vor über 80 Jahren bis heute nicht viel intelligenter geworden«, stellt der Stauforscher Michael Schreckenberg von der Universität Duisburg Essen fest. Die Ursachen dafür lagen möglicherweise am mangelnden Interesse der Verkehrsplaner – oder auch am mangelnden Willen der verantwortlichen Politiker, in intelligente Ampelschaltungen ausreichend Geld zu investieren. Dieser Wille fehlt ganz offenbar landesweit. So stellte der ADAC im Frühjahr 2010 nach umfangreichen Untersuchungen fest, dass in vielen deutschen Städten die Hard- und Software der meisten Ampelanlagen hoffnungslos veraltet war.[2] Michael Schreckenberg geht sogar noch einen Schritt weiter und behauptet, die Verkehrspolitik habe sich vielerorts bewusst von der grünen Welle verabschiedet. Kölner Stadtplaner zum Beispiel hätten in ihrer Stadt schon vor etlichen Jahren regelrechte rote Wellen ausprobiert, um die Autofahrer zum Umstieg auf die öffentlichen Verkehrsmittel zu bewegen. Die Folgen seien verheerend gewesen. Schreckenberg: »Die Kölner fuhren natürlich trotzdem weiter Auto und standen noch mehr im Stau.«[3]

Auf die gleiche Weise im Stau stehen auch die Bürger Pinnebergs in der Nähe von Hamburg. Dort scheinen die Ampelanlagen auf der Hauptverkehrsader zwischen Hochbrücke und Einmündung Hindenburgdamm überhaupt nicht aufeinander abgestimmt zu sein. Der Leser des *Hamburger Abendblatts*, Peter Salomon, zählte auf dieser Strecke acht Ampeln, deren Phasen so geschaltet seien, dass sich Rückstaus bilden würden. Der Leser gibt ein anschauliches Beispiel: »Die Ampel am Rathaus schaltet auf Grün, die Bedarfsampel bei der Post zeigt eventuell auch Grün, die Ampel bei der Feuerwehr schaltet auf Grün, beim PiZ (Einkaufszentrum) ist jedoch Rotlicht. Die Folgeampel etwa 30 Meter voraus zeigt grünes Licht. Jetzt schaltet die PiZ-Ampel auf Grün. Da aber die Ampel beim Arbeitsamt rot ist (diese ist ungefähr weitere 50 Meter entfernt), hat sich ein Stau aufgebaut, sodass man nur wenige Meter weiterfahren kann, ohne die Einmündung zur Bahnhofstraße zu versperren. Die Ampel beim Arbeitsamt schaltet auf Grün, doch nun ist allerdings die Ampel hinter dem PiZ mittlerweile wieder auf Rot umgesprungen. Und so geht es immer weiter.«[4]

Schon im Jahr 2002 hatte der ADAC acht deutsche Städte untersucht und war zu dem Schluss gekommen, dass sich nur sieben von 16 Einfallstraßen von den Testfahrern fast ohne Anhalten befahren ließen. Besonders schlecht schnitt dabei München ab. In der Dachauer Straße mussten die Testfahrer an 40 Prozent der Ampeln halten. Jede vierte Lichtsignalanlage stand in der Arnulfstraße auf Rot. Ähnlich düster sah es in Nürnberg aus.[5]

Seitdem scheint sich wenig geändert zu haben. So ergab ein weiterer Test des ADAC Weser-Ems im Jahr 2010, dass nur auf zwei von sieben Haupteinfallstraßen in der Hansestadt Bremen eine grüne Welle geschaltet war. Auf allen anderen fünf Tangenten herrschte Stop-and-go. Mitarbeiter des Automobilclubs waren innerhalb eines Monats jede der sieben Strecken mehrere Male abgefahren und zu diesem bitteren Ergebnis gekommen. Besonders stark aufgehalten wurden sie in der Kattenturmer Heerstraße. Dort sprang jede dritte Ampel auf rot, sobald die Testfahrer sich ihr näherten. Der damalige Verkehrssenator Loske schien das Problem zu ignorieren. Er ließ dem anfragenden Journalisten ausrichten:»Auf allen Straßen, wo grüne Wellen sich eignen, haben wir welche. Mehr sind nicht nötig. Unsere regelmäßigen Überprüfungen ergeben zudem, dass sie funktionieren.«[6]

Wie kam es in Bremen zu solch unterschiedlichen Bewertungen des ADAC einerseits und des dortigen Verkehrssenators andererseits? Auch in Pinneberg übrigens mochten die Verantwortlichen die Beobachtung des

Abendblatt-Lesers nicht teilen. So ließ Roland Schulz, der Leiter des zuständigen Fachdienstes im Rathaus, den Leser wissen, dass es auf Pinnebergs Hauptverkehrsstraße sehr wohl eine grüne Welle gebe, die je nach Tageszeit und Verkehrsaufkommen unterschiedlich gesteuert werde.[7] Wer irrt hier? Die offizielle Seite oder der Autofahrer, der die Lage auf der Straße tagtäglich am eigenen Leibe erfährt?

Eine ähnliche Divergenz der Beobachtungen und Meinungen wie in Bremen und Pinneberg konnte ich in Berlin feststellen. Hier machte ich einmal ganz privat den Test an einer der größten Verbindungsstraßen der Stadt – und zwar auf der Bundesallee. Ich fuhr die Bundesallee zu unterschiedlichen Tageszeiten hinauf und hinunter. Von der Kreuzung Hohenzollerndamm kommend, wurde ich gleich an der Trautenaustraße durch Rotlicht gestoppt. Dann fuhr ich mit exakt Tempo 50 weiter zur nächsten Kreuzung Güntzelstraße. Dort sprang die Ampel auf Rot, als ich nur noch wenige Meter vom weißen Strich entfernt war. Also wieder Stopp. Ich fuhr anschließend dieselbe Strecke zurück und musste wiederum drei Mal halten: Stopp an der Güntzelstraße, Stopp an der Trautenaustraße, Stopp an der Nachodstraße. Warum rote Welle auf einer so großen Verbindungsstrecke wie der Bundesallee?

Auf der Kantstraße in Berlin, einer der wichtigsten Ost-West-Achsen der Hauptstadt, ging es mir ebenso: Rot an der Leibnitzstraße, Rot an der Schlüterstraße, Rot am Savignyplatz, Rot an der Uhlandstraße. Diese Kreuzungen befinden sich alle nur wenige hundert Meter voneinander entfernt. Es war ein ständiges Anfahren und Abbremsen, es gab kein Vorankommen. Ein Leser des *Berliner Tagesspiegel*, der offenbar ähnliche Erfahrungen wie ich gemacht hatte, schrieb dazu bereits im Jahr 2007: »Ich möchte als Praktiker der Straße auch auf den Missstand hinweisen, dass die Ampeln in Berlin durch die zuständige

Behörde in einer verkehrsflussfeindlichen Art geschaltet sind, die nur zwei Ursachen haben kann: Böswilligkeit oder keinerlei Sachkenntnis.«[7]

Auch Berlins Verkehrssenatorin Ingeborg Junge-Reyer (SPD) hat den Zorn der Autofahrer erkannt, wie er sich zum Beispiel in diesem Leserbrief ausdrückt. Auf ihrer Homepage stellt die Senatorin fest:»Die grüne Welle erregt die Berliner Gemüter. Viele Autofahrer sind täglich auf der Suche nach ihr, fahren schneller oder langsamer, um sie zu erwischen und halten am Ende doch wieder an einer roten Ampel.« Anschließend versucht sie, zu erklären, warum das so sein muss.»Aus technischen Gründen ist eine perfekte grüne Welle in einem großstädtischen Netz, in dem sich Hauptstraßen kreuzen, unmöglich.«

Das mag sein, klingt allerdings im 21. Jahrhundert wenig überzeugend. Zumindest optimieren könnte man das System ja. Interessanter hingegen hört sich eine Begründung an, die sie weiter unten im Text abgibt. Dort heißt es:»Der Berliner Senat fördert den umweltschonenden öffentlichen Personennahverkehr und räumt ihm an Ampeln vor dem Individualverkehr Vorrang ein. Daher sind die Ampeln so programmiert, dass auch für Busse und Bahnen eine grüne Welle entsteht. Dadurch soll der vorhandene Geschwindigkeitsnachteil der öffentlichen Verkehrsmittel beseitigt werden.«[8]

Das sind erfreulich klare Worte: Die grüne Welle für Autos, Lieferwagen und Lkw wird unterbrochen, wenn sich ein Bus oder eine Straßenbahn nähert. Dann stehen die Ampeln alle auf Rot, und nur noch Bus und Straßenbahn bekommen Grün. Der Individualverkehr wird schonungslos angehalten, auch wenn die Verkehrsströme noch so groß sind: Eine klingelnde Straßenbahn oder ein leerer Bus sollen sie anhalten können. Das ist erklärte Verkehrspolitik in Berlin. Da soll man sich also nicht wundern, wenn die grünen Wellen auf den großen Straßen nicht mehr funktionieren.

Und die Bevorzugung der öffentlichen Verkehrsmittel vor dem Autoverkehr geht ja noch weiter: Busse und Straßenbahnen können sich über ein Funksignal schon von einiger Entfernung zur Ampel grünes Licht »besorgen«. Sie bekommen überall Grün, egal ob sie in gleichmäßigem Tempo fahren oder nicht. Autofahrer hingegen müssen sich streng an eine bestimmte Geschwindigkeit halten, sonst steht die nächste Ampel auch bei funktionierender grüner Welle garantiert auf Rot.

Diese Verkehrspolitik, die den öffentlichen Nahverkehr über die Ampelschaltungen zuungunsten des privaten Individualverkehrs bevorzugt, ist schon lange nicht nur in Berlin, sondern in nahezu allen deutschen Städten und Gemeinden zu beobachten. Ein aktuelles Beispiel aus Augsburg: An der neuen Tramlinie 6 stehen entlang einer Trasse von nur 5,3 Kilometern insgesamt 19 Ampelanlagen, also im Durchschnitt alle 250 Meter eine. Natürlich müssten diese vielen Ampeln auf so kurzer Strecke als grüne Welle geschaltet werden. Können sie aber nicht, da die Tram immer bevorzugt wird. Der Dauerstau der Autos ist programmiert. »Die grüne Welle ist eine Abwägung im Sinne des Gemeinwohls. Die Straßenbahn hat eine vorgegebene Priorisierung im Verkehr (...)«, sagte dazu Sandor Isepy von der zuständigen Abteilung Verkehrstechnik in Augsburg.[9]

Für diese Priorisierung setzen Städte und Gemeinden horrende Summen ein. So stattete zum Beispiel die kleine Stadt Bayreuth in den Jahren 2010 und 2011 insgesamt 25 Ampelanlagen mit einer Vorrangschaltung für Busse aus – für 1,7 Millionen Euro. Die Vorrangschaltung soll es den Bussen ermöglichen, auch bei Verspätung und wenn sie ihren Fahrplan nicht einhalten können, die grüne Welle für Autofahrer an jeder Ampel zu unterbrechen und für sich selbst das Licht auf Grün zu schalten.[10] In anderen Städten werden längst offene Konflikte über die Bevorzugung von Bussen und Bahnen ausgetragen. In Heidelberg forderte die örtliche CDU schon vor Jahren die Beseitigung von Vorrangschaltungen für den öffentlichen Nahverkehr überall dort,»wo die dadurch ausgelösten Störungen für den Straßenverkehr in keinem angemessenen Verhältnis zu den Beschleunigungseffekten für Bus und Bahn stehen, wie beispielsweise am Adenauerplatz oder am Römerkreis«. Der Verkehr auf den Hauptachsen müsse durch eine grüne Welle flüssiger gemacht werden, um unnötige Geräusch- und Abgasbelastungen zu vermeiden.[11]

In Halle forderte der ADAC bereits im Jahr 2007 mehr grüne Wellen für Autos auf den Hauptverkehrsstraßen. Bis zu 100000 Liter Benzin würden auf den Straßen der schönen Stadt an der Saale täglich verschleudert, rechnete der Automobilclub vor, weil auf Achsen wie der Magdeburger-, der Merseburger-, der Trothaer-, der Ludwig-Wucherer- und der Reilstraße keine freie Fahrt geschaltet sei und es immer wieder zu Staus käme. Der Stadtverband der Grünen widersprach dem ADAC prompt und wischte das Argument der Energieverschwendung durch fehlende grüne Wellen vom Tisch. Zwar könne ein stetiger Verkehrsfluss Emissionen vermeiden, stellten die Grünen fest, aber das effektivste Mittel dafür sei die Förderung des öffentlichen Personennahverkehrs.

Die Grünen forderten denn auch die Ausweitung nur der grünen Welle für Straßenbahnen in Halle.»Gerade in der kompakten Innenstadt von Halle ist es möglich, durch Straßenbahn und Fahrrad den Luftverschmutzer und Lärmverursacher Nummer eins sowie das für den Menschen gefährlichste Verkehrsmittel Auto zurückzudrängen«, behauptete damals der Grünen-Vorsitzende von Halle, Oliver Paulsen.[12] Diese Worte des Grünen-Chefs von Halle aus dem Jahr 2007 lassen aufhorchen. Mittlerweile reden fast alle Verkehrspolitiker Deutschlands so. Sie unterstellen dem Automobil grundsätzlich Schlechtes und betrachten es nicht mehr als gleichberechtigten Partner im Straßenverkehr. Diese Verkehrspolitik ist ideologisch aufgeladen und entbehrt jeder Ausgewogenheit und auch sachlichen Grundlage. Das moderne Automobil im Jahre 2011 ist nicht mehr der Luftverschmutzer Nummer eins. Gasbetriebene Fahrzeuge zum Beispiel belasten die Umwelt überhaupt nicht mehr. Aber auch alle anderen Motoren stoßen wegen guter Katalysatortechnik keine bedrohlichen Mengen an Abgas mehr aus. Moderne Autos sind extrem leise und deshalb auch nicht mehr die Lärmverursacher Nummer eins. Wie kann man einen Toyota Prius, der zu 50 Prozent elektrisch fährt, als Lärmquelle einstufen?

Das Auto ist bei vernünftigem Gebrauch auch nicht mehr das gefährlichste Verkehrsmittel für den Menschen. Viele Todesopfer unter Fußgängern waren in den letzten Jahren auf Tramgleisen zu beklagen, weil die Züge immer leiser fahren und vom Menschen fast nicht mehr gehört werden können. Busse sind ebenfalls im städtischen Straßenverkehr als große Gefahrenquelle für Fußgänger und Radfahrer zu betrachten. Alle diese Argumente und Sachverhalte erreichen das Ohr vieler Verkehrspolitiker in diesem Lande aber nicht mehr. Sie halten es für allein selig machend, dem motorisierten Individualverkehr Steine in den Weg zu legen, und kommen damit bei ihrem Publikum in den Parteien und in der veröffentlichten Meinung meistens sehr gut an.

Das Feindbild Auto tut den Politikern guten Dienst. Sie brüsten sich damit, dem Bus und der Tram die Ampel auf

Grün geschaltet zu haben und scheren sich wenig darum, wenn nebenan die halbe Stadt im Stau steht. Sollen doch alle auf die Öffentlichen umsteigen, ob sie nun wollen oder nicht!

Diese Grundhaltung der Verkehrspolitiker gilt heute schon fast als parteiübergreifender Konsens und wird kaum noch als radikal autofeindlich empfunden oder kommentiert. Nur 25 Jahre ist es her, da kümmerte man sich noch ganz anders um den Ausgleich zwischen allen Verkehrsmitteln und sah das Automobil als gleichberechtigten Partner im Straßenverkehr an. So richtete der frühere Regierende Bürgermeister von Berlin, Eberhard Diepgen (CDU) zum Beispiel in den 80er-Jahren eine spezielle Arbeitsgruppe ein, die sich nur darum kümmern sollte, wie man Ampeln so schalten kann, dass der Verkehr reibungslos fließt. »Soko grüne Welle« nannte man dieses Team damals, das dafür sorgte, dass eben nicht nur Bus und Tram, sondern auch die Autos noch mehrere grüne Ampeln hintereinander durchfahren konnten.

Tempo 30 und andere Limits

»Fährst du noch oder kriechst du schon?« Mit diesem Slogan, der einer bekannten Ikea-Werbung nachempfunden war, zog die Berliner FDP 2011 in den Wahlkampf für die Wahlen zum Abgeordnetenhaus. Eindeutig sprach sich die Partei für die Beibehaltung von Tempo 50 auf Hauptstraßen aus und bezeichnete die Ausdehnung der Tempo-30-Gebiete, die der Berliner Senat vorantreibt, als »umweltfeindlich und wirtschaftshemmend«. Damit nahm die FDP eine Haltung ein, die der Auffassung von SPD, Linkspartei, Grünen und Teilen der CDU diametral widersprach, denn den meisten Politikern geht die Forderung nach flächendeckender Einführung von Tempo 30 inzwischen leicht von der Zunge.

Die FDP legte den Finger in eine offene Wunde. Denn der Streit um Tempo 30 erregt überall in Deutschland die Gemüter. Immer weniger aber scheint die Mehrheit der Parteienvertreter bereit zu sein, den Ärger der Autofahrer zur Kenntnis zu nehmen.

Wie stark der gesetzliche Zwang zum langsamen Fahren das Blut in Wallung bringen kann, zeigt dieses Beispiel aus Leipzig. Dort gab es in der Stadtverwaltung im Jahr 2010 den Vorschlag, das Tempo auf allen Straßen im Stadtgebiet zu reduzieren. »Bei Tempo 30 werden 26 Prozent weniger Schadstoffe ausgestoßen als bei Tempo 50«, behauptete der örtliche Chef des Bundes für Umwelt- und Naturschutz (BUND) Jürgen Kasek. »Das stimmt nicht«, konterte der sächsische ADAC-Vorsitzende Nikolaus Köhler-Totzki. Ein Blick ins Handbuch für Emissionsfaktoren des Umweltbundesamtes genüge, so Köhler-Totzki, und man wisse, dass bei 30 km/h mehr Stickoxide das Auspuffrohr verlassen würden als bei 50 km/h. »Ich schlage vor: Wir schieben die Autos gleich durch die Stadt – aber die Grünen müssen uns dabei helfen«, sekundierte der Leipziger Handwerkskammer-Präsident Joachim Dirschka die Kritik des ADAC.[1]

In Frankfurt am Main wurde Tempo 30 im vergangenen Jahr zum heiß umkämpften Kommunalwahl-Thema. Die CDU hatte Temporeduzierungen auf Hauptverkehrsstraßen strikt abgelehnt. »Je mehr CDU, desto weniger Tempo«, hieß das Wahlkampf-Motto. Doch nach der Wahl regierte eine schwarz-grüne Koalition, und dort setzten sich die Grünen durch. Prompt wurde Tempo 30 auf Hauptstraßen zwischen 22 und 6 Uhr zur Vorschrift.

Vergeblich warben IHK und der ADAC Hessen-Thüringen unter dem Vorsitzenden Erhard Oehm für sanierte

Straßen und Flüsterasphalt als alternative Mittel zur Lärmreduzierung im Straßenverkehr. Die CDU verschloss ihre Ohren und opferte ein gutes Stück Mobilität in der Mainmetropole auf dem grünen Altar der Koalition.[2] Dabei waren und sind die Argumente der Frankfurter IHK nicht von der Hand zu weisen:»In den Nachtstunden werden nicht nur Supermärkte mit Waren gefüllt, Zeitungen, Obst und Gemüse angeliefert«, gab Geschäftsführer Andreas Freund zu bedenken. Die Nacht sei auch sehr wichtig für das gesamte logistische Gefüge am Wirtschaftsstandort Frankfurt. Die aus der geringeren Geschwindigkeit resultierenden längeren Fahrzeiten würden die Personalkosten der Speditionen in die Höhe treiben, da weitere Mitarbeiter eingestellt werden müssten. IHK-Geschäftsführer Freund schlug vor, statt das Tempo zu senken, lieber mit »intelligenten Ampelschaltungen« für flüssigeren Verkehr zu sorgen, wodurch der Lärm ebenfalls effizient reduziert werden könnte. Doch diesem Rat mochten CDU und Grüne bisher nicht folgen.[3]

In München ging die Stadtverwaltung vergangenes Jahr sogar noch einen Schritt weiter und versuchte, Tempo 30 auf Hauptstraßen auch tagsüber zur Regel zu machen. Der örtliche Kreisverwaltungsreferent Wilfried Blume-Beyerle wurde mit dem Vorschlag bekannt, das Gesetz einfach umzudrehen und künftig Tempo 50 nur noch als Ausnahme zuzulassen. Blume-Beyerle wusste dabei einflussreiche Instanzen der deutschen Politik hinter sich. Er hatte herausgefunden, dass sowohl der wissenschaftliche Beirat beim Bundesverkehrsminister als auch der Deutsche Städtetag inzwischen dafür plädiert, Tempo 30 innerorts zur Norm zu erheben. Aus diesen Gremien war zuvor der Vorschlag gekommen, die Beweislast sozusagen umzukehren. Statt wie bisher eine Temporeduzierung von 50 auf 30 km/h stichhaltig begründen zu müssen, sollten die

Stadtverwaltungen künftig gehalten sein, das Tempo nur noch in begründeten Ausnahmen von 30 auf 50 km/h zu erhöhen.

Die Münchner Wirtschaft allerdings begehrte erfolgreich gegen die Tempo-Ideen des Kreisverwaltungsreferenten Blume-Beyerle auf. Die Münchner IHK, die Handwerkskammer für München und Oberbayern und der Handelsverband Bayern stellten eindeutig fest, es gebe keinen Grund, die Geschwindigkeitsbeschränkungen zu verschärfen. Auch Oberbürgermeister Christian Ude protestierte gegen die Tempo-30-Pläne. Schließlich knickte der Stadtrat ein und verwarf die Niedrigtempo-Pläne für Hauptstraßen – gegen die Stimmen der Grünen natürlich. Besonders grotesk wirkte der Vorstoß des Kreisverwaltungsreferenten in München deshalb, weil auf 85 Prozent des Münchner Straßennetzes bereits Tempo 30 gilt. Die bayerische Metropole ist in insgesamt 345 Tempo-30-Zonen unterteilt. Als wäre das nicht Verkehrsberuhigung genug gewesen![4]

Anders ging der 30-km/h-Kampf in Freiburg im Breisgau aus. Dort hatte der Gemeinderat im Jahr 2009 beschlossen, das Tempo auch auf Bundesstraßen nachts zu beschränken. Mitte 2010 wurden die neuen Regeln dann brachial durchgesetzt. In nur zwei Monaten leistete der Gemeindevollzugsdienst mehr als 80 Messeinsätze mit insgesamt 212 Überwachungsstunden. Dabei wurden rund 125 000 Fahrzeuge überprüft. Jeder zehnte Fahrer fuhr zu schnell. Insgesamt 200 000 Euro an Verwarnungs- und Bußgeldern wurden eingenommen. Stadtverwaltung und Ordnungsamt feierten die Einführung von Tempo 30 zwischen 22 und 6 Uhr auf Durchgangs- und Bündelungsstraßen anschließend als vollen Erfolg. »Weniger Lärm mit einem vergleichsweise einfachen Mittel zu erreichen, das war das erklärte Ziel des Gemeinderats«, erklärte der erste

Bürgermeister Freiburgs, Otto Neideck. Die Taxifahrer der schönen Stadt im Breisgau aber protestierten gegen die stark überwachten Tempo-30-Hauptstraßen, und auch unter den Anwohnern blieben die Maßnahmen umstritten. Ein Leser des *Südkurier* kritisierte das Tempolimit wie folgt: »Eine Hauptdurchgangsstraße in einer Stadt wird zur Tempo-30-Zone. Wo gibt's denn so was? Das haben uns die Grünen eingebrockt. Nichts dagegen, dass in reinen Wohngebieten langsamer gefahren wird, aber was soll der Unsinn an einer Hauptstraße? Die Belastung durch Lärm und Abgase wird durch die Temporeduzierung nur noch verlängert. An einem kleinen Beispiel verdeutlicht: Mit 50 km/h und im vierten Gang rollt das Auto innerhalb von zwei Sekunden am Haus vorbei. Mit 30 km/h ist wahrscheinlich der zweite Gang eingelegt, das heißt, es entsteht mindestens gleich viel Lärm, aber das Fahrzeug braucht mindestens drei Sekunden, um dieselbe Strecke zurückzulegen. Also was soll die Sache bringen? Klar, hinter jedem Busch lauert die Blitzmannschaft, um gleich noch den Stadthaushalt aufzupeppen. Dass es den eigenen Bewohnern auf den Senkel geht, bestätigen die Fallzahlen von Geschwindigkeitsübertretungen.«[5]

Der Leser des *Südkurier* geht hier nur auf die vorgebliche Reduzierung der Lärmbelastung durch Tempo 30 ein. Die Stadtverwaltung von Freiburg hat seine Argumente bisher nicht widerlegt. Erfolge bei der Bekämpfung des Verkehrslärms durch Geschwindigkeitsbeschränkungen auf Hauptstraßen in der Nacht sind nicht bekannt.

Ungeachtet dessen brachten die Ratsfraktionen der Grünen, der SPD und der unabhängigen Listen aber den Antrag ein, die Tempobegrenzung abermals auszudehnen: von der Nachtzeit auf rund um die Uhr.[6]

In Dresden wird ebenfalls schon seit mehreren Jahren erbittert um Tempo 30 gestritten. Bereits im Jahr 2008 kündigte dort die FDP ihren Widerstand gegen Pläne der Stadtverwaltung an, neue Tempo-30-Zonen einzurichten. Den Wünschen der Verkehrsplaner nach immer mehr Einschränkungen und Vorschriften für den motorisierten Individualverkehr müsse ein Riegel vorgeschoben werden, erklärte der damalige stellvertretende Vorsitzende der FDP-Stadtratsfraktion Holger Zastrow. Der Politiker räumte ein, dass Tempo-30-Zonen ein geeignetes Mittel seien, um Unfallschwerpunkte punktuell und gezielt zu entschärfen, beispielsweise in der Nähe von Schulen, Kitas und Spielstraßen. Als generelles Mittel der Verkehrsplanung seien sie aber untauglich und hätten kein anderes Ziel, »als den Autofahrer zu schikanieren«.[7]

Ich zitiere Holger Zastrow hier vor allem deshalb, weil eine so ungeschminkte Analyse der modernen Verkehrsberuhigung aus dem Munde eines Politikers heutzutage fast gar nicht mehr zu hören ist. Dabei ist die Haltung Zastrows nach allem, was ich weiß, durchaus populär. Als zwei Jahre später der Dresdner Verkehrspsychologe Bernhard Schlag in einem Interview mit der *Sächsischen Zeitung* Tempo 30 auf allen Straßen in der Stadt forderte, da sahen die Leserkommentare wie folgt aus: »An Lächerlichkeit ist der Vorschlag nicht zu überbieten.« »Die Deutschen sind einfach zu doof. Die Durchschnittsgeschwindigkeit in den großen Städten liegt sowieso unter dreißig.« »Alles Quatsch...« »Mal wieder ein haarsträubender Unsinn aus der anscheinend unendlich großen Kiste des Politiker-Wahnsinns.«[8]

In Schwerin übrigens beugte sich die Politik schließlich dem Bürgerzorn. Dort sollte ursprünglich auf dem gesamten mittleren Ring und in der Robert-Beltz-Straße Tempo 30 eingeführt werden. In den örtlichen Medien entbrannte eine heftige Diskussion. Der *Schweriner Kurier* ließ seine Leser abstimmen. 70 Prozent wandten sich gegen Tempo

30 auf dem mittleren Ring, nur 26 Prozent waren dafür.[9] Die rot-grüne Mehrheit im Stadtrat weigerte sich zwar, die Bürger an der Entscheidung zu beteiligen, so wie es FDP und Linkspartei gefordert hatten, fand aber schließlich zu einem Kompromiss, nach dem nur in der Robert-Beltz-Straße und auf dem Obotritenring ein zunächst befristetes Tempolimit eingeführt werden sollte.[10]

Wohin man auch blickt in Deutschland, überall ist Tempo 30 heiß umkämpft. Die Politiker fast aller Parteien gehen mit großem Sendungsbewusstsein vor und vermitteln das Gefühl, als seien mit dem Aufstellen von 30er-Schildern bereits alle Verkehrsprobleme gelöst. Besonders große Blüten trieb dieses Sendungsbewusstsein im Berliner Wahlkampf 2010 und 2011. Die Grünen preschten vor und forderten Tempo 30 auf möglichst allen Berliner Straßen. Allerdings ruderte die Spitzenkandidatin der Grünen, Renate Künast, vorsichtig zurück, als die Umfragewerte der Grünen nach einem Allzeithoch wieder hinter diejenigen der SPD zurückgefallen waren und Demoskopen vermutet hatten, die Tempo-30-Forderung sei dafür verantwortlich gewesen.[11]

Dazu muss man wissen, dass bereits drei Viertel des Berliner Straßennetzes innerhalb von Tempo-30-Zonen liegen und sogar schon auf 16 Prozent der Hauptverkehrsstraßen ein Tempolimit unterhalb von 50 km/h gilt – Tendenz steigend. Den Berlinern scheint das schon lange zu weit zu gehen. So stimmten in einer Umfrage des *Tagesspiegel* aus dem Jahr 2010 genau 76,1 Prozent der Anrufer dagegen, Tempo 30 auch auf den Hauptverkehrsstraßen zur Regel zu machen.[12]

Dennoch hatte der Berliner Senat zuvor versucht, die Grünen auch beim Thema Tempolimit noch zu überholen, und eine Bundesratsinitiative angekündigt, nach der in allen geschlossenen Ortschaften deutschlandweit Tempo

50 nur noch dann erlaubt sein würde, wenn Verkehrsschilder explizit darauf hinweisen würden. Das Bundesverkehrsministerium lehnte diesen Vorstoß sofort ab. Schon heute könnten die Straßenverkehrsbehörden der Länder unter den Voraussetzungen des Paragrafen 45 der Straßenverkehrsordnung großräumige Tempo-30-Zonen anordnen, ließ Bundesverkehrsminister Peter Ramsauer ausrichten.[13]

Der Streit um den wirklichen Nutzen der Tempo-30-Regelungen ist so alt wie das Tempolimit selbst. Zum ersten Mal wurde im Jahr 1983 in einer deutschen Stadt das Tempo gesenkt: in Buxtehude bei Hamburg. Der ADAC war skeptisch. Studien in 30 nordrhein-westfälischen Wohngebieten hatten 1979 bewiesen, dass in verkehrsberuhigten Stadtteilen besonders schlechte Luft herrschte, weil die Menge der Abgase mit sinkender Geschwindigkeit zunehme.[14] Die Frage, ob das Tempolimit positive Auswirkungen auf die Abgasmenge hat, scheint bis heute nicht geklärt zu sein. Ob Tempo 30 den Lärmpegel entscheidend senkt, ist ebenfalls umstritten. Teilweise beweisen die Messergebnisse eine deutliche Lärmreduzierung, teilweise aber auch nicht.

Ganz eindeutig scheint Tempo 30 dagegen die Sicherheit in Wohngebieten zu erhöhen. Die Zahl der Unfälle sinkt um mindestens 20 Prozent, wenn das Fahrtempo um 20 k/mh reduziert wird. In Hamburg ging in neu eingerichteten Tempo-30-Zonen die Zahl der Schwerverletzten bei Unfällen mit Autos um 37 Prozent, in Münster sogar um 72 Prozent zurück. Ursache dieses positiven Effektes ist der Bremsweg. Bei 50 km/h beträgt der Anhalteweg fast 28 Meter. Bei Tempo 30 kann ein Auto dagegen schon nach 13 Metern stehen. Die Wucht des Aufpralls, wenn das Auto beim Unfall etwa einen Fußgänger anfährt, steigt überdies im Quadrat der Geschwindigkeit. Bei Tempo 50 enden deshalb acht von zehn Unfällen mit Fußgängern tödlich. Bei Tempo 30 sterben zwei bis drei von zehn Angefahrenen. So rechnet es der Verkehrsclub Deutschland (VCD) vor.[15] Diese Berechnungen sind unstrittig. Unstrittig ist auch, dass deshalb in engen Wohnstraßen Tempo 30 gelten sollte. Dieses·Limit ist in Wohngegenden in allen deutschen Städten längst eingeführt worden. Worum es seitdem aber und immer noch geht, ist das Tempolimit auf Hauptverkehrsstraßen. Entschieden wird nach ideologischen Vorgaben. Selten hört die Politik auf die Einwände der Bürger oder die Warnungen der Industrievertreter. Es scheint das Bewusstsein in der Politik dafür verloren gegangen zu sein, dass vom motorisierten Individualverkehr und vom Wirtschaftsverkehr auf der Straße unsere gesamte Wirtschaftskraft, unser Wohlstand und unser Vorsprung vor anderen Industrienationen abhängen. Wer den Straßenverkehr mutwillig immer weiter eindämmt, sei es nachts oder am Tage, der legt die Axt an die Grundlagen unseres Landes, der legt die Hand an das Grundrecht auf Mobilität.

Von Ausgewogenheit in der Verkehrspolitik kann beim Thema Tempolimit in den Städten schon lange keine Rede mehr sein. Lassen wir uns nicht länger vorgaukeln, die Reduzierung des Tempos würde keinen Schaden anrichten. Das stimmt nicht. Die Geschwindigkeit ist entscheidend. Die Moderne unterscheidet sich von der Postkutschenzeit durch die Beschleunigung des Verkehrs. Tempo 30 auf den Hauptstraßen einer Stadt reicht weder für den Taxifahrer, der in der Zeit Geld verdienen muss, noch für die Hebamme, den Klempner oder den Kurierdienst. Tempo 30 ist ein Witz, verordnet von denen, die uns seit Jahrzehnten einreden wollen, das Auto sei ein Übel und müsse im Grunde abgeschafft werden.

AU Typ A 1934. Rennsport-Legende: Dieser Auto-Union-Rennwagen von 1934 erreichte mit seinem Vier-Liter-V-16-Mittelmotor und 295 PS Leistung das sagenhafte Tempo von 280 Stundenkilometern.

Mit dem Audi F103 begann 1965 eine Erfolgsgeschichte. Nachdem die Auto Union nach dem Zweiten Weltkrieg viele Jahre lang unter dem Markennamen DKW Zweitaktmodelle angeboten hatte, setzte sie von nun an auf Viertaktmotoren – und stieg auf zur Premiummarke.

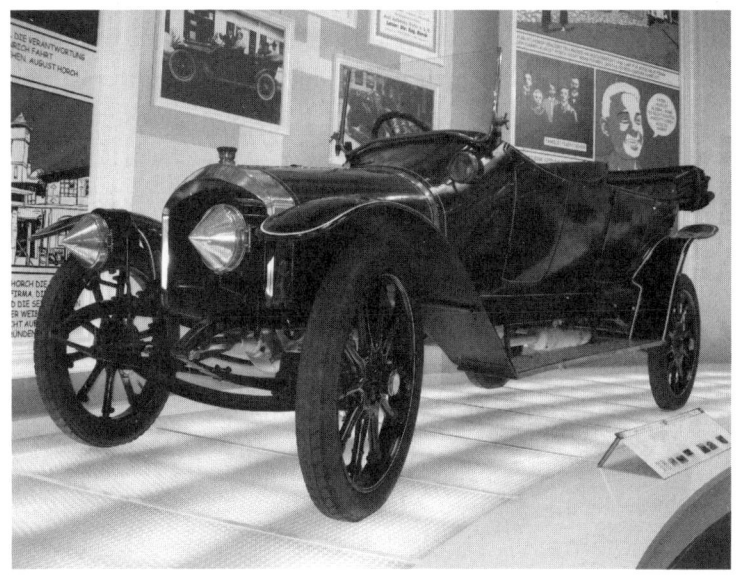

So sah der erste Audi aus: Dieser erste Audi, Typ A von 1910 hatte einen 4-Zylinder-4-Takt-Ottomotor mit 2612 cm³ Hubraum und 22 PS. Das Fahrgestell ohne Karosserie wog 850 Kilogramm. Der Wagen erreichte eine Spitzengeschwindigkeit von 70 Stundenkilometern.

Rückbau von Straßen, Fußgängerzonen und künstliche Staus

Als in Berlin 1989 die Mauer fiel und die beiden Hälften der geteilten Stadt im Herbst 1990 endlich wieder zusammenwachsen konnten, warteten viele Bürger dieser Stadt auch darauf, dass die großen Straßen von Ost nach West und West nach Ost, die durch die Mauer gekappt worden waren, wieder befahrbar gemacht werden würden. Dem war aber nicht so. Die Planer der Verkehrsverwaltung, getrieben von grünen Verkehrskonzepten, hatten durchaus nicht vor, den Autoverkehr zwischen den beiden Hälften der Stadt wieder fließen zu lassen.

Fangen wir mit der größten Ost-West-Achse an, der Straße Unter den Linden. Hier wurde zwei Jahre um die Frage gerungen, ob man das Brandenburger Tor für den Autoverkehr öffnen sollte oder nicht. Dabei hatte doch Präsident Reagan genau hier 1987 gerufen: »Mr. Gorbatschow, öffnen Sie dieses Tor!« Schließlich wurde es 1992 geöffnet, nun aber nur für den Taxi- und Busverkehr. Erst acht Jahre nach der Einheit durften Autos wieder, wie bis 1961 auch, durch das berühmteste Tor Europas fahren.

Diese Entscheidung des damaligen Verkehrssenators Jürgen Klemann (CDU) machte der SPD-PDS-Senat 2002 rückgängig, und nun blieb das Tor für alle motorisierten Gefährte endgültig zu.[1] Der Pariser Platz, ehemals einer der verkehrsreichsten und berühmtesten Plätze der Welt, ist seitdem eine Fußgängerzone. Wohlüberlegte und ausgereifte Pläne des ADAC, das Brandenburger Tor mit einem lang gestreckten Tunnel zu unterqueren, wurden von der Berliner Politik als Absurdität zurückgewiesen und die Diskussion darüber im Keim erstickt. Durch einen solchen Tunnel, den es in vergleichbaren Fällen in fast jeder europäischen Großstadt gibt, hätte der Verkehr ungehindert fließen und der Platz vor dem Tor dennoch verkehrsberuhigt werden können.

Wo also sollte der Autofahrer nun künftig vom Osten in den Westen und in umgekehrter Richtung fahren können? Darauf gibt der Berliner Senat bis heute keine Antwort, obwohl pro Tag rund 40 000 Fahrzeuge am Brandenburger Tor versuchen, vom einen in den anderen Stadtteil zu gelangen. Sie kriechen dabei auf Schleichwegen um das Tor herum, entweder auf der Behrenstraße im Süden oder auf der Dorotheenstraße im Norden. Auf beiden Straßen steht nur eine Fahrspur pro Richtung zur Verfügung, weshalb sich der Verkehr auf beiden Straßen jeden Tag staut. Viele Ampeln mit langen Rotphasen tun das Übrige dazu. Es ist nicht übertrieben, von einem künstlichen, ja geradezu geplanten Dauerstau rund um das Brandenburger Tor zu sprechen, den die Berliner inzwischen mit stoischer Gelassenheit Tag für Tag hinnehmen. Vorschläge des ADAC, die wenigen Verbindungen rund um das Tor durch ein schlüssiges Einbahnstraßenkonzept optimal so zu nutzen, dass sie möglichst viele Fahrzeuge aufnehmen können, wurden von der Berliner Verkehrsverwaltung ganz offen mit dem Argument zurückgewiesen, der Verkehr rund um das Tor solle nicht zu stark beschleunigt werden!

Eine weitere Ost-West-Verbindung blieb sogar bis 2009 komplett geschlossen. Es handelt sich um die Französische Straße südlich des Brandenburger Tores. Auch sie war von der Mauer zerschnitten worden. Erst nach zahlreichen juristischen Auseinandersetzungen und gegen den erheblichen Widerstand vieler Politiker der Grünen, der SPD und der Linkspartei, konnte die Französische Straße schließlich von einer Sackgasse in eine befahrbare Straße zurückverwandelt werden.[2]

Noch weiter südlich verläuft die Leipziger Straße, die seit 22 Jahren die einzige belastbare Ost-West-Straßenverbindung in Berlin überhaupt ist. Doch ausgerechnet auf dieser Achse ließ der Berliner Senat mitten auf der Fahrbahn Straßenbahnschienen verlegen. Geplant war eine Straßenbahn zum Potsdamer Platz, die für den Autoverkehr auf der Leipziger Straße nur noch eine Fahrspur pro Richtung übrig gelassen hätte. »Wenn die Straßenbahn auf der Leipziger kommt, dann haben wir wieder eine Mauer in dieser Stadt!« So warnte ich im Jahr 2001 gegenüber der Berliner Presse vor dem geplanten Rückbau der Leipziger Straße. Meine Worte wurden als radikal eingestuft. »ADAC vergleicht Straßenbahn mit der Berliner Mauer« titelte die Berliner Zeitung.[3]

Das hatte ich natürlich nicht getan. Ich hatte aber darauf hingewiesen, dass die Begegnungen zwischen Ost und West in Berlin erheblich eingeschränkt werden würden, wenn man die Leipziger Straße für den motorisierten Individualverkehr künstlich verengt, und zwar genau dort, wo sie ehemals an der Mauer endete und komplett gesperrt war. In meinen Augen waren nicht meine Worte radikal, sondern die Verkehrspolitik, also die Idee mit der Straßenbahn mitten auf der Leipziger Straße. Die Schienen liegen dort heute übrigens immer noch, eine Tramlinie wurde aber nicht eröffnet. Manchmal lenken die Hinweise des ADAC die Dinge eben doch in eine gute Richtung.

Eine weitere Schikane hatte der Berliner Senat dann aber Jahre später für die Autofahrer auf der Leipziger Straße parat: Die Achse wurde versuchsweise zur Tempo-30-Strecke erklärt. Man wollte herausfinden, ob der Verkehr besser fließt, wenn alle langsamer fahren. Den Verkehrsplanern kam für diesen Versuch die einzige offene große Ost-West-Verbindung Berlins offenbar gerade recht.

Mit der künstlichen Verengung einer weiteren Ost-West-Verbindung in Berlin wurde unterdessen im vergangenen Jahr begonnen: Auf der Invalidenstraße zwischen

Chausseestraße und Hauptbahnhof soll künftig eine Straßenbahn verkehren, mitten auf der Fahrbahn und zulasten des Autoverkehrs. Ein künstlich erzeugter, auch hier wieder regelrecht geplanter Dauerstau wird in der Invalidenstraße die zwangsläufige Folge sein.

Einen solchen geplanten künstlichen Dauerstau kann man in Berlin Tag für Tag übrigens in der berühmten Friedrichstraße beobachten. Hier, zwischen der Kreuzung Unter den Linden und dem Oranienburger Tor, wurde ebenfalls eine Straßenbahn installiert. Für den Autoverkehr blieb pro Fahrtrichtung jeweils nur eine Spur. Dort, wo sich die Friedrichstraße nördlich der Weidendammer Brücke verbreitert, hätte man dem Autoverkehr ohne Mühe zwei Spuren pro Richtung geben können. Hier aber zog man es vor, neben den Straßenbahngleisen noch zwei Busspuren einzuziehen. Vor dem Friedrichstadtpalast zum Beispiel sieht der Querschnitt der Straße so aus: zwei Straßenbahngleise mit jeweils zwei Bahnsteigen mitten auf der Straße. Daneben zwei besonders breite Busspuren. Ganz am Rand jeweils eine Fahrspur für den motorisierten Individualverkehr. Wer tagsüber, morgens oder abends hier entlanggeht, der hört ein immer gleich lautes Brummen. Es kommt von den Motoren der Autos, die hier immer, wirklich immer, im Stau stehen. Dabei nutzen überhaupt nur noch wenige Autofahrer die Friedrichstraße zur Durchfahrt. Ortskundige suchen sich Schleichwege. Taxifahrer winken ab, wenn man als Fahrgast die Friedrichstraße im benannten Abschnitt als Ziel angibt. Und dennoch, obwohl kaum mehr jemand diese wichtigste und größte Nord-Süd-Achse in Berlin Mitte mit dem eigenen Auto nutzt, kommt es dort immer noch zum Stau. Übrigens auch in tatsächlich allen Seiten- und Nebenstraßen – wegen des Ausweichverkehrs, der sich dort Schleichwege sucht.

Warum halte ich mich so lange mit der Verkehrsplanung in Berlin Mitte auf? Weil hier, mitten im Herzen der Hauptstadt, eine Verkehrspolitik umgesetzt wurde, die das Auto nicht mehr als gleichberechtigtes Verkehrsmittel anerkennt, eine Politik, die den motorisierten Individualverkehr von vornherein diskriminiert. Hier sollen die Menschen umerzogen werden. Sie sollen ihr Auto aufgeben, egal, ob sie das wollen – und können – oder nicht. Der Fall der Mauer war die Sternstunde dieser umerziehenden Verkehrspolitik. Jetzt konnte man, da man die Straßen im Ostteil ohnehin neu gestalten musste, ungehindert und ungeniert verwirklichen, was im Westteil der Stadt schwerer fiel. Man konnte die Grundrisse der Fahrbahnen und Kreuzungen so verändern, dass für das Auto buchstäblich kein Platz mehr blieb. Demokratisch ging es dabei nicht zu. Nie wurden die Bewohner Berlins gefragt, ob sie denn mit der Austreibung des Automobils einverstanden wären. Stattdessen peitschten ausgerechnet die Parteien, die sich sonst so gern für Bürgerbegehren engagierten, also SPD, Grüne und Linkspartei, auf ihren Parteitagen einen Beschluss nach dem anderen zur sogenannten »Verkehrsberuhigung« und zur Bevorzugung des öffentlichen Personennahverkehrs durch. Die ohnehin längst mit Ideologen besetzten Planungsbehörden mussten die Autoverhinderungsfantasien ihrer vorgesetzten Politiker dann nur noch in Teer gießen.

Dabei kümmert es sie wenig, dass namhafte Experten die geplante Verdrängung des Automobils aus den Innenstädten immer wieder heftig kritisieren und sich Bürger überall in Deutschland dagegen wehren. Der Vorsitzende der verkehrswissenschaftlichen Gesellschaft Rheinland Wolfgang H. Schulz zum Beispiel hält den Rückbau von Straßen schlichtweg für die Vernichtung von Kapital. Bezogen auf rot-grüne Verkehrspläne für Köln sagte er:

»Grundsätzlich muss die Stadt auch Autofahrern aus dem Umland zugänglich bleiben. Man sieht, welches Drama es schon durch den Parkplatzmangel am Hauptbahnhof gibt.« SPD und Grüne in Nordrhein-Westfalen hatten in ihrem Koalitionsvertrag 2010 den Rückbau von Straßen festgelegt. In Köln soll die Zahl der Fahrspuren auf der großen Nord-Süd-Fahrt verringert werden, zum Beispiel auf dem Teilstück Ursulastraße.

Dazu sagte der Verkehrswissenschaftler Michael Schreckenberg von der Universität Duisburg-Essen: »Der Rückbau von Straßen verringert keinen Verkehr. Das ist ein völliger Irrglaube, dem schon viele Städte aufgesessen sind.« Schreckenberg wies nach, dass der bereits erfolgte Rückbau der Corneliusstraße in Düsseldorf zum Beispiel »nur zum Stau« geführt habe. In der Stadt Münster habe eine künstliche Straßenverengung sogar zurückgenommen werden müssen. Dort waren Verkehrsplaner auf die Idee gekommen, die Bushaltebuchten abzuschaffen. Die Linienbusse hielten fortan vor den Haltestellen mitten auf der Straße. Während des Ein- und Ausstiegs der Fahrgäste stauten sich die Autos hinter dem stehenden Bus. Die Staus waren so lang, dass an Schwerpunkten Bushaltebuchten wieder eingeführt wurden.[4] In Berlin dagegen wurde im Jahr 2009 damit begonnen, Bushaltebuchten abzuschaffen. So hält dort der Bus 186 zum Beispiel in der Wiesbadener Straße/Ecke Schlangenbader Straße mitten auf der Straße. Die Autofahrer stauen sich entweder hinter dem Bus oder versuchen sich in riskanten Überholmanövern, bei denen sie gefährlich weit in den Gegenverkehr geraten.

Das Unverständnis der Bürger gegenüber künstlichen Straßenverengungen ist übrigens in ganz Deutschland groß. »Von dem Widerstand gegen den geplanten Irrsinn zeigen sich die Bochumer Grünen laut einem Artikel in der heutigen *WAZ* unbeeindruckt«, schrieb ein erboster Bochumer Anwohner im Oktober 2010 auf Facebook: »Aus Prinzip soll am Rückbau der Wittener Straße festgehalten werden. Scheinbar soll die Hälfte (!) der Wittener Straße zum Radweg werden.«[5]

Mit ähnlich großem Unverständnis reagierten Bürger der Stadt Frankfurt am Main auf eine Straßenverengung in der Burgstraße. Dort wurden sogenannte »Gehwegnasen«, also Ausbuchtungen des Bürgersteigs auf die Fahrbahn, so weit auf die Straße hinausgebaut, dass es zu Schwierigkeiten kommt, die in einer lokalen Fahrradzeitung so beschrieben werden: »Treffen sich Radfahrer und Auto in der gleichen Bewegungsrichtung, so versucht das Auto, in gefährlicher Weise mit dem Radfahrer bzw. an ihm vorbei durch die Engstelle zu kommen. Die wenigsten Autofahrer bremsen ab, es kommt zu einer deutlichen Gefährdung der Radfahrer. Treffen sich Radfahrer und Auto in entgegengesetzter Bewegungsrichtung, so behält das Auto zumeist Tempo und Richtung bei und erwartet, dass der Fahrradfahrer ihm aufgrund des stärkeren Gefährts (und der höheren Sicherheit des Fahrers) die Vorfahrt gewährt, bis der Wagen durch die Engstelle gefahren ist.«[6] Die Frankfurter Burgstraße wurde zur Fahrradstraße umgewidmet. Dabei schoss die Verkehrsverwaltung der Stadt in ihrem Eifer, das Auto zurückzudrängen, ein Eigentor. Die Straße ist nach der obigen Beschreibung ausgerechnet für Radfahrer jetzt gefährlicher als vor ihrem Umbau. Die Anti-Auto-Verkehrspolitik hat sich hier selbst ad absurdum geführt.

Absurd wirkt auch der nun schon 16 Jahre währende Streit um die berühmte Königsbrücker Straße in Dresden. Sie fungiert als wichtigste Nord-Süd-Verbindung und ist von Schlaglöchern übersät. In der Mitte fährt die Straßenbahn. Derzeit dürfen die Autos auch auf den Gleisen fahren. Grüne, SPD und Linkspartei im Stadtrat drängen darauf, dass der Gleisbereich nach der Sanierung für den motorisierten Individualverkehr gesperrt wird und dann neben den Tramgleisen nur jeweils eine Fahrspur pro Richtung übrig bleibt. Baubürgermeister Jörn Marx (CDU) will vier Fahrspuren auch nach der Sanierung durchsetzen. Ein Kompromiss oder eine Lösung sind immer noch nicht in Sicht.

Ähnlich umstritten wie die Umgestaltung der Königsbrücker Straße in Dresden ist der geplante Rückbau des Cityrings in Hannover. Nach dem Zweiten Weltkrieg wurde die enge Bebauung am Leineufer nicht rekonstruiert, sondern durch einen Grünzug ersetzt, durch den eine sechsspurige, sehr leistungsstarke Straße führt, eben der Cityring. CDU und SPD im Rat von Hannover gaben eine Studie in Auftrag, um zu ergründen, ob man die sechs Spuren nicht reduzieren könnte. Der beauftragte Ingenieur Prof. Wolfgang Haller kam zu dem Ergebnis, dass der Verkehrsfluss auf der Straße Leibnizufer durch eine Spurenreduzierung nicht beeinträchtigt würde. Dafür könnte der Straßenraum von rund 40 auf etwa 29 Meter verknappt werden. Die so gewonnenen elf Meter kämen der Grünfläche zugute.

Dieser Berechnung widersprach vehement der ADAC in Hannover. Der Cityring diene der Entlastung der Innenstadt und müsse zu Spitzenzeiten die Berufspendler aufnehmen, sagte ein ADAC Sprecher. Der ADAC geht davon aus, dass, wenn der Cityring auf vier Fahrspuren reduziert werden würde, dieser Straßenquerschnitt zwar für 20 von 24 Stunden pro Tag ausreichen würde, nicht aber zu jeweils zwei Stunden morgens und nachmittags im Berufsverkehr. Der Hannoveraner CDU-Politiker Dieter Küßner gestand sogar ein, dass der ADAC recht haben möge: »Es mag vielleicht in Spitzenzeiten zu einer Verkehrsverdichtung kommen«, das aber sei »nicht so gravierend«.

Ziel müsse die Bebauung des Ufers zwischen Leine und Leibnizufer sein.[7]

Diese Einlassung des CDU-Mannes Küßner ist in meinen Augen bezeichnend für den großen Konsens in der modernen Verkehrspolitik: Man nimmt Nachteile für den motorisierten Individualverkehr leichten Herzens in Kauf. Es wird gar nicht mehr abgewogen zwischen den Vor- und Nachteilen einer künstlichen Verengung von Straßen. Man winkt sie durch nach dem Motto: Der Autoverkehr ist nicht mehr so wichtig. Das allerdings ist ein fataler Irrtum. Viel vernünftiger geht die Stadtplanung übrigens in Saarbrücken vor. Dort soll die Schnellstraße entlang der Saar, die die Altstadt empfindlich zerschneidet, in einen unterirdischen Tunnel verlegt werden. Diese erstaunlich vernünftige Lösung hat allerdings einen handfesten Grund: Die Schnellstraße ist Teil der Autobahnverbindung nach Frankreich. Dass man eine solche transnationale Trasse nicht künstlich verengen sollte, haben sogar die Stadtplaner von Saarbrücken verstanden.

Lange vor dem Streben der Stadtplaner nach künstlichen Verengungen von Straßen kam als erste und älteste Spielart der Verdrängung des Automobils aus den Städten die Fußgängerzone auf. Als Fußgängerzone bezeichnet man eine Straße, auf der keine Autos mehr fahren dürfen, und die von der Pflasterung und der Stadtmöblierung her umgestaltet worden ist. Als erste deutsche Fußgängerzone wurde am 9. November 1953 die Treppenstraße in Kassel eröffnet. Es folgte die berühmte Holstenstraße in Kiel am 12. Dezember 1953.

20 Jahre später konnte so gut wie jede deutsche Stadt mindestens eine Fußgängerzone vorweisen. Die größte entstand in Hannover. Fußgängerzonen galten als modern, die Politiker waren stolz auf ihre verkehrsplanerischen Werke, die den Autoverkehr aus ganzen Straßenzügen ver-

bannten. Doch Ende der 70er-Jahre kamen bereits erste Zweifel am Segen dieser verkehrsplanerischen Erfindung auf. Am 6. März 1978 meldete das Nachrichtenmagazin *Spiegel*: »Fußgängerzonen umstritten.« Als Oasen seien sie bisher gepriesen worden, 450 Fußgängerzonen gebe es bereits in der Bundesrepublik. Nun würden aber die Städtebauer auch nachteilige Folgen entdecken. Denn in den umliegenden Straßen und Quartieren gehe es mit dem Handel schlecht, dort sinke die Wohnqualität, dort staue sich »geparktes Blech«.[8]

Wiederum 33 Jahre später hat sich am Wahrheitsgehalt dieser Analyse eigentlich nichts geändert, dennoch halten die Städte und Kommunen eisern an ihren Fußgängerzonen fest. Anschaulich werden lässt diesen Starrsinn der Politiker das Beispiel der Limmerstraße in Hannover. Dort wurden am 23. Oktober 2003 die letzten beiden Teilstücke zwischen Küchengarten und Köthnerholzweg zur Fußgängerzone erklärt. Die Schließung der Straße wurde politisch gegen den massiven Widerstand der örtlichen Wirtschaft durchgesetzt. Eine ganz große Mehrheit der Geschäftsleute in dieser Straße hatte sich zuvor energisch dagegen gewehrt. Die Gewerbetreibenden fürchteten, dass ihnen die Kunden wegbleiben könnten, wenn diese nicht mehr mit dem Auto anreisen dürften. Die Furcht war nur allzu begründet, die Geschäftsleute sollten recht behalten. Eine Umfrage der IHK Hannover unter den betroffenen Geschäftsleuten genau ein Jahr nach der Schließung der Limmerstraße ergab ein düsteres Bild: 81 Prozent der Befragten erkannten eine deutlich schlechtere Erreichbarkeit ihres Standorts für ihre Kunden. 62 Prozent hatten Kunden verloren. 68 Prozent verzeichneten Umsatzeinbußen von bis zu 60 Prozent gegenüber der Geschäftslage vor Schließung der Limmerstraße. 94 Prozent forderten, die Limmerstraße sofort wieder für den Autoverkehr zu öffnen.[9] Diese Forderung ließ die Stadtpolitiker von Hannover allerdings völlig kalt.

Ganz ähnlich wie in Hannover geht es auch in vielen anderen deutschen Städten zu. In Lindenberg, Allgäu, sammelten die Bürger und Kaufleute im Sommer 2011 Unterschriften dafür, dass die Fußgängerzone in der Hauptstraße wieder abgeschafft wird. »Viele Kunden kommen nicht mehr«, berichtet die 34-jährige Inhaberin von »Manu's Geschenke Oase«. Die Stadt sei wie ausgestorben, berichtete Fischhändler Achim Kaulitzki den örtlichen Journalisten und zeigte ihnen seine leer geräumte Theke: »80 Prozent Einbußen, so ist der Laden nicht mehr zu halten«, verkündete er voller Verzweiflung.[10]

In Werdohl im Sauerland hatte der Protest der Geschäftsleute sogar Erfolg. Hier wurde im Jahr 2008 nach einer Testphase die örtliche Fußgängerzone wenigstens während der Geschäftszeiten wieder geöffnet. Nach Feierabend fahren dann die Poller an den Enden der Straße wieder hoch und versperren den Autos die Zufahrt.[11]

Offen dagegen ist die Entscheidung über die Zukunft der Fußgängerzone auf der Alleestraße in Remscheid. Dort hatten die Remscheider Wirtschaftsjunioren die probeweise Öffnung der Zone für den Autoverkehr angeregt. Über ein halbes Jahr lang sammelten Experten der Universität Wuppertal Daten über den Publikumsverkehr aus der wieder geöffneten Straße. Finanziert wurde das Projekt von Sponsoren. Der Test endete am 31. März 2011. »Wir gehen, ohne dass wir der Uni vorgreifen wollen, von einem Erfolg aus«, sagte Constanze Epe von den Wirtschaftsjunioren.[12]

In Bergkamen schließlich, um noch ein positives Beispiel zu nennen, wurde die Rückabwicklung einer Fußgängerzone zum vollen Erfolg. Genau die Hälfte der Fußgängerzone der kleinen Stadt im Ruhrgebiet wurde im

Herbst 2010 für den Autoverkehr wieder freigegeben. »Wirtschaftlich haben wir die Erfahrung gemacht, dass die Leerstand-Problematik dort zurückgegangen ist«, resümierte Bergkamens Baudezernent Hans-Joachim Peters.[13] Dennoch, trotz jahrzehntelanger Proteste der mittelständischen Wirtschaft und schlagkräftiger Gegenbeweise, bleiben die meisten deutschen Stadtregierungen unbelehrbar. Die Fußgängerzonen seien »Schauplatz verschiedenster kultureller und kommerzieller Aktivitäten, die auch am Abend und an den Wochenenden Interessierte in die Innenstadt locken« lobt sich die Nürnberger Stadtverwaltung selbst.[14] »Die Fußgängerzone rund um den Marienplatz mit den Prachtstraßen und dem Viktualienmarkt lockt täglich zahlreiche Münchner und Besucher zum Flanieren an«, heißt es auf der Homepage der Bayernmetropole.[15] Das ist sicher richtig, doch lässt diese Beschreibung außer Acht, dass viele Fußgängerzonen Münchens abends auch durchaus sehr ausgestorben aussehen können und man in der Münchner Innenstadt mit dem Auto teilweise sehr schlecht vorankommt.

Und im Übrigen möchte ich festhalten, dass man an den Seiten einer schönen Straße auch sehr gut flanieren kann, wenn auf der Fahrbahn Autos fahren. In Rom und Paris geht das zum Beispiel sehr gut.

Auf der Münchner Homepage wird die Frage der Wirtschaftlichkeit auch gar nicht angesprochen. Doch um die geht es schließlich auch. Es gilt festzuhalten, dass mehr als 70 Prozent des Einkaufsverkehrs in deutschen Städten mit dem Auto abgewickelt wird. Ist die Erreichbarkeit der Innenstadt für Pkw-Kunden erschwert, weichen sie auf die grüne Wiese aus, in Einkaufszentren außerhalb der Zentren. Insbesondere in kleineren und mittelgroßen Städten wollen die Kunden gern bis direkt vor das Geschäft fahren. Parkplätze, die weiter als 150 bis 300 Meter entfernt liegen, werden kaum noch akzeptiert. Apotheken, Bäckereien, Kioske, Fleischer, Floristen und andere Geschäfte sind auf Kunden angewiesen, die mit ihrem Wagen kurz mal vorfahren, um schnell was zu kaufen. Wer alle diese Tatsachen ignoriert, der nimmt in Kauf, dass sich das Sortiment des innerstädtischen Einzelhandels infolge der Einrichtung von Fußgängerzonen entscheidend ändert, dass ganze Branchen abwandern, dass Filialisten Fachgeschäfte verdrängen.

Fußgängerzonen sind in Einzelfällen und an gut ausgewählten Orten durchaus ein Gewinn für die Lebensqualität. Dort sind sie mir sympathisch, wenn sie mit der Bereitstellung von Parkplätzen einhergehen, unterirdisch oder ebenerdig, aber auf jeden Fall in guter Erreichbarkeit. In den meisten Fällen ist das aber nicht der Fall. Und in den meisten Fällen haben die Fußgängerzonen in den deutschen Städten zur Verödung der Zentren entscheidend beigetragen und schaden fortwährend dem Einzelhandel, dem Gewerbe und dem Arbeitsmarkt. Sie wurden und werden von einer ideologisch ausgerichteten Verkehrspolitik verteidigt, der es nur noch darum geht, den motorisierten Individualverkehr so weit wie möglich aus den Innenstädten zu verdrängen, koste es, was es wolle.

So fügen sich leider auch die rücksichtslos ausgebauten Fußgängerzonen in ein Verkehrskonzept ein, das letztlich zum Stau führt. Der Stau aber ist der Feind des Menschen im Alltag. Im Stau verlieren wir wertvolle Zeit. Im Stau gehen Geschäftstermine unter und werden Lieferfristen überzogen. Der Stau ist ein Übel und umso ärgerlicher, wenn er künstlich provoziert worden ist. Die Debatte darum, wie man Staus vermeiden kann, ist unterdessen jahrzehntealt.

Im Gelbbuch des Berliner ADAC von 1984 hat Eberhard Waldau, langjähriges Vorstandsmitglied in der

Hauptstadt, einmal eine interessante Betrachtung angestellt, die ich hier wiedergeben möchte: »Viele Mitbürger«, schrieb er, »sind noch vor Jahresfrist auf die Straße gegangen und haben gestreikt für die Verkürzung der wöchentlichen Arbeitszeit um 90 Minuten. Ob das sinnvoll war oder nicht, steht hier nicht zur Debatte. Sie würden aber heute ebenso auf die Straße gehen, wenn sie wüssten, dass sie aufgrund eines verfehlten Flächennutzungsplans diese 90 Minuten und mehr pro Woche an gerade gewonnener Freizeit wieder verlieren werden durch programmierte Staus auf Berlins Straßen.«[16]

Im Jahr 1995 stellte sich der damalige Berliner Finanzsenator Elmar Pieroth vor einen Ampel-Schaltkasten in Alt-Kaulsdorf im Berliner Osten und referierte vor Journalisten über das Problem Stau: »Volkswirtschaftliche Umsatzausfälle« in Höhe von 8,5 Milliarden Mark im Jahr schrieb er staubedingten Verspätungen im gesamten Bundesgebiet zu.[17]

Seit diesen Betrachtungen Eberhard Waldaus und Elmar Pieroths sind viele Jahre vergangen, an ihrem Wahrheitsgehalt hat sich nichts geändert. Die Verkehrspolitik indes ist in die Gegenrichtung gegangen und hat immer mehr künstliche Staus in Berlin und anderen Städten erzeugt, wie ich in diesem Kapitel nachgewiesen habe. Ein einziges positives Beispiel aus Berlin sei aber auch genannt. Ich meine den jahrelangen Streit um die Verlängerung des Berliner Autobahn-Stadtrings vom Bezirk Neukölln in den Bezirk Treptow-Köpenick. Im Kern ging es hier darum, diesen Stadtring, auf dem täglich weit mehr als 100 000 Fahrzeuge unterwegs sind und der viel Durchgangsverkehr aus den Wohngebieten abzieht, vom Westteil der Stadt in den Ostteil zu verlängern. Wirtschaft und ADAC riefen immer wieder nach dem Baubeginn. Der Berlin-Brandenburger Verkehrsvorstand des ADAC Volker

Krane gehörte zu den unermüdlichen Mahnern. Doch aus den Reihen der regierenden SPD und Linkspartei kam heftiger Widerstand gegen jeden Meter neuen Stadtrings. Die Frage spitzte sich nach der Wahl zum Abgeordnetenhaus in Berlin im Herbst 2011 so zu, dass an ihr die geplante Koalition aus SPD und Grünen scheiterte. Während sich die Grünen schon im Wahlkampf darauf festgelegt hatten, den Stadtring nicht weiterzubauen, blieb Berlins Regierender Bürgermeister Klaus Wowereit fest in seiner Haltung, diese Verkehrsentlastung müsse her. Er sorgte persönlich dafür, dass eine für die Berliner Wirtschaft entscheidende Straßenverbindung zwischen den ehemals getrennten Teilen der Hauptstadt nicht blockiert wurde. Dabei musste sich Wowereit auch gegen große Teile seiner eigenen Parteifunktionäre durchsetzen, deren Auffassung von Verkehrspolitik derjenigen der Grünen teilweise sehr ähnlich ist. In der im Herbst 2011 geschlossenen Koalition aus SPD und CDU wird nun der Weiterbau des Stadtrings möglich sein. Berlin kann wenigstens an dieser Stelle aufatmen.

Fahrradstreifen und Fahrradstraßen

Im März 2003 fasste der Verkehrsausschuss der wunderschönen Stadt Rosenheim in Oberbayern einen folgenreichen Beschluss: Damit die Prinzregentenstraße, also eine der wichtigsten Verkehrsachsen der Stadt, für die Radfahrer sicherer werden könnte, sollten auf dieser Straße jeweils am Rand der Fahrbahn Fahrradstreifen auf den Asphalt aufgemalt werden. Die Radler könnten auf diese Weise ungestört vom Autoverkehr vorankommen, und die Autofahrer ihrerseits würden die Radfahrer stärker respektieren, da ihnen ein eigener Bereich auf der Fahrbahn eingeräumt werden würde. Für diesen ehrgeizigen Plan in Rosenheims Zentrum war der Verkehrsausschuss sogar bereit, insgesamt 70 Parkplätze am Straßenrand zu opfern, denn sie waren dem neuen Fahrradstreifen im Weg. Die Entscheidung fiel einstimmig mit 9:0 Stimmen aus. Ein großer Umbau stand der berühmten Stadt bevor, die man ihrer außergewöhnlichen Architektur wegen auch das bayerische Florenz nennt.

Modern hatten die Politiker in Rosenheim entscheiden wollen. Der Zug der Zeit geht ja in Richtung Fahrrad. Alle Welt spricht vom Rad als dem Verkehrsmittel der Zukunft. Wirklich alle Welt? Nein, eher nur die Welt der Umweltlobbys und vieler kommunaler Politiker. In dieser Welt werden die Probleme verdrängt, die das Anlegen von Fahrradstreifen auf Kosten von Auto-Abstellplätzen mit sich bringt. In Rosenheim wurden die Probleme nicht von den Politikern erkannt, sondern von Rosenheimer Bürgern. Anwohner und Geschäftsleute schickten 200 Protestschreiben an den Verkehrsausschuss und wiesen darauf hin, welche negativen Folgen es hätte, wenn derart viele Parkplätze in der Prinzregentenstraße entfallen würden – negative Folgen vor allem für den Einzelhandel und die Gastronomie. Denn dort, wo die Menschen ihr Auto nicht mehr parken können, da kommen sie auch nicht mehr hin.

Im März 2004 wurde der Fahrradstreifen-Beschluss schließlich wieder gekippt. Für den Radverkehr wurden nun separate Radwege unabhängig von der Fahrbahn der Prinzregentenstraße angelegt. Diese Radwege wurden sogar vom Allgemeinen Deutschen Fahrradclub (ADFC) gelobt. In ihrer Ausführung seien sie »um einiges radlerfreundlicher geworden als der bisherige Rosenheimer Standard«. Dann aber ereigneten sich drei schwere Unfälle mit Radfahrern auf den neuen Radwegen, weshalb die Grünen in Rosenheim 2005 den Stopp des weiteren Ausbaus solcher Radwege forderten. Grüne und ADFC argumentierten, separate Radwege seien für Radfahrer gefährlicher als Fahrradstreifen, die auf der Fahrbahn aufgemalt werden, weil die Radler auf den separaten Wegen von den Autofahrern schlechter wahrgenommen und an den Kreuzungen deshalb leichter angefahren würden.[1] Auseinandersetzungen um Fahrradstreifen wie in Rosenheim werden seit einigen Jahren deutschlandweit ausgetragen. So beschloss die Behörde für Stadtentwicklung und Umwelt in Eißendorf in Hamburg-Harburg im November 2010, insgesamt 40 Parkplätze am Straßenrand aufzugeben, um Platz für neue Fahrradstreifen zu schaffen. Einzelne Lokalpolitiker befürchteten zwar, es könne in der Folge zu Umsatzeinbußen bei den Geschäftsleuten kommen, aber solcherlei Bedenken fanden kein Gehör. Auf keinerlei Bedenken der Verkehrsplaner stieß auch die Tatsache, dass die neuen Fahrradstreifen in Eißendorf zu gefährlichen Verkehrsproblemen führten. So wurde beispielsweise die Straße Veritaskai durch die Streifen dermaßen eingeengt, dass Lastwagen bei Gegenverkehr hinter den Radfahrern herfahren müssen.[2]

In Hannover tobt der Fahrradstreifen-Streit um die berühmte »Podbi«, die Podbielskistraße in der List. Der Bauausschuss der Stadt Hannover beschloss zu Beginn des Jahres 2011 mit den Stimmen von SPD und Grünen mehrheitlich, dass die Podbi zu beiden Seiten neben der Fahrbahn einen Fahrradstreifen bekommen sollte. Nun ist die Podbi aber eine sehr enge, stark befahrene Ausfallstraße. Fahrradstreifen gehen hier auf Kosten von Parkplätzen am Straßenrand, oder sie lassen für den Autoverkehr nur noch eine Spur übrig. Für Proteste sorgt der Beschluss des Bauausschusses auch deshalb, weil die Fahrradstreifen nur teilweise als sogenannte »Schutzstreifen« aufgebracht werden sollen. Schutzstreifen sind durch eine gestrichelte Linie von der restlichen Verkehrsfläche getrennt. Autofahrer dürfen diese Linie zum Rechtsabbiegen oder Parken überfahren. In großen Teilen sollen die Fahrradstreifen in der Podbi aber mit einer durchgezogenen Linie versehen werden, die kein Überqueren durch den motorisierten Individualverkehr mehr erlaubt. Als »nicht überzeugendes Verkehrskonzept« bezeichnete der CDU-Fraktionsvorsitzende im Bezirksrat Vahrenwald-List, Lars Pohl, diese Fahrradstreifen-Planung.[3]

Im Herbst 2010 wehrten sich die Anwohner in Witten (NRW) gegen Fahrradstreifen auf der Universitätsstraße zwischen Innenstadt und Kemnader Stausee. Sie protestierten aus nur einem Grund: Die Fahrradstreifen sollten auf einer Länge von einem Kilometer auf Kosten der Parkplätze am Straßenrand angelegt werden. Die Stadtverwaltung hatte schließlich ein Einsehen und bot einen Kompromiss an: 200 Meter Universitätsstraße oberhalb der Einmündung am Steinberg wurden von der neuen Markierung ausgenommen.[4]

Ganz besonders vorbildlich beim Aufbau eines Fahrradstreifennetzes wollte die Stadt Hamburg sein. Unter der Regentschaft von CDU und Grünen entwickelte der Senat im Sommer 2010 ein ehrgeiziges Konzept: Auf 16 Straßenzügen sollten Radstreifen parallel zum Autoverkehr markiert werden. Mithilfe eines externen Gutachters, der für seine Arbeit 40 000 Euro in Rechnung stellte, ließ Umweltsenatorin Anja Hajduk (Grüne) insgesamt 150 Straßenzüge auf einer Länge von 200 Kilometern darauf überprüfen, ob sie für Fahrradstreifen geeignet seien. 62 Straßenzüge stellten sich als geeignet heraus. Sie sollen bis zum Jahr 2015 Radfahrstreifen bekommen. 25 Kilometer von diesen Radfahrstreifen gibt es schon in Hamburg. Radfahrstreifen zeichnen sich durch die schon erwähnte durchgezogene Linie aus, die von Autos nicht überquert werden darf. Kritik an diesem Plan kam allein vom ADAC. »Durch die Radfahrstreifen wird den Autofahrern ein Teil der Straße genommen«, gab Hamburgs ADAC Sprecher Matthias Schmitting zu bedenken.[5] Der Hamburger Senat indes betrachtet die geplanten Radfahrstreifen als Ergänzung zum bereits bestehenden Radwegenetz der Hansestadt, das schon jetzt 1700 Kilometer umfasst.

Im August 2011 gingen SPD und Grüne (GAL) im Bezirk Altona dann noch einen Schritt weiter und beschlossen, dass auch auf der engen Elbchaussee Streifen für Radler aufgebracht werden sollten. »Die Stärkung nicht motorisierter Verkehrsteilnehmer ist einer der wichtigsten Punkte«, begründete GAL-Sprecher Jérome Cholet den Beschluss.[6] Dabei scherte es SPD und GAL wenig, was aus den motorisierten Verkehrsteilnehmern werden würde, wenn Fahrradstreifen die ohnehin nicht sehr breite Elbchaussee künstlich einengen würden. Kreuzungen wie am Hohenzollernring oder Halbmondsweg müssten komplett umgebaut werden und wären auch dann noch ein fragwürdiger Engpass. Hier quälen sich pro Tag immerhin 40 000 Fahrzeuge vorbei.

Die Tendenz, Fahrradstreifen rücksichtslos und auf Kosten des motorisierten Individualverkehrs durchzuboxen, zeichnet inzwischen die Verkehrspolitik fast aller Länder, Städte und Kommunen aus. Weder auf die Not der Autofahrer, die keinen Stellplatz am Straßenrand mehr finden, noch auf die Sorgen der Autofahrer, die wegen Fahrradstreifen sehr viel langsamer vorankommen, wird in irgendeiner Form Rücksicht genommen.

Am weitesten in diese Richtung ist mittlerweile die Verkehrspolitik in Berlin gegangen. Dort wurde vergangenes Jahr am Alexanderplatz eine ganz neue Erfindung auf die Straße aufgebracht: eine Fahrradspur, die diagonal über eine große Straßenkreuzung führt. Das funktioniert so:

Fahrradfahrer, die links abbiegen wollen, ordnen sich rechts am Straßenrand auf einer eigens erstellten, leicht geschwungenen Wartespur ein. Dann bekommen Autofahrer in allen Fahrtrichtungen gleichzeitig rotes Ampellicht und nur die Radler dürfen noch über die Kreuzung fahren, eben in diagonaler Richtung. Natürlich müssen alle Autos auch dann halten, wenn gar kein Radler diagonal über die Kreuzung fahren will.

Drei Millionen Euro gibt der Berliner Senat pro Jahr für das Aufmalen neuer Fahrradspuren aus. Auf 140 Kilometer ist das Netz dieser Fahrradspuren in Berlin bereits angewachsen. Wo sie entstehen, da fällt meistens eine Fahrspur für den Autoverkehr weg. Vorangetrieben wird der Ausbau des Fahrradstreifen-Netzes in Berlin von Planern, die selbst überwiegend mit dem Fahrrad unterwegs sind, aus Überzeugung natürlich. Solche Planer sind zum Beispiel Heribert Guggenthaler, Referatsleiter in der Senatsverkehrsverwaltung für Verkehr. Oder Jörg Lange, Leiter der Verkehrslenkung. Lange gab gegenüber Journalisten an, er fahre pro Woche 200 Kilometer mit dem Rad durch die Stadt, am Wochenende kämen noch mehr Kilometer mit der Familie dazu. Das nenne ich Leidenschaft für das Zweirad! Chapeau!

Wenn Guggenthaler sich etwas wünsche, das den Fahrradfahrern nütze, so werde es von Lange meistens auch genehmigt, heißt es in Berlin.[7] Dabei kommt es zu immer neuen Erfindungen zum Wohle des Radverkehrs. An der Kreuzung Unter den Linden/ Ecke Glinkastraße etwa, gegenüber dem bekannten Café Einstein, wurde eine Fahrradspur mitten auf die Straße zwischen die Fahrspuren für die Autos gemalt. Geradeaus fahrende Radler sollen sich hier zwischen den Autos anstellen. Bei grüner Ampel folgen sie dann einem weiter mitten auf der Fahrbahn markierten Radweg, der dann plötzlich endet, worauf sie sich wahrscheinlich wieder in Richtung des rechten Fahrbahnrands bewegen sollen. Oder sollen Sie einfach in der Mitte der Straße weiterfahren? Das ist schwer erkennbar. Hier endet dann die Weisheit der Planer.

Aber zurück zur besagten Kreuzung: Rechts vom mittigen Fahrradstreifen bleibt nur noch Platz für eine Autospur für Rechtsabbieger, links für eine Spur für Geradeausfahrer. Inklusive Sicherheitsabstand beansprucht die mittige Radspur den Platz genau eine Autospur. Da nun nur noch zwei Spuren für den Autoverkehr übrig bleiben, staut sich der Verkehr regelmäßig sowohl auf der Linksabbiegespur als auch auf der Geradeaus-Spur, während die neu eingerichtete Fahrradspur in der Mitte meistens frei bleibt. So viele Radfahrer sind eben gar nicht unterwegs ... Am Berliner Alexanderplatz bietet sich übrigens dasselbe Bild: Stau auf der Abbiegespur, Stau auf der Geradeausspur, gähnende Leere auf der mittigen Fahrradspur.

Oder nehmen wir drei andere Beispiele: In der ohnehin schmalen Berliner Tiergartenstraße hin zum Potsdamer Platz wurden im vergangenen Jahr entlang der beiden Bordsteinkanten Fahrradstreifen aufgemalt. Die Fahrbahn, die schließlich für den motorisierten Individualverkehr in der Mitte übrig blieb, ist so schmal, dass zwei Lastwagen nur noch mit Mühe aneinander vorbeifahren können. Von einer Mittelmarkierung sah die Verkehrsverwaltung wegen des geringen Querschnitts gleich ganz ab. Sollen Pkw und Lkw doch selber sehen, wie sie aneinander vorbei kommen!

Ganz besonders heftig entbrannte der Streit um Fahrradstreifen vergangenes Jahr in der Warschauer Straße. Dort, auf der Strecke zwischen Friedrichshain und Kreuzberg, planten die Behörden einen jeweils zwei Meter breiten Fahrradweg am Rande der Fahrbahnen. Mehr als 100 Parkplätze sollten wegfallen. 2,3 Millionen sollte der

Umbau kosten. Mit Lieferzonen auf dem Gehweg wollte man die Geschäftsleute beruhigen. Doch diese Lieferzonen nützen den Kunden nichts, die nicht mehr parken können, wenn erst die Radstreifen aufgemalt sind. Und wozu, bitte schön, braucht ein Geschäft eine Lieferzone, wenn ihm die Kunden wegbleiben? Dann müssen ja auch keine Waren mehr angeliefert werden, dann ist das Geschäft nämlich pleite.

In der Schlossstraße in Berlin-Steglitz schließlich wurde je ein Fahrstreifen pro Richtung für Pkw entfernt und durch einen Radstreifen ersetzt. In dieser wegen ihrer vielen Geschäfte stark befahrenen Einkaufsstraße bilden sich seitdem über viele Stunden des Tages hinweg lange Staus, nur deshalb, weil zu wenig Platz für den Autoverkehr übrig gelassen wurde.

Solche Fehlplanungen bringen alle auf die Palme: Anwohner, die sich über Lärm und Gestank beschweren, Geschäftsleute, deren Kunden im Stau stehen und nicht zum Einkaufen erscheinen, und Autofahrer, die auf Dauer einfach die Nerven verlieren. Zu allem Übel stehen natürlich Busse und Taxis auch auf dem einen verbliebenen Fahrstreifen im Stau. Nur die Fahrräder, ja, die kommen voran.

»Völlig unverhältnismäßig« sei es, dass der Berliner Senat in seinen Straßenausbauplänen in der Regel einen Fahrstreifen für Autos einspare und stattdessen einen Fahrradstreifen aufmale, kritisierte Dorette König, Geschäftsführerin des Berliner ADAC. Faktisch würden bei allen Ausbauten von Straßen in Berlin bis zu 50 Prozent Kapazität für den Autoverkehr abgebaut, rechnete sie vor. Laut protestierten neben dem ADAC im vergangenen Jahr auch die IHK, die Handwerkskammer und die Fuhrgewerbe-Innung in Berlin gegen die Fahrradspuren-Pläne des Senats. Berlin benötige »leistungsstarke vierspurige Straßenverbindungen«, sagte der stellvertretende Hauptgeschäftsführer der IHK Christian Wiesenhütter. Die Kammern und der Berliner ADAC nahmen auch die Prognosen des Berliner Senats ins Visier. Im Stadtentwicklungsplan Verkehr 2025 (StEP) hatte Verkehrssenatorin Ingeborg Junge-Reyer festschreiben lassen, der Anteil des Autoverkehrs am gesamten Verkehrsaufkommen werde in Berlin von heute 32 auf 25 Prozent im Jahr 2025 sinken. Nach Ansicht des ADAC wird er aber bei 40 Prozent liegen. Der Anteil des Fahrradverkehrs, den der Senat bis 2025 auf 18 Prozent steigen sieht, wird nach ADAC Berechnungen nur auf neun Prozent steigen. Diese Differenzen in den Berechnungen kommen durch die Messweise zustande. Während der Senat nur die einzelnen Bewegungen der Verkehrsteilnehmer zählt, gewichtet der ADAC auch die Länge der jeweils gefahrenen Strecke. Da die mit dem Pkw zurückgelegten Strecken meistens sehr viel länger sind als die Rad- oder Fußstrecken, erhöht sich in dieser Berechnungsweise der Anteil des motorisierten Individualverkehrs. Diese Rechenweise erscheint allerdings sehr viel realistischer als die des Senats. Für den, der allerdings Argumente für Fahrradspuren sucht und dabei das Anwachsen des Radverkehrsaufkommens nachweisen möchte, bietet es sich an, die Länge der gefahrenen Strecke zu vernachlässigen.[8]

In Berlin kämpft der ADAC gegen den Ausbau des Radspurennetzes und plädiert gleichzeitig für mehr Fahrradstraßen. »Ich setze mich für die Einrichtung von mehr Fahrradstraßen ein, von denen es in Berlin erst zwei gibt«, erklärte der Vorsitzende des ADAC Berlin-Brandenburg Manfred Voit in einem Zeitungsinterview im Frühjahr 2011 und begründete seinen Einsatz für die Fahrradstraßen mit dem Argument, sie würden die Hauptstraßen vom Fahrradverkehr entlasten.[9] Fahrradstraßen sind Straßen, auf denen nur Radfahrer fahren dürfen. Autos müssen per

Zusatzschild eigens zugelassen sein, zum Beispiel durch den Hinweis »Anlieger frei«. Aber auch wenn sie auf diese Weise zugelassen sind, müssen Autofahrer bremsen, wenn Radfahrer nebeneinander oder quer über die Straße fahren wollen. Sie müssen streng darauf achten, was die Radfahrer wünschen und wie sie sich verhalten und müssen ihre Fahrweise danach ausrichten. In Berlin gibt es bereits zwei solcher Straßen, die Linienstraße in Mitte und die Prinzregentenstraße in Wilmersdorf. Fahrradstraßen könnten in Berlin auf einer Gesamtlänge von 80 Kilometern eingerichtet werden, rechnete der ADAC vor.

Ich bin, ehrlich gesagt, kein großer Anhänger der Sperrung ganzer Straßenzüge für den Autoverkehr. Ich halte es nicht für sinnvoll, dass Radler Autofahrer ausbremsen dürfen, indem sie nebeneinander fahren und die Straße damit versperren. Solche Vorrechte für Radler halte ich für fragwürdig. Wenn man aber mit der Einrichtung dieser Fahrradstraßen verhindern könnte, dass auf Hauptverkehrsstraßen der Autoverkehr so eingeschränkt wird, dass es zwangsläufig zum Stau kommt, dann wäre ich eventuell auch für Fahrradstraßen. Doch hat sich der ADAC hier vielleicht bereits in die Defensive begeben. Es muss gleichberechtigt zugehen im Straßenverkehr. Einschränkungen müssen wirtschaftlich vertretbar sein. Darum geht es. Und es geht darum, einer Verkehrspolitik Einhalt zu gebieten, die den Vorrang des Fahrrades vorantreibt. Still und leise werden unsere Straßen in der Mitte halbiert. 50 Prozent für Pkw und Lkw, 50 Prozent für das Rad – auch wenn das Verhältnis im Verkehrsaufkommen eben nicht 50:50, sondern eher 80:20 oder 90:10 ist, da gehen die Berechnungen im Ergebnis auseinander. Gezielt wird der motorisierte Individualverkehr beim Umbau von Straßen ausgebremst. Fakten werden geschaffen und Verkehrsverhältnisse, die man nicht so schnell wieder verändern kann.

*Das Kultauto der Kultautos: Der Mercedes 300 SL gilt bis heute
als eines der begehrtesten Automobile, die jemals gebaut wurden.
Er wurde 1954 als erster deutscher Seriensportwagen auf der
International Motor Show in New York vorgestellt. Die Schau-
spielerin Romy Schneider war bekannt dafür, dass sie diesen
Wagen gerne fuhr. Sie kaufte sich den 300 SL 1958 für
35 000 Mark. Für diesen Preis war damals ein Einfamilienhaus zu
haben. Für gut erhaltene Oldtimer gilt das noch heute.*

Der Kleinwagen Lloyd LP 300. »Wer den Tod nicht scheut fährt Lloyd«, spottete der Volksmund. Dennoch war der Wagen sehr beliebt: 1950 ließ die Firma Borgward den ersten Lloyd vom Band laufen. Weil seine Karosserie aus Sperrholz mit Kunstlederüberzug bestand, wurde er auch Leukoplastbomber genannt. Der Wagen war, wie damals noch viele Automobile, mit einem Zweitakt-Motor ausgestattet. Spätere Modelle hatten eine Stahlkarosserie und einen Viertaktmotor.

Vorfahrt für Bus und Bahn

Deutschlands Verkehrspolitiker unterliegen der Versuchung, planwirtschaftlich zu denken. Sie rechnen gerne aus, wie viele Menschen auf den Straßen transportiert werden können und müssen und legen dann selbst das Verkehrsmittel fest, mit dem dieser Transport stattfinden soll, indem sie es mit Vorrechten ausstatten. Ob die Menschen das so bevorzugte Verkehrsmittel benutzen wollen oder nicht, spielt dabei keine Rolle. Mit unsanftem Nachdruck werden sie es schon tun ...

Seit 20 Jahren nun entscheiden sich die Verkehrsplaner der Länder, Städte und Gemeinden dafür, den Öffentlichen Personennahverkehr (ÖPNV) zum bevorzugten motorisierten Verkehrsmittel zu erheben. Busse und Bahnen werden mit Privilegien ausgestattet, die das Automobil nicht bekommt. Busse und Bahnen dürfen sich nämlich die Ampel selbst auf Grün schalten, während der Autofahrer warten muss, bis ihm die programmierte Grünphase die Weiterfahrt erlaubt.

Im Internet-Nachschlagewerk »Enzyklopädie Online« heißt es dazu unter dem Stichwort »ÖPNV-Bevorrechtigung«: »Die Bevorzugung der Fahrzeuge des öffentlichen Personennahverkehrs gegenüber dem Individualverkehr geht von der Annahme aus, dass in der gleichen Zeit einer Ampelgrünphase in ÖPNV-Fahrzeugen mehr Menschen befördert werden können als in den Individualfahrzeugen.«

An dieser Stelle habe ich schon Fragen an Logik und Gerechtigkeit. Warum soll dort die Ampel auf Grün springen, wo die Massen fahren, und soll sie dort auf Rot stehen, wo der einzelne Bürger am Steuer sitzt? Warum soll derjenige privilegiert sein, der sich in einen Bus zwängt, und nicht derjenige, der hinter seinem eigenen Steuer sitzt? Die Enzyklopädie bringt einen Hinweis, der mich noch nachdenklicher werden lässt:»Manchmal ist die Einführung der Vorrangschaltung«, heißt es weiter,»eine eher politische Entscheidung: Die Kommune betont mit der Bevorzugung des ÖPNV ihren Willen, dem ÖPNV als dem ökologisch günstigeren Verkehrsträger einen Wettbewerbsvorteil zu verschaffen.«[1]

Hier kommen wir zu des Pudels Kern: Busse und Bahnen dürfen sich deshalb die Ampeln selbst auf Grün stellen, weil sie angeblich das umweltfreundlichere Verkehrsmittel sind. Sind sie das aber überhaupt? Natürlich nur, wenn der Bus oder die Bahn gut ausgelastet sind. Dann verbrauchen sie weniger Treibstoff pro Personenkilometer als der Pkw. Sitzen aber zum Beispiel in einem Bus am späten Abend nur vier Passagiere, so verbraucht er natürlich weit mehr Treibstoff pro Personenkilometer als ein Kleinwagen, in dem ebenfalls vier Personen sitzen. Ziel der Verkehrspolitik ist es deshalb, den Bürger so umzuerziehen, dass er auf Bus und Bahn umsteigt, auf dass sie möglichst gut gefüllt durch die Städte fahren. Da wir nun aber in einem freien Land leben und der Staat den Bürger nicht zwingen kann, Bus oder Bahn zu fahren, macht man ihm das Autofahren möglichst schwer, damit er »freiwillig« umsteigen möge.

Auf der Internetseite der Nürnberger Verkehrsbetriebe steht dieser Zusammenhang ganz naiv und unverstellt in einem Satz ausgedrückt. Dort heißt es im Kapitel »Beschleunigungsmaßnahmen« wie folgt: »Das, wovon die meisten Autofahrer nur träumen, können unsere Busse und Straßenbahnen: die Ampelschaltungen beeinflussen.«[2] Anschließend erfährt der Leser, dass in Nürnberg seit 1996 bereits das Anforderungssystem Bake/Funk zum Einsatz kommt, welches für permanente grüne Wellen für den öffentlichen Nahverkehr sorgt. Dass infolge dieser grünen

Wellen alle anderen Verkehrsteiler im Stau stehen, erwähnt die Seite der Nürnberger Verkehrsbetriebe nicht.

Diesen Effekt hat in seinem Blog sehr anschaulich ein Bewohner der Stadt Erlangen beschrieben. Unter der Überschrift »Warum rege ich mich über die Busbevorrechtigung auf?« schreibt er: »Das ist ganz einfach. Ich gehe in Erlangen fast alles zu Fuß, da wir ziemlich zentral wohnen. Ich laufe auch jeden Tag auf die Arbeit und zurück …

Erfahrung I: Ich laufe also eine relativ lange und kleine Straße entlang, die bis zu einer großen Kreuzung geht. Die Ampel sehe ich schon weit vorher. Früher war das so, wenn 50 Meter vorher die Ampel rot war, ist sie bei Ankunft grün. Das war mal! Jetzt laufe ich vor, die Ampel steht auf Rot, und bei Ankunft ist sie immer noch rot. Ich schaue nach links. Jawohl, da steht der Bus in der Bushaltestelle. Eine Oma mit ihrem Gehwagen (nicht negativ) versucht in den Bus einzusteigen und muss danach noch eine Fahrkarte einlösen. Die Ampel bleibt rot und die Autos stauen sich schon weit zurück. Aaaahh, der Bus fährt los, die Ampel muss gleich umspringen. Denkste!! Schaue ich nach rechts, steht der andere Bus in der Bushaltestelle. Die Autos stauen sich weiter zurück, Ampel bleibt weiterhin rot. Endlich fährt auch der Bus los … Aber was sehen meine Augen: Der nächste Bus rollt an und hält. Ihr könnt euch ja denken, dass die Ampel immer noch rot ist. Und sicherlich könnt ihr nachvollziehen, wie lange mittlerweile der Stau an den roten Ampeln ist. Erst wenn der letzte Bus über die Kreuzung gefahren ist, springt die Ampel auf Grün.

Erfahrung II: Wir haben eine weitere sehr zentrale Kreuzung in der Henkestraße unweit der Innenstadt. Da fahren fast so viele Busse wie Autos. Aber bei dieser Kreuzung kommen die Busse aus allen vier Richtungen! Und siehe da, diese Kreuzung hat sogar für Fußgänger und

Fahrradfahrer einen Drücker (die gelben Dinger). Prima, da drückste ja gleich mal drauf. Nun ja (...) und da kommt noch ein Bus und noch ein Bus und noch ein Bus. Die Ampel bleibt trotz eifrigen Drückens rot. Andere Fußgänger und Fahrradfahrer sind schon längst über Rot, ich nicht.«

Nach dieser sorgfältigen Beschreibung der Bevorzugung von Bussen an einer Ampel kommt der Blogger aus Erlangen zu dem Schluss: »Das System mag ja gut und schön für den ÖPNV sein, für andere Verkehrsteilnehmer ist es eine Qual. Wie kann das ökologisch sinnvoll sein, wenn sich ewige Staus an den Ampeln bilden? Wie kann das sicher sein, wenn durch die unverhältnismäßig langen Wartezeiten die Fußgänger und Fahrradfahrer über Rot fahren??« Zum Abschluss schreibt der Blogger: »Ich muss gleich wieder an diese Kreuzung und hab jetzt schon einen Hass darauf.«[3]

Diese Abneigung gegen eine Ampelschaltung, die alle Verkehrsteilnehmer außer Bussen benachteiligt, kann ich gut nachvollziehen. Ich erlebe diese Ungerechtigkeit regelmäßig in Berlin an einer großen Kreuzung am Roten Rathaus. Hier, wo sich Karl-Liebknecht- und Neue Spandauer Straße treffen und wirklich viele Autos in ost-westlicher und nord-südlicher Richtung unterwegs sind, haben die Straßenbahnen Vorfahrt. Sie schalten sich die Ampeln an diesem Verkehrsknotenpunkt automatisch selbst auf Grün. Da mehrere Straßenbahnlinien über die besagte Kreuzung fahren, schalten sich auch immer wieder mehrere Straßenbahnen hintereinander die Ampel zu ihren Gunsten um. Der gesamte übrige Verkehr steht dann bis zu zwei Minuten in allen Fahrtrichtungen im Stau, von roten Ampeln aufgehalten. Wütende Autofahrer klopfen auf ihr Lenkrad oder hupen verärgert. Der Lärmpegel ist wegen der vielen laufenden Motoren hoch, der Benzinverbrauch auch. Und immer, wenn ich dort im Stau stehe und dann nach sehr langer Wartezeit eine mäßig besetzte Straßenbahn näher kommen sehe, frage ich mich, ob die Verhältnismäßigkeit der Mittel noch gewahrt ist. Entspricht es noch rationaler Verkehrspolitik, Dutzende Pkw und Lkw im Stau warten zu lassen, damit ein oder zwei Straßenbahnzüge freie Fahrt und grüne Welle bekommen? Hinzu kommen die Kosten. Beginnend mit dem Jahr 1998 wurden bis heute in Berlin alle 299 Ampelanlagen, die von der Straßenbahn passiert werden, mit einer Vorrangschaltung ausgerüstet. Dafür gab die Verkehrsverwaltung insgesamt 19,9 (!) Millionen Euro aus. Der Bund der Steuerzahler bewertete diese Investition in seinem Schwarzbuch 2010 als Verschwendung. Messungen der Senatsverkehrsverwaltung hatten ergeben, dass sich das Durchschnittstempo der Straßenbahnen in Berlin von 19,6 km/h im Jahr 2008 auf 19,3 km/h verringert hatte. Der Bund der Steuerzahler argumentiert, dass die teuren Vorrangschaltungen also gar nicht zur Beschleunigung des Straßenbahnverkehrs beigetragen hätten.[4] Dass die teuren Vorrangschaltungen wesentlich zur Verlangsamung des Autoverkehrs beigetragen haben, kann man allerdings gut beobachten.

Ebenso verhält es sich in Berlin mit den insgesamt 710 Ampelanlagen, an denen sich Busse das grüne Licht holen können.[5] Viele von diesen Ampelanlagen sind mit einer zusätzlichen Pkw-Verlangsamungsanlage ausgestattet. Mit dieser etwas polemischen Formulierung meine ich die sogenannten Busschleusen. Das sind etwa 30 Meter lange Bereiche auf der Fahrbahn, direkt vor der Haltelinie der Ampelkreuzung, die zeitweise nur vom Bus befahren werden dürfen. Das funktioniert so: Im Abstand von etwa 30 Metern vor dem Knotenpunkt wird eine zweite Ampel aufgestellt, entweder am Ende einer Busspur oder hinter einer Haltestelle. Der Bus, der die Busspur verlässt oder sich von der Haltestelle wieder in den fließenden Verkehr einordnen möchte, bekommt über ein eigenes Signal die Vorfahrt von dieser zweiten Ampel, die allen anderen Verkehrsteilnehmern so lange Rot zeigt, bis der Bus sich über den 30-Meter-Zwischenraum eingefädelt und die Kreuzung überfahren hat. Da die Grünphase nun insgesamt aber nicht verlängert wird, verkürzt sie sich für Pkw, Lkw und Radfahrer um die Zeit, die der Bus zum Einfädeln und Überfahren der Kreuzung benötigt. Je nach Verkehrslage kann das die halbe Grünphase kosten. Und folgerichtig bildet sich hinter der Busschleuse ein Stau.

Einen solchen Busschleusen-Stau beobachte ich auch, wenn ich in Berlin über den Südwestkorso fahre, eine Hauptverkehrsstraße im Bezirk Wilmersdorf. Hier befindet sich seit einigen Jahren an der Kreuzung Wiesbadener Straße eine solche Busschleuse. Jeden Morgen reicht hier der Stau mehrere hundert Meter zurück Richtung Breitenbachplatz. Weil auf dem Südwestkorso außerdem ein Fahrradstreifen aufgemalt wurde, bleibt für die Autos nur eine Fahrspur übrig. Entsprechend zieht sich der Stau hinter der Busschleuse in die Länge, da alle wartenden Autos hintereinanderstehen. In diesem Stau stehen natürlich auch alle die Busse, die die Schleuse vorn an der Straßenkreuzung noch nicht erreicht haben. Anders ausgedrückt: Der Bus in der Busschleuse erzeugt einen Stau, der so lang ist und sich so langsam auflöst, dass der nachfolgende Bus gleich noch mit im Stau steht, bevor er dann in der Busschleuse den Stau wieder verlängert, weshalb der dritte nachfolgende Bus dann natürlich auch wieder im Stau steht.

An vielen Kreuzungen und in vielen Straßen führen sich Busschleusen und Busspuren in Berlin selbst ad absurdum. Auf der Potsdamer Straße zum Beispiel sorgt eine Busspur dafür, dass überhaupt Staus entstehen, weil sich der motorisierte Individualverkehr mit einer Fahrspur pro Richtung begnügen muss. Hier bietet sich jeden Tag das gleiche Bild: Stau auf der Fahrspur, gähnende Leere auf der Busspur. Gäbe es keine Busspur und stünden pro Richtung zwei Fahrstreifen zur Verfügung, wie es früher einmal war, so könnten die Busse bequem im Gesamtverkehr mitschwimmen und kämen auch nicht später ans Ziel. Auch darauf hat der Bund der Steuerzahler in seinem Schwarzbuch 2010 übrigens hingewiesen: Obwohl in den letzten zehn Jahren insgesamt 11 Millionen Euro in Maßnahmen zur Busbeschleunigung investiert wurden, konnte das Durchschnittstempo der Linienbusse in Berlin nicht erhöht werden. Es blieb im Vergleich zu den Jahren 2008 und 2009 zum Beispiel unverändert bei 19,5 km/h.[6]

Ganz ähnlich sah eine Bilanz in Frankfurt am Main im Jahr 2007 aus. Dort hatte eine rot-grüne Stadtregierung bereits 1991 damit begonnen, grüne Wellen für Busse und Straßenbahnen einzurichten. Bis 2007 wurden zu diesem Zweck auf sechs Bus- und Straßenbahnlinien insgesamt 16 Millionen Euro in die Umrüstung von Ampelanlagen investiert. Lautstark war verkündet worden, dieses Geld sei gut eingesetzt, denn schließlich werde der öffentliche Nahverkehr beschleunigt und damit der Umwelt geholfen – und was sonst noch so alles argumentiert wird. Doch dann stellte sich heraus, dass sich das Durchschnittstempo der Busse und Bahnen auf jenen sechs Linien, für die 16 Millionen Euro ausgegeben worden waren, gar nicht erhöht hatte. Von einem »großen Flop« sprach Klaus Gietinger von der Frankfurter Verkehrsinitiative »Frankfurt 22«.[7] Solche unangenehmen Tatsachen werden natürlich von Politikern und Verkehrsbehörden nur ungern angesprochen oder zugegeben.

Von offizieller Seite werden die Verkehrsprobleme, die Busse und Straßenbahnen durch Vorrangschaltungen verursachen, meistens einfach ignoriert. Es soll nicht sein, was nicht sein darf. So sagte zum Beispiel der Vorstandsvorsitzende der Hannoversche Verkehrsbetriebe AG André Neiß im Januar 2011: »Wir sind uns mit der Landeshauptstadt Hannover einig, dass der grundsätzliche Vorrang des Nahverkehrs in Hannover genau der richtige Weg ist, um die Bürger von Stickoxiden und anderen Schadstoffen sowie Verkehrslärm zu entlasten.«

Das klingt so, als ob die Busse weder Lärm erzeugen noch Stickoxide ausstoßen würden. Beides tun sie aber in hohem Maße. Moderne Stadtverkehrsbusse verfügen über leistungsstarke Motoren, die entsprechend viel mehr Abgase ausstoßen als ein Pkw. In einer Pressemitteilung zu den Äußerungen von André Neiß versteigen sich die Verkehrsbetriebe in Hannover außerdem noch zu der Behauptung, auf den Hauptstraßen könnten »Autos auf der grünen Welle für den Nahverkehr mitschwimmen«.[8] Das gilt natürlich nur für die wenigen Pkw, die direkt hinter einem Bus fahren, der sich eine Ampel freischaltet. Und es gilt schon gar nicht für den Verkehr der Querrichtung, für den die Ampel auf Rot steht, weil sich der querende Bus freie Fahrt genehmigt hat.

Die Bevorzugung von Bus und Bahn in Hannover löste im Januar 2010 einen handfesten Streit zwischen Oberbürgermeister Stephan Weil (SPD) und dem niedersächsischen Umweltminister Hans-Heinrich Sander (FDP) aus. Sander war der Kragen geplatzt, als er feststellte, dass der motorisierte Individualverkehr in Hannover immer stärker ausgebremst wurde. Dagegen wolle er »einschreiten«, kündigte der Minister im Landtag an. Seine Sprecherin Jutta Kremer-Heye konkretisierte gegenüber der *Hannoverschen Allgemeinen Zeitung*: »Die Stadt muss grüne Wellen bei den Ampeln einführen« – und meinte damit natürlich grüne Wellen für den Autoverkehr. Der Oberbürgermeister parierte diese Ankündigung scharf mit der Androhung gerichtlicher Schritte und verkündete, es bleibe bei der Bevorzugung von Bus und Bahn im System der Ampelschaltungen.[9] Wie sehr Vorrangschaltungen für Busse und Bahnen mit der grünen Welle für Autos kollidieren, zeigt auch das Beispiel Dresden. Der ADAC machte die Verhältnisse anschaulich: Es gibt 57 grüne Wellen für Dresdens Autofahrer. Auf insgesamt 54,5 Kilometern der Straßen sind alle 220 Ampeln so hintereinandergeschaltet, dass Laster, Pkw und Motorräder bei normalem Tempo ungehindert fahren können. Eine einzige Straßenbahn aber lässt den fließenden Verkehr vor der nächsten Kreuzung auflaufen. Busse und Bahnen haben an allen Kreuzungen immer Vorfahrt. Radler, Autofahrer und Fußgänger müssen warten, meist zehn Sekunden und länger vor und nach jedem Tram-Stopp. Immer wenn ein Bus oder eine Bahn bevorzugt über die Kreuzung gefahren ist, sind die Grünphasen für die Autos anschließend zu kurz bemessen. Die Autofahrer sind nach langem Warten ungeduldig geworden und drängeln, wenn sie endlich fahren dürfen. Vergeblich forderte daher ADAC Sprecher Markus Löffler vehement längere Grünphasen für den Autoverkehr. Vergebens! Sie wurden nicht genehmigt.[10]

Ähnlich wie in Dresden geht es leider in den meisten deutschen Städten zu. Die Bevorzugung von Bus und Bahn gehört offenbar zum Credo einer immer stärker ergrünenden Verkehrspolitik. »Wir haben im Koalitionsvertrag vereinbart, dass Busse und Bahnen in NRW Vorfahrt haben sollen«, sagte mit vor Stolz geschwellter Brust im Sommer 2010 Horst Becker (Grüne), der neue Staatssekretär im Düsseldorfer Verkehrsministerium.[11] In Hamburg lehnte sich Wirtschaftssenator Frank Horch (parteilos) ein Jahr später ähnlich weit aus dem Fenster. Mit einem »Beschleunigungsprogramm« solle Hamburgs Busnetz in den kommenden Jahren zum modernsten Nahverkehrssystem Europas ausgebaut werden. Geplant seien Sonderspuren, Straßenumbauten und eine grüne Welle für HVV-Busse, die über das Satellitenortungssystem GPS gesteuert werden sollten.[12] Die Verkehrspolitiker tun gerade so, als ob das Auto Vorrechte genieße, die es einzudämmen gälte, und als ob nicht ohnehin längst alle Planungen auf Bus und Bahn ausgerichtet wären.

Schon 1996, also vor 15 Jahren, kommentierte das Nachrichtenmagazin Focus dazu: »München, so scheint es, folgt mit seiner Verkehrspolitik dem Beispiel vieler Städte im Bundesgebiet. Sie alle haben eines gemeinsam: In den Rathäusern regieren rot-grüne Koalitionen. Überall heißt seit Jahren die oberste Maxime: Vorrang für den öffentlichen Verkehr bei gleichzeitiger Benachteiligung des Autos.« Und ein erboster Leser schrieb gleich dazu, »eine wild gewordene Stau-Fraktion« im Rathaus der Landeshauptstadt müsse dringend »zur Ordnung gerufen werden«.[13]

Recht hatte er! Leider scheint aber mittlerweile in fast jedem deutschen Rathaus eine Stau-Fraktion zu sitzen, die nirgendwo zur Ordnung gerufen, sondern, im Gegenteil, von einigen kommentierenden Journalisten auch noch bestätigt wird. Die Autofahrer werden dabei von niemandem gefragt. Man stellt sie vor vollendete Tatsachen.

Kampf dem Motorsport

»Es gibt dort eine Zukunft über Autorennen hinaus«, sagte die grüne Wirtschaftsministerin Eveline Lemke in ihrer Antrittsrede vor dem Landtag in Mainz am 26. Mai 2011.[1] Sie meinte den Nürburgring. An diesem Tag, an dem die Grünen ankündigten, Deutschlands berühmteste Rennstrecke vom Netz zu nehmen, hätte ein Aufschrei durchs Land gehen müssen. So hatte ich das erwartet. Auf einen energischen, konzertierten Widerspruch der Autoindustrie warte ich bis heute – oder überhaupt auf den Widerstand all derer, die genug Fantasie besitzen, um sich ausmalen zu können, was ein Deutschland ohne Nürburgring bedeuten würde.

Worüber reden wir? Der Nürburgring gehört, wie Hockenheim, die AVUS, Silverstone, Monza oder Monte Carlo, zu den legendären Strecken der Formel 1. Man könnte sie in ihrer Bedeutung auch mit der Mille Miglia, der Panamericana oder mit Le Mans vergleichen, die für große Langstreckenrennen stehen. Ohne diese Strecken hätte sich der Motorsport niemals entwickeln können, ohne diese Strecken hätte es die Faszination des Motorsports niemals gegeben, die nach wie vor weltweit Millionen von Menschen erfasst.

Der Nürburgring in der Eifel wurde nach nur zwei Jahren Bauzeit 1927 in Betrieb genommen als 28 Kilometer lange »Gebirgs-, Renn- und Prüfungsstrecke«. Angeregt hatte den Bau ursprünglich Kaiser Wilhelm II. Die Idee stammte aus dem Jahr 1904. Deutschland wollte mit den großen internationalen Autorennen mithalten, also wurde in Bad Homburg das internationale Gordon-Bennett-Rennen mit Fahrern aus Frankreich, England, Italien und den USA ausgerichtet. Dabei kristallisierte sich die Erkenntnis heraus, dass Autorennen aus logistischen und Sicherheitsgründen nicht mehr auf Landstraßen, wie bis dahin üblich, ausgetragen werden konnten. Eine vom Straßenverkehr unabhängige Strecke musste her.

Von den 28 Kilometern des Nürburgrings wurden nach wenigen Jahren und bis heute fast ausschließlich nur 20,8 Kilometer genutzt in der sogenannten Nordschleife, einer Strecke mit insgesamt 73 Kurven. Der Nürburgring, von den Motorsportlern auch die »Grüne Hölle« genannt, war immer eine anspruchsvolle und gefährliche Strecke, die über Hügel und Täler und durch ausgedehnte Kiefernwälder führt, schmal und von Hecken umstanden. Bis zum Zweiten Weltkrieg wurden hier die meisten Grand Prix von Deutschland ausgetragen mit Ausnahme des ersten, der am 11. Juli 1926 auf der Berliner AVUS gefahren wurde. Der Sieger hieß Rudolf Caracciola. 1936 gewann Bernd Rosemeyer auf Auto Union, 1937 und 1939 wiederum Rudolf Caraciola auf Mercedes-Benz. 1976 verunglückte hier Niki Lauda bei seinem spektakulären Feuerunfall. Die Formel 1 wechselte dann nach Hockenheim, aber die Legende lebte weiter. Seit 1985 werden große Preise auch auf dem »neuen« Nürburgring gefahren, der im Bereich der alten Südschleife als 4,5 Kilometer langer Rundkurs entstanden ist. Im Jahr 2011 geriet die Nürburgring GmbH in finanzielle Schwierigkeiten. Die Zukunft schien ungewiss. Doch Formel-1-Geschäftsführer Bernie Ecclestone erklärte im Juli ganz klar, er wolle den Nürburgring gerne im Rennkalender behalten. Dort muss er auch bleiben!

Wie also konnte eine grüne Ministerin, die im Jahr 2011 in Rheinland-Pfalz an die Macht kam, eine solch lange, ehrwürdige Tradition des deutschen Motorsports infrage stellen? Ganz einfach: Sie tat dies vor dem Hintergrund einer Stimmung, die die Grünen und viele andere selbst ernannte Umweltschutzgruppen in diesem Land erzeugt haben. In ihrem mehr als 30-jährigen Kampf gegen das Auto sind die Grünen inzwischen sogar bei Verbotsforderungen angelangt. So forderte die Grüne Jugend Bayern, die Jugendorganisation der Grünen im Freistaat, bereits im Jahr 2008 das Ende der Deutschen Tourenwagen-Meisterschaft (DTM) auf dem Norisring bei Nürnberg. »Dieser sinn- und zwecklose Sport muss endlich verboten werden!

Die Grüne Jugend Bayern fordert deshalb ein weltweites Verbot jeglicher Formen des durch umweltschädigende fossile Brennstoffe betriebenen Motorsports«, sagte Stefan Christoph, Sprecher dieser Organisation.[2]

Drei Jahre später, im Sommer 2011, machten die Grünen in München Front gegen die Austragung der DTM im Olympiastadion. Der grüne Stadtrat Dr. Florian Vogel argumentierte, der Olympiapark sei ein kulturelles Erbe der Stadt und kein Ort »für beliebige Massenspektakel«, womit er die Deutsche Tourenwagen-Meisterschaft meinte.[3] Diese war Mitte Juli 2011 auf dem 1,192 Kilometer langen Stadionkurs ausgetragen worden. Dort gab es Showrennen mit Ralf Schumacher und Mattias Ekström. Und obwohl Mercedes und Audi noch unter sich geblieben waren, stellte BMW bereits den BMW M3 DTM vor, die neue DTM-Generation der Bayern für 2012. Die DTM im Olympiapark war also kein »beliebiges Massenspektakel«, sondern Motorsport zum Anfassen mit Präsentation einer neuen Generation, volksnah und bodenständig, wie Motorsport immer gewesen ist.

Die Grünen als Speerspitze der Anti-Motorsport-Bewegung ziehen mit ihrer Agitation unterdessen immer größere Kreise. Nach dem Verbotsvorschlag 2008 stimmten Leser verschiedener Zeitungen in den Chor mit ein. Ich zitiere hier zwei Leserbriefe, die das Nachrichtenmagazin *Focus* veröffentlichte: »Niemand braucht diesen lärmenden, stinkenden Unsinn, der mitverantwortlich für den PS-Wahn der deutschen Autobauer ist. Motorsport ist in einer Welt der knapper werdenden Ressourcen völlig unzeitgemäß und verantwortungslos«, schrieb ein Leser im Juni 2008.[4] Ein anderer schickte die folgenden Zeilen ab: »Alle reden vom Benzinsparen, dann möchte ich mal wissen, warum man nicht alle Auto- und Motorradrennen abschafft (…) Die Ausrede wegen technischer Entwicklungen gilt heute nicht mehr.«[5] Auf diese beiden populären Argumente, die aber jeder Grundlage entbehren, möchte ich später in diesem Kapitel noch eingehen.

Ein Jahr später, im Sommer 2009, suchten engagierte Umweltschützer im Internet Unterstützer für eine Online-Petition an den Deutschen Bundestag. Die Petition kam schließlich zustande und trug den Titel:»Der Deutsche Bundestag möge beschließen, dass Wettbewerbsveranstaltungen von Kraftfahrzeugen jeglicher Art in der Bundesrepublik Deutschland untersagt sind.« Zur Begründung hieß es unter anderem:»In Anbetracht steigender Ölknappheit und daraus resultierendem Preiskampf erscheint es reichlich sinnfrei, Motorsportveranstaltungen durchführen zu lassen, deren einziges Ziel darin besteht, die Motorsportlobby finanziell aufzuwerten (…).«[6]

Der Deutsche Bundestag fasste den von den Petenten vorgeschlagenen Beschluss nicht. Der Petitionsausschuss stützte sich in seiner Ablehnung auf ein Gutachten des Bundesumweltministers. Dort standen drei Argumente im Vordergrund: die Freiheitsrechte, der Umweltschutz und die technische Entwicklung. Wörtlich heißt es in der Ablehnung der Petition durch den Petitionsausschuss des Deutschen Bundestags:»So stehen insbesondere Grundgesetz (GG) Artikel 3 (Allgemeines Freiheitsrecht) sowie Artikel 11 (Freizügigkeit) einem solchen Verbot entgegen. Auch aus Sicht des Umweltschutzes wäre ein Totalverbot unverhältnismäßig, da die Emissionsmengen des Motorsports nur einen Bruchteil der Gesamtemissionen des Straßenverkehrs in Deutschland ausmachen.« Und weiter befasst sich der Ausschuss mit dem wichtigen Argument der technischen Entwicklung:»Überdies gibt der Petitionsausschuss zu bedenken, dass Erfahrungen aus dem Hochleistungseinsatz zur Optimierung von Komponenten auch in Serienfahrzeugen genutzt werden. Das gilt insbesondere für den Einsatz neuer, leichterer Materialien wie Faserverbundwerkstoffe, die zu einer Verbrauchssenkung führen. Hier hat der Motorsport einen wichtigen Beitrag zum Know-how der Hersteller geleistet.«[7]

Im Juni 2011 gingen Motorsportgegner im Internet erneut auf Stimmenfang und reichten eine zweite Petition beim Bundestag ein. Dort heißt es:»Der Deutsche Bundestag möge beschließen, dass Auto- und Motorradrennen bzw. Rennen mit sonstigen motorbetriebenen Fahrzeugen in Deutschland verboten werden.«[8] In ihrer Begründung ist diese Petition bereits deutlich geschickter und trickreicher formuliert. »Um die Entwicklung von sparsamen Autos oder Motorrädern nicht zu behindern, sollten als Ausnahme Wettbewerbe oder Rennen zugelassen bleiben, bei denen es darum geht, besonders kraftstoffsparend zu fahren, wie z. B. besonders weit mit einer bestimmten Menge Kraftstoff zu kommen. Die teilnehmenden motorbetriebenen Fahrzeuge sollten außerdem als Höchstgrenze nicht mehr als 10 Liter Kraftstoff auf 100 km verbrauchen dürfen.«[9] Um nicht länger als industriefeindlich dazustehen, bemänteln sich die Motorsportgegner hier mit der scheinbar progressiven Forderung nach dem »grünen Rennsport«.

Genau in dieselbe Kerbe hieb übrigens auch die bereits erwähnte grüne Wirtschaftsministerin aus Rheinland Pfalz, Eveline Lemke, in ihrer Antrittsrede vom 26. Mai 2011. Der Nürburgring könne eine »Zukunftsstrecke für alternative Antriebssysteme« werden, schlug sie vor[10] – natürlich ohne im Einzelnen zu erklären, wie das denn aussehen sollte.

Ähnlich wie die beiden genannten *Focus*-Leser gehen die Grünen und andere Umweltgruppen in ihrem Kampf gegen den Motorsport von Klischees und ideologisch vorgefassten Meinungen und nicht von Fakten und Tatsachen aus. Dabei kommen so verschwurbelte Vorstellungen von einer gesetzlich festgelegten Obergrenze beim Spritverbrauch oder einer vorgeschriebenen Reduktion des Motorsports auf »alternative Antriebsarten« heraus.

Ich möchte hier auf die immer wieder vorgebrachten Argumente eingehen, der Motorsport verschleudere Ressourcen bei unverantwortlicher Umweltverschmutzung, und er führe zu keinerlei Innovationen mehr. Beide Behauptungen sind unwahr. Ich berufe mich auf keinen Geringeren als Karl-Friedrich Ziegahn, den Leiter des zentralen Managements im Fraunhofer-Institut für Chemische Technologie in Pfinztal. In seiner Studie »Clean Racing – Motorsport und Umweltschutz befruchten sich gegenseitig« kommt er zu den folgenden Schlussfolgerungen. Erstens: »Moderne Hochleistungsmotoren aus dem Rennsport (sind) im Hinblick auf ihre Effizienz den normalen Fahrzeugmotoren der Alltagsautos weit überlegen. (…) Bei gleicher Leistung weniger zu verbrauchen, ist per se ein Wettbewerbsvorteil durch weniger mitgeführtem Treibstoff und damit Gewichtsverminderung, insbesondere bei Langstreckenwettbewerben.« Das bedeutet, dass sparsame Antriebssysteme immer zuerst im Motorsport und dann für den Alltagsgebrauch entwickelt werden. Zweitens: »Nach wie vor ist der Motorsport Experimentierfeld für Neuerungen. Alternative Antriebskonzepte, neuartige Abgasreinigungen oder ein ressourcenschonender Energieeinsatz können bei entsprechender Festlegung von Rahmenbedingungen im Motorsport weiterentwickelt und auf Hochleistung getrimmt werden.« Und drittens: »Der deutsche Rennsport steht im internationalen Vergleich hervorragend da und fungiert damit auch als Botschafter der hochwertigen deutschen Umwelttechnologie.«[11]

Diesen Argumenten habe ich wenig hinzuzufügen. Angemerkt sei allerdings, dass der Motorsport neuerdings nicht nur maßgeblich für die Entwicklung effizienter Antriebssysteme und also spritsparender Automobile ist, sondern dass er von Anfang an entscheidend für die Entwicklung des Automobilbaus war. Irgendein kluger Mann hat den Motorsport in seiner Bedeutung für den Automobilbau einmal mit der militärischen Forschung in ihrer Schlüsselstellung für den weltweiten technischen Fortschritt verglichen. So wie es ohne die militärische Forschung heute kein GPS und somit keine Navis gäbe, so sind auch zahlreiche Errungenschaften im Automobilbau, die wir heute als Selbstverständlichkeit bei jeder Autofahrt genießen dürfen, ohne den Motorsport undenkbar – vom Karosseriebau über den Seitenaufprallschutz bis zu ESP und ABS, um nur einige Beispiele zu nennen.

Diese Zusammenhänge habe ich bereits in meinem Buch »Die Gelben Engel und der Club für Millionen« (Ullstein 1988) beschrieben. Wegen der Aktualität des Themas möchte ich aus diesem Buch zitieren. Auf Seite 101 heißt es dort: »Ernsthaft bestreiten wird wohl auch niemand wollen, geschweige denn können, dass viele technische Details und Finessen, die heute jedem Auto- wie Motorradfahrer fast selbstverständlich sind, dem Motorsport entstammen. Das beginnt bei der Scheibenbremse, dem Zweikreis-Bremssystem, der Transistorzündung, der Benzineinspritzung bis hin zu Sicherheitstank und -leitungen, Scheibenwischern, Sperrdifferenzial und Halogenscheinwerfern, ABS und Allradantrieb. Andere Bereiche wurden zumindest stark vom Motorsport beeinflusst. Zu nennen wären da etwa die Stoßdämpferentwicklung, die Aerodynamik oder die spezielle Reifenherstellung, vor allem der Continental AG in Hannover.«

Ergänzen müsste ich diese Liste heute um zahlreiche weitere Innovationen, die im Zusammenang mit dem Motorsport stehen. Eine sei hier noch genannt: Es handelt sich um die Benzindirekteinspritzung der Firma Bosch unter ihrem Vorsitzenden der Geschäftsführung Franz Fehrenbach. Das Benzin-Direkteinspritzsystem ermöglicht es seit wenigen Jahren, nun auch den Kraftstoffverbrauch für Benzinmotoren drastisch zu senken, so wie es zuvor beim Dieselmotor gelungen war. Die Firma Bosch schreibt dazu selbst auf ihrer Internet-Homepage (www.bosch-motorsport.de): »2001, 2002, 2003, 2004 und 2005. Diese Zahlen stehen für den Erfolg der Benzindirekteinspritzung im Motorsport. Denn in diesen Jahren fuhren die Gesamtsieger der 24 Stunden von Le Mans mit einem Benzin-Direkteinspritzsystem von Bosch Motorsport durchs Ziel. Erstmals 2001 im Motorsport eingesetzt, war unser System sofort erfolgreich.« Bosch hatte also unter den extremen Bedingungen der Rennpiste ein neues System erfolgreich dem Härtetest unterzogen.

Neben seiner Bedeutung für die Entwicklung zahlreicher Innovationen sorgte der Motorsport auch dafür, dass die deutschen Automarken dank ihrer Erfolge von Anfang an weltweit bekannt und entsprechend attraktiv waren. Alles begann mit dem Mercedes Simplex von 1902. Der Belgier Camille Jenatzky, den man auch den »Roten Teufel« nannte, fuhr für Mercedes ein Jahr später auf diesem Wagen beim Gordon-Bennett-Cup den ersten internationalen Sieg ein. In der Folge kam 1904 das erste Grand-Prix-Rennen nach Deutschland. 1915 gewann Mercedes mit Ralph DePalma das Indianapolis 500. Carl Benz baute bereits 1909 den 228,1 km/h schnellen »Blitzen-Benz«, von dem es hieß, er führe schneller, als ein Flugzeug fliegt. In den 1930er-Jahren dominierte die 1926 geschaffene Firma Daimler-Benz mit ihren »Silberpfeilen«, die in Rekordfahrten Geschwindigkeiten bis zu 435 km/h erreichten, den europäischen Motorsport, gleichauf mit Auto Union. 1952 gewann Mercedes-Benz mit dem 300 SL

(W 194) die 24 Stunden von Le Mans, den Preis von Bern und die Carrera Panamericana und stieg 1954 mit dem W 196 R in die Formel 1 auf. Die Kette der Welterfolge reicht bis zum McLaren-Mercedes in den 90er-Jahren und dem eigenen Formel-1-Team seit dem Jahr 2010.

Ähnlich erfolgreich wie bei Mercedes Benz entwickelte sich über mehr als 100 Jahre der Motorsport bei Auto Union. Diese legendäre deutsche Marke durchlebte viele Wandlungen. Heute führt Audi als Marke des VW-Konzerns die Tradition fort. Die Rennabteilung von Auto Union wurde 1934 von keinem Geringeren als Ferdinand Porsche wachgeküsst. Er schaffte es in der sogenannten Silberpfeil-Ära als einziger, dem unangefochtenen Grand-Prix-Seriensieger Mercedes Benz die Stirn zu bieten. Das gelang ihm mit dem berühmten 16-Zylinder-Auto-Union-Rennwagen Typ A, dem ersten Wettbewerbswagen mit Mittelmotor. Dieser Grand-Prix-Renner war seiner Zeit weit voraus, allerdings schwer zu fahren. Diese Aufgabe meisterten Männer wie Bernd Rosemeyer, Hans Stuck, Ernst von Delius, Schorsch Meier und Tazio Nuvolari, die mit den Auto-Union-Rennwagen zwischen 1934 und 1939 Sieger vieler Grand-Prix-Rennen wurden.

Das Rennsportengagement der Auto Union endete mit dem Beginn des Zweiten Weltkrieges und wurde nach 1945 nicht wieder aufgenommen. Und doch beweist gerade diese Marke auf überzeugende Weise, wie elementar der Motorsport von Anfang an mit der Entwicklung des Automobils verbunden war – und mit seinen Entwicklern. Die ganz großen Pioniere der deutschen Autoindustrie schöpften ihre Ideen aus den Ergebnissen von Autorennfahrten. August Horch zum Beispiel, der Gründer der Firmen Horch und Audi, verknüpfte deshalb das Schicksal seiner Marken von Anfang an mit den »Zuverlässigkeitsfahrten«, wie die Autorennen zu Beginn des 20. Jahrhunderts vielfach genannt wurden. Als ein Horch im Jahre 1906 die große Herkomer Hindernisfahrt gewann, entwickelte der Firmengründer als Konsequenz aus diesem Rennen den ersten Sechszylindermotor.

Ferdinand Porsche schließlich entwickelte seine Wagen nicht nur nach Erkenntnissen aus dem Motorsport, er setzte sich dabei am liebsten selbst ans Steuer. Die ersten Rennen bestritt er mit seinem ersten Auto, dem Lohner-Porsche. Dieser Wagen war auf der Weltausstellung 1900 in Paris vorgestellt worden und wurde nach dem diesel-elektrischen Prinzip angetrieben, das Porsche erfunden hatte. Diese Technik wurde vor wenigen Jahren als Hybrid-Antrieb wiederentdeckt. Porsche ließ diesen Antrieb schnell wieder fallen, weil die Batterietechnik nicht ausgereift war, und baute 1906 einen Wagen mit Vierzylindermotor und der damals sagenhaften Leistung von 30 PS.

Mit diesem »Maja-Auto«, benannt nach der zweiten Tochter des damals berühmten Autohändlers Emil Jellinek, trat Porsche beim berühmten Prinz-Heinrich-Rennen an, das von Berlin über Breslau, Budapest und Wien nach München führte. Er unterlag gegen Wilhelm Opel. Noch am Tag der Niederlage schwor Porsche den anwesenden Reportern, binnen eines Jahres mit einer neuen Version des Maja-Autos als Sieger aus dem Prinz-Heinrich-Rennen hervorzugehen. Es gelang ihm, Wort zu halten und tatsächlich zu siegen. Das zweite Maja-Auto war mit einer stromlinienförmigen Verkleidung des Kühlers und der Scheinwerfer ausgestattet. So etwas hatte es bis dato noch nicht gegeben. Mit dieser Erfindung war Porsche seiner Zeit um mindestens zehn Jahre voraus. Nach seinem spektakulären Sieg mit dem zweiten Maja-Auto gewann er mit seinem für die Firma Daimler entwickelten »Sascha-Auto« und Christian Werner am Steuer die legendäre Targa Florio auf Sizilien.

Dieser Erfolg war der Auftakt zu einer großen Erfolgsserie, in deren Verlauf mit dem Sascha-Auto insgesamt 51 Rennsiege eingefahren wurden. Die Erfindungen, die Porsche für den Rennsport machte, begründeten nicht nur seinen Ruhm als einer der berühmtesten Auto-Pioniere der deutschen Geschichte, sondern setzten auch die Maßstäbe für viele Schlüsselentwicklungen der deutschen Automobilindustrie.

Wenn ich hier die großen Marken des Motorsports und ihre Erfinder nenne, so muss ich auch auf die großen deutschen Rennstrecken zu sprechen kommen. Den Nürburgring habe ich schon gewürdigt und auf die Gefahr hingewiesen, die ihm vonseiten der »modernen Politik« droht. Zu erwähnen wäre natürlich noch der Hockenheimring, diese seltsame Mischung aus Hochgeschwindigkeitsstrecke und raffinierter Kurvenführung. Das erste Rennen wurde hier 1932 ausgetragen. Seit 1947 ist der Hockenheimring ununterbrochen in Betrieb, 1970 zog die Formel 1 ein, und seitdem wird hier der Große Preis von Deutschland ausgetragen, dazu zahlreiche andere Rennveranstaltungen.

Zu erwähnen wäre auch der Lausitzring in Südbrandenburg, der im Jahr 2000 als Eurospeedway mit einem DTM-Rennen eröffnet wurde. Im Herzen der Anlage befindet sich der in Europa einmalige »Zwei-Meilen-Superspeedway«. Auf diesem spektakulären Hochgeschwindigkeitstrioval mit den drei überhöhten Kurven gastierten bereits zwei Mal die amerikanischen Champ Car World Series und lieferten sich spannende Überholmanöver bei mehr als 380 k/mh.

Die neben dem Nürburgring ehemals berühmteste deutsche Rennstrecke, die Berliner AVUS, ist seit 13 Jahren außer Betrieb. Als Berliner erlaube ich mir, hier ein paar Zeilen an die wunderschöne Zeit der AVUS-Rennen zu verschwenden. AVUS ist ein Kürzel und bedeutet »Automobilverkehrs- und Übungsstraße«. Die Strecke wurde, ähnlich wie der Nürburgring, aus der Erkenntnis heraus geplant, dass Motorsport auf der Landstraße, wie er zu Beginn des 20. Jahrhunderts noch üblich war, nicht dafür taugt, technisch auf der Höhe der Zeit zu bleiben. Die deutschen Automobilentwickler hinkten deshalb über Jahre hinweg der englischen, amerikanischen und französischen Konkurrenz hinterher. Kaiser Wilhelm II. erkannte das Problem und forcierte den Bau der AVUS mitten im Berliner Grunewald. Die Bauarbeiten begannen 1913 und wurden schon nach Beginn des Ersten Weltkriegs 1914 wieder eingestellt. 1921 finanzierte der Industrielle Hugo Stinnes den Weiterbau.

Am 24. September 1921 wurde die AVUS als geradlinig verlaufende Autobahn mit einer Nordkurve in Charlottenburg und einer Südkurve in Nikolassee in Anwesenheit von 300 000 Gästen eröffnet. Beim Auftaktrennen siegte Fritz Opel mit durchschnittlich 128,8 km/h. Fünf Jahre später, 1926, gewann Rudolf Caracciola auf Mercedes den ersten Großen Preis von Deutschland – ein spektakulärer Sieg. Denn zunächst war Caracciolas Mercedes in strömendem Regen gar nicht angesprungen, und er musste dann gewaltig aufholen...

1928 führte vor 3000 Gästen Fritz Opel seinen Raketenwagen »RAK2« vor. Mit jedem Tritt auf das Gaspedal zündete Opel eine von insgesamt 24 Raketen an seinem Auto. Insgesamt 120 Kilo Sprengstoff beschleunigten es auf sagenhafte 238 km/h. Neun Jahre später wurde die Nordschleife durch eine Steilkurve ersetzt. Jetzt war die AVUS die schnellste Rennstrecke der Welt. Hermann Lang beschleunigte seinen Mercedes-Benz-Silberpfeil hier am 30. Mai 1937 auf knapp 400 km/h zum großen Sieg. Die Bedeutung der AVUS für den deutschen Motorsport hat

Richard Kitschigin in seinem Buch »Mythos AVUS« ausführlich gewürdigt. Dort heißt es: »AVUS-Wettbewerbe waren die gefürchteten Zerreißproben des Materials; Reifentechniker und Motorenkonstrukteure stellten sich dem gnadenlosen Test und empfingen neue Impulse zur Vervollkommnung des Automobils.«[12] 1951 wurde die AVUS wieder eröffnet. 350 000 Menschen kamen zu diesem Fest. Groß war die Sehnsucht nach einem Neuanfang des großartigen Berliner Motorsports. 1959 wurde zum zweiten Mal ein Grand-Prix auf der AVUS ausgetragen, der Große Preis von Deutschland. Es siegte Tony Brooks auf Ferrari. Getrübt wurde die Siegesfeier vom Tod des Franzosen Jean Behra, der in einem Sportwagen-Rennen in der regennassen Nordkurve tödlich verunglückte.

»Es überrascht nicht«, zitiert AVUS-Biograf Richard Kitschigin eine Fachpublikation, »dass, bevor noch irgendwelche Untersuchungsergebnisse vorliegen, (…) sich die Gegner des technischen Fortschritts und die Gegner des Motorsports wieder die Hand reichen und wieder einen Feldzug entfesseln, natürlich gegen den Motorsport.«[13] Im Jahr 1963 entzog die Internationale Sportbehörde Rennstrecken mit Steilkurven die Genehmigung für internationale Meisterschaften, und 1967 bis 1971 wurde die AVUS-Steilkurve abgetragen und die Grunewaldtrasse an das System der Berliner Stadtautobahn angeschlossen. Mit einer neuen Flachkurve war die AVUS in den Folgejahren Schauplatz dramatischer Rennen, vor allem um die Deutsche Tourenwagen-Meisterschaft (DTM), später Deutsche Tourenwagen-Masters. Die Südkehre ist seit 1938 von Nikolasse an den Hüttenweg verlegt, die Strecke wurde von 8,3 Kilometer Länge auf schließlich 2,6 Kilometer verkürzt.

Die Tourenwagen-Meisterschaften gehörten zu den ganz großen Ereignissen in der Zeit des eingeschlossenen

West-Berlin. Große Mäzene und engagierte Berliner Bürger setzten sich für die Fortführung dieser Autorennen ein. Unter ihnen war der Berliner Verleger Axel Springer in ganz besonderem Maße bemüht, den Motorsport zu unterstützen und am Leben zu erhalten. So stiftete Berlins größte Zeitung, die legendäre *B.Z.* über viele Jahre hinweg den berühmten »Großen Preis der B.Z.« für die »BMW M 1 Procar-Rennen« auf der AVUS, an denen auch Formel-1-Piloten teilnahmen. Die M 1 Procar-Wagen baute BMW in kleiner Serie für den Wettbewerb und in einer zahmeren Version mit »nur« 277 PS für die Straße. Die Rennversion hatte einen Sechszylindermotor mit 470 PS, beschleunigte in 4,5 Sekunden von 0 auf 100 km/h und erreichte ein Spitzentempo von 310 km/h.

»Das ist nicht irgendein Rennen, sondern Weltklassesport«, erklärte ich als damaliger ADAC Vorsitzender von Berlin über das M 1 Procar-Rennen am 12. Dezember 1972 gegenüber der Berliner Morgenpost.[14]

Die AVUS-Rennen wurden vom Verleger Axel Springer nicht nur finanziell unterstützt, sondern von ihm selbst und vielen seiner Mitstreiter persönlich mit dem Herzen begleitet. So zählte zum Beispiel auch der langjährige Vorstandsvorsitzende des Axel Springer Verlags, Peter Tamm, zu den großen Freunden der AVUS. Buchstäblich bei jedem Rennen konnte man ihn auf der Tribüne sehen. Besonders zu nennen bleiben auch meine starken Mitstreiter für die große Sache »Berliner Avus«, der damalige Vorsitzende und heutige Ehrenpräsident des DOSB des Landessportbundes Berlin (LSB), Manfred von Richthofen, und der für die Rennleitung langjährig verantwortliche Gerhard Gottlieb.

Auch die legendäre Berliner Autoshow »Autos, AVUS, Attraktionen« (AAA) wäre ohne Axel Springers Ideenreichtum und Tatkraft nicht Wirklichkeit geworden. Die

AAA wurde Mitte der 70er-Jahre ins Leben gerufen und bestand aus einer großen Motorsport-Show in den Messehallen am Funkturm mit dazugehörenden Show-Rennen auf der AVUS. Die AAA war ein Besuchermagnet, der die Motorsportfreunde schon damals, zu Mauerzeiten, aus dem ganzen Bundesgebiet nach Berlin lockte. So schrieb der in Franktfurt am Main ansässige Automobilclub von Deutschland (AvD) in einer Pressemitteilung am 11. Februar 1978: »Der AvD ist mit einem Kartrennen, einer Slalom-Gymkhana mit Autoartistik und seiner rollenden Diskothek vertreten. Berlin – das ist der Reisetip zu Ostern, Berlin ist Tag und Nacht geöffnet.«[15] Und die Tageszeitung *Die Welt* berichtete am 3. April 1978 über die AAA: »Das jugendliche Publikum zwischen 15 und 30 war besonders stark vertreten. Auffallend auch, wie viele Damen Spaß an schnellen Motoren und schicken Autos haben. Im Durchschnitt mehr als 20 Prozent.«[16]

Erst im Jahr 1998 endete der Motorsport auf der AVUS. Das war eine folgerichtige Entscheidung, denn die Strecke war für die Anforderungen des modernen Motorsports tatsächlich nicht mehr geeignet. Und schließlich stand mit dem Lausitzring, der mit Hilfe der Regierung des Landes Brandenburg unter dem damaligen Ministerpräsidenten Manfred Stolpe gebaut worden war, eine attraktive moderne Rennstrecke als Alternative zur Verfügung. Doch wundere ich mich bis heute, dass die Tradition dieser großartigen Rennstrecke im Berliner Grunewald nicht wenigstens symbolisch ein wenig gepflegt wird. Ist die Berliner Politik zu fantasielos für solche Projekte? Als einziger Berliner Politiker schlug Klaus-Peter von Lüdecke (FDP) im Jahr 2003 vor, einmal jährlich ein Oldtimer-Rennen auf der AVUS abzuhalten. Eine gute Idee, doch erst, als sich der ADAC der Sache annahm, konnte sie verwirklicht werden. Im Juli 2011 wurde die »1. ADAC Ralley AVUS Classic« ausgetragen, die auf Anhieb sehr populär war. Fortsetzungen sind geplant. Das hat die AVUS verdient, dass wir nun wieder an ihre großen Zeiten erinnern können.

Zur Pflege des Motorsports hat der ADAC im Jahr 2011 noch einen weiteren Startschuss gegeben und an der Westsächsischen Hochschule Zwickau (WHZ) eine Stiftungsprofessur eingerichtet. Dort gibt es an der Fakultät für Kraftfahrzeugtechnik seit September 2011 einen Professor für Rennsport oder, korrekt formuliert, »Motorsport Engineering«. Ziel dieser Professur ist es, eine Vertiefungsrichtung des Studiengangs Kraftfahrzeugtechnik aufzubauen. Hier sollen gezielt Ingenieure für den Motorsport ausgebildet werden. Die Professur wird vom ADAC mit 870 000 Euro fünf Jahre lang finanziert und soll dann weiter bestehen. Der ADAC half damit, das Projekt »Formula Student« zu institutionalisieren, das an der Westsächsischen Hochschule Zwickau seit 2006 in studienbegleitender Form existiert: Studenten entwickeln jedes Jahr einen Rennwagen, mit dem sie gegen internationale Konkurrenz antreten.[17] Ein geeigneter Ort übrigens für solche ehrgeizigen Unternehmungen. In Zwickau wurde schließlich 1909 die Firma Audi gegründet. Der ADAC hat in Zwickau einen Kontrapunkt zur allgemein üblichen Verdrängung und Verteufelung des Motorsports gesetzt. Andere sollten diesem Beispiel folgen.

Der Motorsport, man kann es nicht oft genug sagen, ist lebenswichtig für die deutsche Automobilindustrie und also für unseren guten Ruf und den technologischen Vorsprung, den wir vor fast allen anderen Automarken in der Welt immer noch halten können.

Der Motorsport ist darüber hinaus nicht allein eine Frage der Hochleistung und der technischen Spitzenleistungen. Er ist in Deutschland auch ein bedeutender Breitensport in den unterschiedlichsten Variationen, in dem sich die Leidenschaft und Verbundenheit vieler junger Menschen mit dem Automobil auch heute noch ausdrückt. Der ADAC, um nur ein Beispiel zu nennen, unterstützt traditionell die Deutschen Tourenwagen-Masters (DTM), eine besonders populäre Form des Breitensports. Sehr engagiert war und ist dabei Hermann Tomczyk, der als ADAC Sportpräsident seit 1997 die Geschicke des ADAC Motorsports leitet. Von ihm stammt das schöne und sehr zutreffende Zitat: »Breitensport ist ohne Spitzensport nicht möglich, das gilt auch umgekehrt.«[18]

Das Auto der Deutschen: Am 5. August 1955 wird in Wolfsburg der millionste Käfer ausgeliefert. Der VW ist damit das meistgebaute Auto Europas. Das Standardmodell VW 1200 kostet 3790 DM, das Cabrio gibt es für 5990 DM.

Bitte vorne einsteigen! Dieses Zwitterwesen zwischen Motorrad und Auto baute BMW zwischen 1955 und 1962. Der Zweisitzer hatte nur eine Tür, sie sich nach vorne öffnen ließ. Der Einzylinder-Viertaktmotor leistete 12 PS. Das Auto verbrauchte rund 5 Liter auf 100 Kilometer, sein Tank fasste 13 Liter Benzin.

3. Kapitel

Der Zeitgeist und das Auto. Verbreitete Unwahrheiten und gängige Vorurteile

Wie das Auto zum Symbol der Energieverschwendung wurde

Wer Auto fährt, der verschwendet Energie und macht sich mit daran schuldig, dass die knappen Ressourcen dieser Erde in Windeseile verbraucht werden. Wer Auto fährt, der versündigt sich an den kommenden Generationen, die nicht mehr in den Genuss kommen werden, Erdöl für die Benzingewinnung zur Verfügung zu haben. Wer Auto fährt, der handelt fahrlässig und wider besseres Wissen. So etwa lässt sich die heute gängige Meinung über den motorisierten Individualverkehr zusammenfassen. Kindern wird sie bereits im Kindergarten und in der Grundschule vermittelt.

Mit erhobenem Zeigefinger werden sie von Erzieherinnen und Lehrerinnen darüber belehrt, dass das Auto ein Übel sei und dass Mama und Papa gut daran täten, so oft wie möglich auf das motorisierte Fortbewegungsmittel zu verzichten. In den Höheren Schulen werden Klassenarbeiten zum Thema »Auto als Energieverschwender« geschrieben. In der Berichterstattung der Tages- und Wochenzeitungen, der Magazine und Illustrierten, der TV-Sendungen und Radiomeldungen taucht das Auto regelmäßig als großes Problem und vor allem Energieverschwender auf. Und in den Grundsatzprogrammen und Wahlkampfschriften fast aller politischen Parteien ist davon die Rede, dass das Autofahren eingeschränkt werden müsse, da es maßgeblich dazu beitrage, dass sich die knappen Ressourcen der Erde dem Ende zuneigten.

In den Programmen der Parteien wird dann im selben Atemzug darauf hingewiesen, dass der öffentliche Personennahverkehr dem Auto vorzuziehen sei, da die öffentlichen Verkehrsmittel wesentlich energieeffizienter fahren würden. Im Anschluss an diese Feststellung wird wiederum im selben Atemzug die Bevorzugung von Bus und Bahn vor dem motorisierten Individualverkehr gefordert. Mannigfache Forderungen zur umweltfreundlichen Verkehrspolitik oder einer, die sich so nennt, werden aus dieser Bevorzugung abgeleitet.

Das gilt übrigens sowohl für den städtischen Nahverkehr als auch für Fernreisen. Auch hier sei die Bahn dem Auto überlegen, da der Transport von Personen und Gütern auf der Schiene weniger Energie verbrauche. Diese Ansicht hat sich so weitgehend durchgesetzt, dass Widerspruch vielerorts sinnlos erscheint.

Es gehört längst zum guten Ton, in den Chor derer einzustimmen, die das Auto für ein Übel halten. Es gehört zum guten Ton, zu verkünden, dass man lieber mit der Bahn in den Urlaub fahren wird, um Energie zu sparen. Es gehört zum guten Ton, ein schlechtes Gewissen zu haben, weil man das Auto und nicht die Bahn zum Fortkommen nutzt. Gegen diesen Konsens, der das Automobil zur permanenten Bedrohung für die Zukunft dieser Erde stilisiert, gibt es in den Medien, in den politischen Parteien und in der Gesellschaft praktisch keinen Widerspruch mehr.

Dabei ist es einfach nicht so. Die Rechnung ist komplizierter, und am Ende zeigt sich, dass das Automobil beim Energieverbrauch durchaus mit Bus und Bahn mithalten kann. Das renommierte Londoner Institute of Physics untersuchte die unterschiedlichen Verkehrsmittel auf ihre

Energiebilanz.[1] Verglichen wurden Energieverbrauch, Schadstoff-Emissionen und Umweltschäden nicht allein im laufenden Betrieb, sondern auch alle Faktoren, die dem Betrieb vorhergehen oder nachgeordnet sind, also der Bau und die Instandhaltung von Straßen, Schienen, Flughäfen und Bahnhöfen, die Produktion von Autos, Bahnen und Flugzeugen und der Unterhalt und die Wartung der verschiedenen Fortbewegungsmittel.

Die Studie kommt zu dem verblüffenden Ergebnis, dass ein Pkw, der fünf Liter Benzin auf hundert Kilometer verbraucht und mit vier Personen besetzt ist, in der Energiebilanz noch vor der Bahn und dem Flugzeug liegt. Gemessen wurde der Energieverbrauch pro Personenkilometer. Besser als das Automobil schnitt lediglich der Bus ab, aber auch nur, wenn er voll besetzt fuhr.

Wer hätte das gedacht! Der Bus wird doch, vor allem im Nahverkehr, stets als weit umweltfreundlicher angepriesen als das Automobil. Diese weitverbreitete und für wahr genommene Wertung wird offenbar gar nicht hinterfragt oder sie beruht auf dem positiven Vorurteil, das besagt, ein Bus führe immer mehr oder weniger voll besetzt.

Die zitierte Studie des Londoner Institute of Physics kommt zu dem Schluss: »Bei Bussen ist die Auslastung der entscheidende Faktor: Voll besetzte Busse glänzen mit der besten Umweltbilanz aller untersuchten Verkehrsmittel. Schwach besetzte Busse hingegen schneiden insgesamt am schlechtesten ab und stellen sich somit als die größten Umweltsünder des Personennahverkehrs heraus.«[2] Aber wie oft sehe ich schwach besetzte Busse durch die Straßen Berlins oder anderer deutscher Städte fahren! Nachts, am frühen Morgen oder am späten Abend fahren sie mitunter halb oder auch ganz leer. In unseren Städte wimmelt es also offenbar nur so von »größten Sündern des Personennahverkehrs«. Sie fahren unter der Flagge umweltfreundlicher

Politik, und niemand stört sich an diesem erstaunlichen Widerspruch, der doch eigentlich so augenfällig ist.

Im Falle des Automobils verhält sich die Wahrnehmung dagegen genau umgekehrt. Stets wird behauptet, das Auto sei auch deshalb ein so gefährlicher Energieverschwender, weil meist nur eine Person darin unterwegs sei. Beim Auto geht niemand davon aus, dass es auch voll oder zumindest halb besetzt sein könnte, während man beim Bus immer von dieser positiven Annahme her denkt.

Auch der Bahn als Verkehrsmittel wird, ähnlich wie dem Bus, grundsätzlich mit wohlwollenden Grundannahmen und positiven Vorurteilen begegnet, wenn es um Energieverbrauch und Umweltschutz geht. Wer Bahn fährt, fährt umweltfreundlich und ressourcenbewusst, sagt die Werbung der Deutschen Bahn, sagen die Grünen, sagen Greenpeace oder der Bund für Umwelt- und Naturschutz, sagen fast alle, und die, die es nicht sagen, widersprechen jedenfalls kaum.

Nur ganz selten wird diese Meinung hinterfragt, werden ausreichend Informationen verbreitet, damit sich der Bürger ein vollständiges Bild machen kann. Bei näherem Hinsehen ist es mit der Umweltfreundlichkeit der Bahn nicht so gut bestellt, wie die gängige Meinung es verheißt. Im Herbst 2007 ermittelte das Ifo-Institut im Auftrag der Bundesregierung, dass der Energieverbrauch der Bahn im Nahverkehr umgerechnet bei 7,2 Liter pro Passagier auf 100 Kilometer liege.[3] Gleichzeitig prahlte Bahn-Chef Mehdorn auf einer Pressekonferenz mit der Nachricht, der neue schnelle ICE verbrauche voll besetzt umgerechnet nur einen Liter Benzin pro Passagier auf 100 Kilometer. Woher kam diese große Differenz? Nun, ganz einfach: Weil ein ICE im Durchschnitt nicht zu 100 Prozent, sondern laut Bahn-Statistik nur zu 43 Prozent ausgelastet ist. Schon ergibt sich ein Verbrauch von 2,3 Liter pro Passagier. In einer Plakatwerbung korrigierte die Bahn denn auch Mehdorns Übertreibung: »Wir haben das umweltfreundlichste Verkehrsmittel noch umweltfreundlicher gemacht. Der neue ICE 3 verbindet Europa mit bis zu 320 km/h. Und mit umgerechnet 2,3 Liter Benzinverbrauch pro Person auf 100 Kilometer schlägt er Auto und Flugzeug deutlich.«[4]

Ist dann wenigstens diese Behauptung zutreffend? Nicht ganz! In ihrem Nachhaltigkeitsbericht 2007 gab die Bahn für den gesamten Fernverkehr einen durchschnittlichen Verbrauch von 2,8 Liter pro Passagier auf 100 Kilometer an. Das Umweltbundesamt bestätigte diese Rechnung. Enthalten war in diesem Zahlenwerk aber nur die sogenannte Traktionsenergie, jene Energie also, die die Züge direkt für den Antrieb benötigen. Nicht mitgerechnet wurde aller zusätzliche Energieverbrauch, etwa für die Heizung.

Nicht mitgerechnet wurde die Energie für Wartung und Betrieb der gesamten Infrastruktur, vom Licht in den Bahnhöfen bis zur Beheizung der Weichen. Diese Energie nennt die Bahn »stationäre Energie« und führt sie gesondert auf. Sie umfasst zusätzlich noch einmal eine Menge, die 19 Prozent der Traktionsenergie entspricht.

Und damit nicht genug. Denn wer einen Fernzug der Bahn nutzt, der legt durchschnittlich 14 Prozent mehr Wegstrecke zurück, als wenn er das Auto benutzen würde. Diese Zahlen errechnete das Institut für Energie- und Umweltforschung (ifeu) in Heidelberg schon im Jahr 1992. Dieser Umweg kommt dadurch zustande, dass das Schienennetz nicht so engmaschig ausgebaut ist wie das Netz der Autobahnen und Fernstraßen und dass der Bahnreisende vom und zum Bahnhof gelangen muss – auf einem Weg, der der eigentlichen Fahrtrichtung der Reise oftmals entgegengesetzt verläuft.

Der Bahnreisende macht also viele Umwege, und das kostet Energie. Die Deutsche Bahn und das Umweltbundesamt berücksichtigen diesen Faktor nicht. Würde man ihn jedoch berücksichtigen, so läge der Energieverbrauch der Bahn im Fernverkehr bei umgerechnet 3,9 Liter pro Person auf 100 Kilometer Reiseweg.

Für das Automobil hingegen ergibt sich folgende Rechnung, in die ebenfalls bereits der Energieaufwand für die Infrastruktur eingerechnet ist, die das Auto benötigt: Im Fernverkehr verbraucht der Pkw umgerechnet 5,2 Liter Benzin pro Fahrgast und 100 Kilometer, im Nahverkehr sind es 8,3 Liter. Diese Rechnung geht davon aus, dass der Pkw im Mittel mit 1,3 Personen besetzt ist. Das ist sicherlich nicht zu hoch angesetzt. Stutzig machen müssen eher die statistischen Angaben der Deutschen Bahn.

Während nach diesen Angaben die Auslastung der Züge im Jahr 1989 noch bei 33 Prozent gelegen hatte, stieg sie bis 2004 auf 43 Prozent. Nachforschungen der *Frankfurter Allgemeinen Sonntagszeitung* ergaben, dass sich in diesem Zeitraum allerdings weniger das Passagieraufkommen, als vielmehr die Zählweise der Bahn geändert hatte, die nun zu den schöneren Ergebnissen führte.[5]

Selbst im Musterland des Bahnverkehrs, in der Schweiz, lag die Auslastung 2004 nur bei 28 Prozent. Würde man den Berechnungen eine solche Auslastung zu Grunde legen, so würde der Energieverbrauch der Bahn im Fernverkehr nicht mehr bei 3,9, sondern bei 5,9 Liter pro Passagier und 100 Reisekilometern liegen und damit über dem Energieverbrauch des Automobils! Ist die Bahn also ein größerer Energiefresser als das Auto? Diesem Verdacht kam eine Kommission der Bundesregierung bereits 1991 nahe, als sie die Grundzüge der Bahnreform erläutern sollte. In ihrem Bericht heißt es: »Im Personenfernverkehr liegt der Primärenergieverbrauch der Bahn entgegen allge-

meiner Erwartung erschreckend hoch. Bezogen auf die gefahrenen Personenkilometer verbraucht der ICE etwa so
viel Primärenergie pro Personenkilometer wie der Pkw
und nicht mehr sehr viel weniger als neuere Flugzeuggene-
rationen. Im ICE werden vier Tonnen rollendes Material
bewegt, um einen Fahrgast zu befördern.«[6]

Wie passen solche Erkenntnisse zu der der allgemein
propagierten Annahme, die Bahn sei das umweltfreundlichste Verkehrsmittel?

Konsequent wurde und wird der Energieverbrauch der
öffentlichen Verkehrsmittel schöngerechnet. Und weil es
so gut zu der allgegenwärtigen grünen Ideologie passt,
werden die Schönrechnereien auch nur von den wenigsten
Journalisten und Politikern hinterfragt.

Genau umgekehrt verhält es sich aber in der Berichterstattung über den motorisierten Individualverkehr. Hier
scheint das Automobil von vornherein unter Verdacht zu
stehen. Nie wird zum Beispiel darüber gesprochen, dass
Automobile heute bereits bis zu 50 Prozent weniger Energie benötigen als noch vor 30 Jahren und dass damit zu
rechnen ist, dass die Forschung dazu beitragen wird, diesen
Verbrauch in den kommenden Jahren und Jahrzehnten
abermals zu halbieren. Ein wichtiger Schritt in diese Richtung ist das »Downsizing«, das Verkleinern von Motoren
bei gleicher Leistung, wodurch der Energieverbrauch
sinkt. Der renommierte Professor Willi Dietz vom Institut
für Automobilwirtschaft in Geislingen erklärte anlässlich
der IAA 2011 in Frankfurt: »Wenn man heute eine große
Luxuslimousine mit fünf Liter Sprit betreiben kann, ist das
ein Signal. Es zeigt, dass Diesel- und Benzinmotoren noch
nicht ins Museum gehören. Sie haben im Hinblick auf weitere Verbrauchssenkungen noch ein großes Potenzial.«[7]

Solche Argumente interessieren die Heerscharen der
vereinigten Autogegner nicht. Sie haben das Automobil

zum Symbol der Energieverschwendung stilisiert. Dieses Symbol hat sich in das Bewusstsein der Öffentlichkeit eingebrannt und ist nur schwer wieder zu entfernen.

Dramatisiert wird die Verschwendungstheorie dabei gern durch die immer wieder als Gewissheit verbreitete Annahme, die Ölvorräte der Erde gingen zur Neige. Alle Jahre heißt es wieder, nun sei endgültig das letzte Ölfeld gefunden. Seit der Ölkrise 1973 reichen die Ölvorräte dieser Welt, glaubt man der Berichterstattung, nur noch rund 50 Jahre. Alle zehn Jahre scheint diese Frist wie von Zauberhand verlängert zu werden.

Tatsächlich scheinen die bekannten Erdölvorkommen heute größer denn je zu sein. Allein unter dem kanadischen Mackenzie-Delta werden etwa 174 Milliarden Barrel Öl vermutet. Zum Vergleich: Die Erdölvorräte Saudi-Arabiens werden auf 260 Milliarden Barrel geschätzt,[8] und Saudi-Arabien gilt als mit Abstand größter Erdölförderer der Welt. Aber auch kleinere Vorkommen werden ständig neu entdeckt, ohne dass ihre Entdeckung für Schlagzeilen sorgen würde, die mit denen der berühmten Untergangsszenarien mithalten könnten. Mitten in Europa zum Beispiel, vor der norwegischen Küste, stießen Techniker des Ölkonzerns Statoil im Herbst 2007 auf eine Ölquelle im Umfang von mindestens 1,2 Milliarden Barrel. Umgerechnet 190 Milliarden Liter Öl mit einem Gesamtwert von 40 Milliarden Dollar liegen mitten in der norwegischen Nordsee. Dieses Ölfeld zählt nun zu den 130 größten der Welt. International werden zur Zeit 40 000 Ölfelder gezählt. Der Analyst Trond Frode Omdal von der norwegischen Firma Securities ASA bezeichnete das gigantische Ölfeld in der Nordsee als eine absolute Überraschung für die Ölforschung. Man habe die Nordsee in Sachen Öl bereits aufgegeben, als dieses Feld entdeckt worden sei, sagte er.

»Einen vergleichbaren Ölfund hat Norwegen seit Mitte der 1980er-Jahre nicht mehr gesehen«, bestätigte Statoil-Entwicklungschef Tim Dodson die norwegische Öl-Überraschung.[9] Norwegen verfügt mit dem neuen Fund zusammengerechnet jetzt über Ölreserven im Umfang von 6,7 Milliarden Barrel.

Vieles spricht dafür, dass das Ölwunder vor der norwegischen Küste weder in Europa noch weltweit das einzige bleiben wird. Viele potenzielle Ölquellen sind bereits gefunden und werden dennoch nicht ausgebeutet. Oft sind es selbst ernannte Umweltschutzgruppen, die die Erschließung vielversprechender Ölfunde erfolgreich verhindern. So wurde beispielsweise die Ausbeutung der bereits nachgewiesenen gigantischen Erdöl- und Erdgasvorkommen entlang der Küsten der USA von Präsident Clinton in den 90er-Jahren nach heftigen Protesten von Umweltschützern abgesagt.[10]

Auf der Suche nach den Ursachen für die immer neuen Ölquellen, die entdeckt werden, haben die Wissenschaftler ganz unterschiedliche Theorien entwickelt. Eine geht davon aus, dass die fossilen Energieträger Erdöl und Erdgas nicht, wie bisher angenommen, ausschließlich aus den Resten urzeitlicher Pflanzen entstanden sind, sondern dass sich in der oberen Erdkruste durch Bakterien immer neues Erdöl bildet. Würde sich auf diese Weise tatsächlich permanent neues Erdöl bilden, so wäre damit auch das bereits nachgewiesene Phänomen erklärt, dass sich bereits erschöpft geglaubte Erdölquellen plötzlich wieder auffüllen. Der bekannte amerikanische Geophysiker Thomas Gold hat in seinem Buch »The Deep Hot Biosphere« plausibel dargelegt, wie thermophile Archebakterien die gesamte obere Erdkruste bis in eine Tiefe von zehn Kilometern besiedeln, deren Stoffwechselprodukte Erdöl und Erdgas sind.[11]

Es mag ja sein, dass diese Theorie fehlerhaft ist und die Wirklichkeit noch anders aussieht. Dennoch ist es erstaunlich, dass in der täglich geführten Debatte um die Frage der Rohstoffe fast nie davon die Rede ist, dass ständig neue Rohstoffquellen aufgetan werden. Sogar der Club of Rome, dessen Studien von Umweltschützern seit 40 Jahren zitiert werden, hat seine Meinung bereits geändert. So stand zum Beispiel im Bericht von 1972 noch geschrieben, die Begrenztheit der sich nicht regenerierenden Rohstoffe Öl und Gas stehe fest. Zwanzig Jahre später rückte der entsprechende Bericht des Club of Rome bereits vorsichtig von dieser These ab[12] – freilich ohne dass sich dieser Sinneswandel in der Öffentlichkeit nennenswert herumgesprochen hätte.

Ähnlich wenig oder gar nicht wie von den ständig neu entdeckten Öl- und Gasquellen ist in Deutschland auch von den heimischen Rohstoffen die Rede. Routinemäßig geben Politiker und Wirtschaftsführer zu Protokoll, Deutschland verfüge über keinerlei nennenswerte Rohstoffe, der einzige Rohstoff der Deutschen sei die gute Bildung und das Know-how im Maschinenbau und anderen Industrien.

Das stimmt so nicht. So sehr ich die Auffassung teile, dass unsere Ausbildung gut ist und unsere Industrien ganz hervorragende Arbeit leisten, so nachdrücklich möchte ich doch darauf hinweisen, dass wir in Deutschland auf gewaltigen Kohlevorkommen sitzen. Im Osten des Landes handelt es sich um Braunkohle, im Westen um die tiefer liegende Steinkohle. Beide sind in einem Umfang vorhanden, der unsere Stromerzeugung viele hundert Jahre sicherstellen könnte. Vergessen wird auch, dass sich sowohl Stein- als auch Braunkohle zu Treibstoff verflüssigen lassen, so wie es im Zweiten Weltkrieg aufgrund der Ölknappheit im Deutschen Reich die Praxis war.

Selbst wenn also das Erdöl wider alle Erwartung knapp werden sollte, so könnten wir in Deutschland Benzin, Diesel, Heizöl und Flugbenzin immer noch aus der heimischen Kohle gewinnen und damit unsere Wertschöpfung und unsere Wirtschaft am Leben erhalten.

Mit diesem Kapitel sollte versucht werden, zwei gängige Vorurteile zu widerlegen, die heute von der Mehrheit der Bevölkerung gehegt werden. Das Auto sei ein Energieverschwender und als solcher vor allen anderen Verkehrsmitteln dafür verantwortlich, dass die weltweit knappen Vorkommen an Erdöl so schnell aufgebraucht würden. Tatsächlich ist der Energieverbrauch des Automobils gegenüber öffentlichen Verkehrsmitteln durchaus nicht immer höher, und tatsächlich muss die Behauptung bezweifelt werden, die Erdölvorkommen neigten sich dem Ende zu.

Dreckschleuder und Klimakiller

Autofahrer fahren gern, aber mit schlechtem Gewissen. So könnte man die Stimmungslage in Deutschland zusammenfassen. Niemand möchte sich die Freude am Fahren verderben, niemand möchte aber ausdrücklich zu dieser Freude stehen. Im Small Talk auf der Party oder im Büro sagt man zum Beispiel nicht: »Die letzten 100 Kilometer haben mir mal wieder Spaß gemacht. Wenn ich am Steuer sitze, dann bin ich mal wieder richtig Mensch.« Man sagt auch nicht: »Mein neuer BMW hat 520 PS und fährt in der Spitze 307 km/h, das ist einfach nur schön.« Die Sorge, politisch inkorrekt zu wirken, ist zu groß. Sich zum Fahrspaß zu bekennen, ist nicht im Trend.

Auslöser des schlechten Gewissens ist die immer noch verbreitete Ansicht, das Auto verschmutze die Umwelt durch Abgase so erheblich, dass die Menschen daran erkranken. Und wer möchte schon, dass der Nachbar an Lungenkrebs stirbt oder das Nachbarskind an heftigem Husten leidet, nur weil man selbst für schlechte Luft gesorgt hat?

Die Annahme, das Automobil sei für eine gefährliche Verschmutzung der Atemluft verantwortlich, mag sicherlich irgendwann einmal richtig gewesen sein. Heute allerdings verkennt sie die Tatsachen. Denn die Hauptschadstoffe der Otto- und Dieselmotoren werden zu großen Teilen längst aus den Abgasen herausgefiltert.

Entscheidend auf dem Weg zur Entgiftung der Autoabgase war die Einführung des Drei-Wege-Katalysators in Deutschland im Jahr 1989. In den USA gab es diesen Abgasentgifter schon seit 1974. Der französische Ingenieur Eugene Houdry hatte ihn bereits 1950 entwickelt, als in der kalifornischen Metropole Los Angeles erstmals Smog in der Atemluft als Folge der Verschmutzung durch Autoabgase nachgewiesen worden war.[1]

In Deutschland hatte sich insbesondere der ADAC mit der »Aktion sauberes Auto« für die serienmäßige Einführung des Katalysators stark gemacht. In einer Chronik zum 80-jährigen Bestehen des Vereins hieß es 1983: »Die Zeit des Experimentierens ist vorüber.« Gemeint war das Experimentieren mit dem Katalysator bis zur Marktreife. Und weiter: »Die Zukunft hat, natürlich, schon begonnen. Für den ADAC wird die Zukunft bestimmt von der ›Aktion sauberes Auto‹: Vom 1. Januar 1986 an sollen alle neuen Autos, so will es die Bundesregierung, einen Katalysator haben, der, bleifreies Benzin voraussetzend, die umweltschädigenden Abgase entgiftet.«

Der ADAC habe, so heißt es weiter, im Sommer 1983 auf die »ebenso lebhafte wie politisch brisante Abgas-Entgiftungs-Debatte« mit einer »eigenen Meinungsbefragung seiner Mitglieder geantwortet«. Diese habe zu folgenden Ergebnissen geführt:

1. »Drei von vier Autofahrern erklärten, man solle mit der Abgasentgiftung sofort beginnen, auch wenn noch nicht wissenschaftlich exakt bewiesen ist, wie sehr Autoabgase Mensch und Natur schädigen.«

2. »Wenn dieser Beweis erbracht wäre, dann wären 78 Prozent der Autofahrer dafür, auf freiwilliger Basis in der Bundesrepublik anzufangen und nicht auf eine europaeinheitliche Lösung zu warten.«

3. »Zwei von drei ADAC Mitgliedern waren sogar bereit, sich freiwillig ein Auto mit Abgasentgifter zu kaufen, selbst wenn es 1000 bis 2000 Mark mehr kosten und mehr bleifreien Kraftstoff brauchen würde.«[2]

Warum habe ich diese ADAC-Umfrage aus dem Jahr 1983 so ausführlich zitiert? Weil sie zeigt, dass sich die Menschen, unter ihnen eben auch die bekennenden Autofahrer, schon lange Gedanken um die Verträglichkeit ihres fahrbaren Untersatzes gemacht haben. Es waren eben nicht die einschlägigen Umweltverbände, die mit Untergangsszenarien und Kampfthemen für das saubere Automobil gesorgt haben, so, wie es Greenpeace und Co. immer gern selbst darstellen. Es waren Autoverbände und die Autofahrer selbst, die auf dem Weg zur Säuberung der Autoabgase eine entscheidende Rolle spielten und sich auch bereit zeigten, dafür Geld auszugeben.

Auf diesem Weg war der Katalysator der entscheidende Schritt. Der Katalysator ist ein Teil der Auspuffanlage des Automobils. Die schädlichen Abgase eines normalen Ottomotors sind Kohlenmonoxid, Kohlenwasserstoffe und Stickoxide. Der heute gebräuchliche geregelte Katalysator bewirkt, dass das schädliche Kohlenmonoxid in Kohlendioxid umgewandelt wird. Kohlenwasserstoffe verwandelt er in Kohlendioxid und Wasserdampf und Stickoxide in

Stickstoff. Als Katalysatorstoffe kommen Edelmetalle zum Einsatz, wie Platin, Palladium oder Rhodium. Diese Stoffe befinden sich auf einem wabenförmigen Keramikkörper, durch den die Abgase strömen. Sie verwandeln die schadstoffreichen Abgase in schadstoffarme, die dann durch den Auspuff ausgestoßen werden. Auf diese Weise gelingt es auch, das Ozonbildungspotenzial eines Automobils mit Katalysator um 80 bis 95 Prozent gegenüber einem Auto ohne Katalysator zu senken.

Ozon in Bodennähe entsteht bei Einwirkung des Sonnenlichts auf unverbrannte Kohlenwasserstoffe und Stickoxide, die dem Auspuffrohr entweichen. Es wirkt gesundheitsschädigend auf die menschliche Lunge.[3]

Hinter dem Drei-Wege-Katalysator verlassen fast nur noch Substanzen das Auspuffrohr, die ohnehin in der Atemluft enthalten sind. Allerdings gelingt es dem Katalysator nicht, die Abgase hundertprozentig zu reinigen, weshalb, insbesondere in der Kaltlaufphase des Motors, weiterhin Gifte abgegeben werden, nur eben deutlich weniger als vor Einführung des Katalysators. Noch schadstoffärmer als Benzinmotoren mit Katalysatortechnik fahren Verbrennungsmotoren, die mit Erdgas angetrieben werden bei 20 % geringeren Kohlendioxidemissionen.

Beim Dieselmotor übernimmt der Oxidationskatalysator die Aufgabe des Abgasreinigens. Die schädlichen Rußpartikel, die bei der Verbrennung im Dieselmotor freigesetzt werden, filtert außerdem der Rußpartikelfilter heraus.

Doch bei der Beurteilung der entsprechenden technischen Fortschritte in der öffentlichen Meinung spielt die Beeinflussung eine ganz entscheidende Rolle. Denn kaum ist eine Verbesserung der Abgasqualität beim Auto technologisch gelungen und am Markt durchgesetzt, da werden neue Risiken erkannt und zum Problem stilisiert. Kaum war zum Beispiel der Rußpartikelfilter für Dieselfahrzeuge gesetzlich erzwungen, kaum waren die sogenannten Umweltzonen in den meisten deutschen Städten eingerichtet und war allen Dieselfahrzeugen ohne Filter Fahrverbot erteilt, da kamen Umweltverbände mit einem neuen Thema an die Öffentlichkeit. So forderten im vergangenen Jahr die Deutsche Umwelthilfe (DUH) und der einseitig auf Öko-Themen ausgerichtete Verkehrsclub Deutschland (VCD) gesetzlich festgelegte Feinstaub-Grenzwerte für Benziner mit Direkteinspritzung nach dem Vorbild der EU-Diesel-Abgasstandards.[5]

Die Direkteinspritzung bei Benzinmotoren ist ein bewundernswerter technischer Fortschritt der Automobilentwicklung der letzten Jahre. Der Kraftstoff wird nicht mehr, wie zuvor üblich, in einem Vergaser mit Luft gemischt, bevor er in die Zylinder gelangt. Mit dieser Methode wird sowohl ein weit höherer Wirkungsgrad als auch ein weit geringerer Verbrauch erreicht. Dementsprechend verursachen diese Motoren geringere Emissionen von Kohlendioxid.

Vorbei sind also die Zeiten, in denen Benzinmotoren sündhaft viel Benzin verbrauchten! Tatsächlich geht mit dieser Spartechnik auch ein stärkerer Ausstoß von ultrafeinen Partikeln einher. Inwieweit diese Partikel gesundheitsschädlich wirken, ist noch nicht gänzlich erforscht. Es gibt medizinische Studien, die darauf hinweisen, dass sie Erkrankungen der Atemwege und des Herz-Kreislauf-Systems verursachen können.

Es kommt bei diesen Betrachtungen immer auf die Größenordnung an. Ein Abend am Grill im heimischen Garten ist sicherlich weit gesundheitsschädlicher als ein längerer Aufenthalt an einer Straße, auf der Benziner mit Direkteinspritzung und ohne Partikelfilter vorbeifahren. Dennoch würde niemand ernsthaft einen Partikelfilter für den Holzkohlegrill fordern.

Es ist sicherlich richtig, wenn immer weiter an der Filtertechnik für Automobile gearbeitet wird. Ziel muss es sein, dass Autos mit Verbrennungsmotoren so gut wie keine Giftstoffe mehr über die Abgase ausstoßen. Aber dabei sollte man die Kirche im Dorf lassen und von Übertreibungen absehen. Genau das aber tun die Umweltverbände nicht. Sie leben von der permanenten Anklage des motorisierten Individualverkehrs als Hauptverursacher der Luftverschmutzung.

Dabei werden die Kampfthemen gegen das Auto von den Umweltschützern gern in allgemeine Themen-Großlagen eingebettet. Als Großlage bezeichne ich übergeordnete Umweltkatastrophenszenarien, die sich über Jahre aufbauen, die Menschen in Atem und die Politik beschäftigt halten, um dann irgendwann wieder in der Versenkung zu verschwinden. Das »Waldsterben« war so ein Szenario. Über 25 Jahre hinweg, von etwa 1975 bis 2000 gehörte es zur gängigen Überzeugung in unserem Land, dass der deutsche Wald zum Sterben verurteilt sei. Schuld daran wäre neben der Industrie vor allem der motorisierte Individualverkehr, ließen die Umweltschützer unisono verkünden. Tausende Studien stützten ihre düstere Prophezeiung, die Presse rekapitulierte sie beinahe täglich.

Tatsächlich gab es Waldgebiete in Europa, die ungewöhnlich schwere Schäden aufwiesen, doch der Wald starb nicht. Er erholte sich, nachdem die Kohlekraftwerke mit Filtern ausgerüstet worden waren. Der Autoverkehr hatte wenig Anteil an der für das Waldsterben verantwortlichen Luftverschmutzung. Dennoch wurde die Debatte um die Katalysatoren in den 1980er-Jahren vor dem Hintergrund des Waldsterbens geführt und mit dem Argument dominiert, die Autoabgase seien der Tod des Waldes.

Ähnlich verhält es sich offenbar in diesen Tagen mit dem Klimathema. Innerhalb der letzten zehn Jahre wurde das

Automobil zunehmend auch für die Erwärmung der Erd-
atmosphäre verantwortlich gemacht. Laut weitverbreite-
ter Meinung ist das Ansteigen der Durchschnittstempera-
tur in der Atmosphäre vom Menschen verursacht.
Kohlendioxid gilt nach Auffassung vieler Wissenschaftler
als Hauptverursacher der Erwärmung und wird deshalb
auch gern als Treibhausgas bezeichnet.

Mit dem Begriff »Treibhauseffekt« beschreiben die Wissenschaftler, die daran glauben, eine Theorie, nach der weniger Wärme die Lufthülle um die Erde in Richtung Welt-
raum verlassen kann als neue Wärme, von der Sonne
geliefert, in diese Lufthülle eingespeist wird. Vorausgesagt
wird uns von den Wissenschaftlern schon eine »Klimakatastrophe«, in deren Folge die Pole abschmelzen, frucht-
bare Landstriche veröden und das Wasser knapp wird.

Aus dem Auspuff des Automobils entweicht, wie schon
erläutert, Kohlendioxid (also CO_2). Neben der Industrie
ist der motorisierte Individualverkehr Hauptverursacher
des künstlich erzeugten CO_2. Also geriet das Auto abermals in die Schusslinie der Umweltschützer, Umweltpoli-
tiker und Umweltstrategen in den zahlreichen Verwaltun-
gen. Nun gilt es, den CO_2-Ausstoß zu senken. Wer ein
Auto kauft, der kann sich neben Motorleistung, Verbrauch
und Preis auch über die CO_2-Emission informieren.

Die Klimakatastrophentheorie ist allerdings unter Wissenschaftlern weit umstrittener, als das in der Presse nor-
malerweise dargestellt wird. Es kann durchaus sein, dass
die Behauptung, der industrielle Ausstoß von Kohlendioxid habe maßgeblichen Einfluss auf die atmosphärische
Kohlendioxidkonzentration, einer Überprüfung irgendwann nicht mehr standhält. Schon jetzt sind die Behauptungen der UNO und des Bundesumweltministeriums
nicht mehr haltbar, die CO_2-Konzentration in der Atmosphäre sei seit dem Beginn der Industrialisierung stetig

angestiegen. Sie lag nämlich neuen Erkenntnissen zufolge in den Jahren 1820 mit 440 ppm und 1855 mit 390 ppm höher als heute mit 380 ppm. Dazu muss beachtet werden, dass nur etwa 1,2 Prozent der gesamten CO_2-Emmissionen vom Menschen verursacht werden. Die restlichen 98,8 Prozent stammen aus natürlichen Quellen, vor allem von Bodenbakterien. Ein ähnliches Verhältnis gilt für das Treibhausgas Methan. Die These, das Auto erwärme das Klima, ist also möglicherweise kaum haltbar.

Der britische Autojournalist Chris Goodall führte 2008 mit seinem Buch »How to live a low-carbon life« die CO_2-Auto-Debatte ad absurdum, als er nachwies, dass durch Gehen auf Kurzstrecken mehr schädliche CO_2-Emissionen in die Atmosphäre gelangten als bei einer Autofahrt. Die Emissionen entstünden nicht durch den Vorgang des Gehens an sich, bewies Goodall, sondern durch die benötigte Nahrung, welche die auf einer Kurzstrecke von knapp fünf Kilometer verbrauchten 180 Kalorien ersetzen muss. Goodall bezieht sich in seinen Kalkulationen auf den Ausstoß von Treibhausgasen bei der Rindfleischproduktion. Laut japanischen Forschern betrage der CO_2-Ausstoß pro 100 Gramm Rindfleisch 3,6 Kilogramm. Bei der Kurzfahrt mit dem Auto hingegen würde die Umwelt mit 0,9 Kilogramm CO_2 belastet, sodass durch Gehen viermal so viele CO_2-Emissionen entstehen wie beim Fahren. Autofahren kann also das Klima offenbar auch retten, wenn man nur anders rechnet …

Ähnlich launig hat es der Autor und begeisterte Fahrradfahrer Lutz Köhler vorgerechnet. Bei einer Strecke von 20 Kilometern entstünden durch Radfahren 150 bis 200 Gramm CO_2 pro gefahrenem Kilometer, fand er heraus. Ein VW Golf dagegen setze nur 159 Gramm CO_2 pro Kilometer frei. Ein männlicher mittelschwerer Radfahrer, so die Rechnung, stoße zwar nur etwa sieben Gramm CO_2

über die Atemluft aus. Er benötige aber nach einer ordentlichen Fahrradfahrt eine ordentliche Ernährung, um die verbrannten Kalorien wieder aufzufüllen. Greife er dabei zu einem Steak, so werde es schwierig, denn ein Rindersteak sei in seiner Produktion für die Freisetzung von drei bis vier Kilogramm CO_2 verantwortlich.[6]

Diese Beispiele mögen spaßig wirken und weisen doch auf einen ernsten Kern hin: Wenn es um CO_2 als mutmaßlichen Verursacher der vorhergesagten Klimakatastrophe geht, zeigt man mit dem Finger zuerst auf das Automobil. Dass der Mensch und das Rind exakt dasselbe Treibhausgas ausstoßen, findet keine Erwähnung, passt offenbar nicht in die uns alle bestimmende Ideologie, nach der die Industrie und der motorisierte Individualverkehr der Feind der Natur und des Menschen sein müssten.

Vielleicht wird die Klimakatastrophe genausowenig eintreten wie der Tod des deutschen Waldes eingetreten ist. Dann wird man in 20 Jahren kein Wort mehr über die CO_2-Emissionen des Automobils verlieren, dann ist auch diese Hysterie Teil der Geschichte der Kriminalisierung des Automobils als Vernichter der Schöpfung geworden.

Das Auto als Sicherheitsrisiko

Eines der wesentlichen Argumente gegen den motorisierten Individualverkehr ist die Sicherheit auf der Straße. Das Automobil gefährde Radfahrer und Fußgänger in erheblichem Maße, heißt es, da es schwerer und schneller sei als sie. Um diese Gefährdung zu beenden, müsse das Automobil so weit wie möglich aus den Innenstädten verdrängt werden.

Natürlich lässt sich nicht abstreiten, dass ein Fahrzeug, das eine oder zwei Tonnen wiegt, für erheblichen Schaden sorgt, wenn es mit einem Radfahrer oder Fußgänger zusammenstößt. Doch neigt die moderne Verkehrspolitik dazu, in der Konsequenz das Kind mit dem Bad auszuschütten und den Autoverkehr immer weiter zu verbieten. Das muss nicht sein. Ich will hier aufzeigen, wie sich die Verkehrssicherheit technisch und durch angemessene Fahrweisen des Autofahrers so verbessern lässt, dass das Auto nicht länger eine tödliche Bedrohung für alle anderen Verkehrsteilnehmer darstellen muss.

In dieser Richtung ist schon sehr viel geschehen. Die Bemühungen der Hersteller und der Automobilverbände, hier insbesondere des ADAC-Rechtsexperten Alexander Gontard, um die Sicherheit des Automobils im Verkehr haben schon viele Früchte getragen, und es lässt sich hoffen, dass sie weitere Erfolge zeitigen werden. Die Statistik bestätigt diese Entwicklung. So lag die Zahl der Verkehrstoten im Jahr 2010 so niedrig wie noch nie zuvor in den vergangenen 60 Jahren – und das, obwohl das Jahr 2010 das unfallreichste Jahr des Jahrzehnts gewesen ist.

Das Bundesamt für Statistik zählte bundesweit 2,4 Millionen Unfälle. Meistens, nämlich in 88 Prozent der Fälle, wurde nur Sachschaden verursacht, bei 12 Prozent der Unfälle wurden Menschen verletzt oder getötet. Die Zahl der Verletzten sank gegenüber 2009 um 6,7 Prozent auf 374 800 Personen. Die Zahl der Verkehrstoten nahm 2010 gegenüber 2009 um 12 Prozent auf 3648 ab. Damit starben im Autoverkehr 2011 nur noch ein Sechstel der Menschen, die 1970 auf Deutschlands Straßen ihr Leben ließen, dem Jahr mit den meisten Verkehrstoten in der Geschichte der Bundesrepublik.[1]

Damit kein Missverständnis aufkommt: Jeder Mensch, der im Straßenverkehr zu Schaden kommt, ist einer zu viel. Auch die Zahlen von 2011 können nicht das Ende der positiven Entwicklung sein. Aber die Entwicklung ist eben positiv und zeigt, wie man das Automobil sicherer machen kann. Bedacht werden muss bei diesem Vergleich ja übrigens auch, dass immer mehr Autos und immer mehr Autofahrer auf unseren Straßen unterwegs sind. Wir haben hier absolute Zahlen vom Bundesamt für Statistik bekommen. Gemessen an der Zunahme des Autoverkehrs, würden die relativen Unfallzahlen natürlich noch viel günstiger ausfallen.

Man nimmt die Entwicklungen der Sicherheitstechnik im Automobil heute ja gern als selbstverständlich hin. Das sind sie aber nicht. Man sieht es als selbstverständlich an, wenn Autos bei Schnee und Eis nicht mehr schleudern und rutschen, wenn die Karosserie so gebaut ist, dass die Insassen bei einem Unfall auch mit hoher Geschwindigkeit hohe Überlebenschancen haben und auch dem Fußgänger bei einem Aufprall sehr viel weniger Schaden zugefügt wird, als es noch vor wenigen Jahren der Fall war.

An die wesentlichen Fortschritte der Sicherheitstechnik sei hier erinnert. Die Fahrer und Mitfahrer moderner Autos sind heute nicht nur durch sehr gute Gurte, sondern auch durch Knautschzonen und eine Sicherheitsfahrgastzelle geschützt, die beim Zusammenstoß in vielen Fällen unbeschädigt bleibt. Dazu kommen Airbags und die elektronischen Hilfen, die den Fahrer bei schwierigen Manövern und wetterbedingten Problemen unterstützen.

Die bekannteste unter ihnen ist das Antiblockiersystem (ABS). Es löst, über einen Rechner gesteuert, in Bruchteilen von Sekunden die Bremsbacken von den Scheiben, um sie dann wieder mit vollem Druck zupacken zu lassen. So wird verhindert, dass die Räder blockieren. Der Wagen gerät nicht ins Schleudern, bleibt lenkbar und in den Kurven in der Spur. Der Bremsweg verkürzt sich auch auf nassen Straßen deutlich und macht das Auto damit auch für andere Verkehrsteilnehmer weit weniger bedrohlich. ABS gehört, Gott sei Dank, längst zur Serienausstattung. Die meisten Fahrer haben sich an das ruckelnde Geräusch der ABS-Bremsen gewöhnt, treten auch bei Schnee und Glätte voll in die Pedale und können sich wahrscheinlich gar nicht mehr vorstellen, wie gefährlich das Autofahren ohne ABS gewesen ist.

Ergänzt wird das ABS durch die sogenannte Antischlupfregelung (ASR). Wenn der Fahrer auf losem oder glattem Untergrund zu viel Gas gibt, regelt die ASR die Motorleistung herunter. Dadurch wird verhindert, dass die Räder durchdrehen und das Auto unlenkbar wird.

Ebenso entscheidend in der Entwicklung der Sicherheitstechnik wie ABS und ASR war die Serienreife des Elektronischen Stabilitätsprogramms (ESP). Dieses auf Rechner gestützte Programm stabilisiert das Auto im Falle einer unvorhergesehenen oder zu schnellen Kurvenfahrt, in dem es gezielt einzelne Räder abbremst. So wird das Ausbrechen des Fahrzeugs verhindert, das zur Unlenkbarkeit führt. Das ESP wirkt auch dem Umkippen entgegen, es verhindert in den meisten Fällen, dass Fahrzeuge bei extremen Kurvenfahrten zur Seite kippen oder sich sogar überschlagen. Dieses geniale System haben wir Mercedes-Benz zu verdanken.

Als die Firma ihren ersten Kompaktwagen, die »A-Klasse«, auf den Markt bringen wollte, kam es zu einem Zwischenfall, der in die Autogeschichte einging: In Schweden unterzog der erfahrene Autotester Robert Collin am 21. Oktober 1997 einen Wagen der A-Klasse beim sogenannten Elchtest einem riskanten Ausweichmanöver mit doppeltem Spurwechsel. Dabei kippte der Wagen um, das Dach über der Beifahrerseite wurde gefährlich eingedrückt, der Beifahrer glücklicherweise nur leicht verletzt. Nun entwickelte Mercedes das ESP, das zwei Jahre zuvor in der S-Klasse nur gegen das Schleudern eingesetzt worden war, dergestalt weiter, dass es auch das Umkippen von Fahrzeugen aufgrund von starkert Querbeschleunigung verhindern kann.

Eine weitere elektronische Hilfe ist die Adaptive Cruise Control (ACC). Dabei handelt es sich um einen per Computer gesteuerten Fahrgeschwindigkeitsregler, der den Verkehr rund um das fahrende Auto beobachten und daraufhin die Geschwindigkeit des Fahrzeugs, in das er eingebaut ist, an den Verkehrsfluss anpassen kann. So hält der Wagen automatisch den alles entscheidenden Sicherheitsabstand zum vorausfahrenden Fahrzeug ein. Sobald im Bereich der Sensoren der Adaptive Cruise Control kein Fahrzeug mehr wahrgenommen wird, beschleunigt ACC den Wagen wieder auf die zuvor eingestellte Geschwindigkeit.

Die Verbesserung der technischen Sicherheit des Automobils schreitet in atemberaubender Geschwindigkeit voran. Dabei spielen die sogenannten Crashtests eine entscheidende Rolle. Bis heutzutage ein Auto in Serie geht, wurde es mindestens 50 Crashtest unterzogen. Mit dieser Methode der Sicherheitsprüfung hat man in den USA bereits in den 20er-Jahren des vorigen Jahrhunderts begonnen. Man begann damit, Autos steile Abhänge herunterzurollen oder zwischen Eisenbahnwaggons, die mit Wucht aufeinanderprallten, einzuklemmen, um zu prüfen, was die Karosserie aushält und wie groß die Gefahr für die Insassen bei einem Aufprall oder Sturz ist. Heute werden Fahrzeuge auf Zehntelsekunden genau beschleunigt und millimetergenau auf Hindernisse geschoben. Attrappen (Dummys) nehmen den Platz der Passagiere ein. Sensoren messen die Belastungen, die an den Körperteilen der Dummys beim Aufprall oder bei der Vollbremsung und anderen unvorhergesehenen Zwischcnfällen auftreten.

Die führenden deutschen Autohersteller verfügen über perfekte Anlagen für hoch entwickelte Crashtests. Dennoch ist es wichtig und notwendig, dass unabhängige Experten die Ergebnisse der Produzenten nachprüfen. Hier spielt der ADAC die größte und entscheidende Rolle.

1997 eröffnete der Automobilclub in Landsberg am Lech auf 25 000 Quadratmetern sein neues Technikzentrum, das schon zwei Jahre später zu Europas modernster Crashanlage ausgebaut wurde. Die Anlage ist 168 Meter lang. Auf ihr prüfen Techniker nicht nur die Sicherheit der Karosserien fast aller Autotypen, sondern testen auf speziellen Schlitten zum Beispiel auch die Sicherheit von Kindersitzen.[2] Geprüft wird auch die Sicherheit von Fußgängern und Radfahrern im Straßenverkehr im Falle eines Zusammenpralls mit einem Pkw oder Lkw.

Auf diesen Gebieten gibt es immer noch erheblichen Verbesserungsbedarf. Das ist das Ergebnis eines gemeinsamen Forschungsprojekts der Technischen Hochschule Aachen und der Unfallforschung der Versicherer (UDV) aus dem Jahr 2010. Die Wissenschaftler der TH Aachen und der UDV fanden heraus, dass Notbremsassistenten dazu geeignet sind, Fußgänger zu schützen, wenn es zum Zusammenstoß kommt. Diese elektronischen Bremshilfen erkennen einen Fußgänger auf der Straße und bremsen im Fall, dass der Fahrer nicht reagiert, das Auto automatisch. Die Geschwindigkeit beim Zusammenstoß wird dadurch reduziert und das Verletzungsrisiko minimiert, denn die Aufprallgeschwindigkeit ist entscheidend für die Schwere der Verletzung des Fußgängers.[3] Die Wissenschaftler forderten, dass das Notbremssystem mit Fußgängerfrüherkennung serienmäßiger Bestandteil aller Neuwagen sein müsse.

Ebenso große Bedeutung messen die Autoren des Forschungsprojekts dem sog. Stoßstangensensor bei. Ein schlauchförmiger Drucksensor ist in die Stoßstange des Autos integriert und deckt die gesamte Fahrzeugbreite ab.

Kommt es zu einem Zusammenprall mit einem Hindernis, so ermittelt der Rechner anhand des ausgeübten Drucks binnen Millisekunden, ob es sich bei diesem Hindernis um einen Menschen handelt. Wurde ein Mensch festgestellt, so hebt sich ebenfalls in Sekundenbruchteilen durch eine spezielle Technik die Motorhaube des Autos an. Die angehobene Haube dient als Pufferzone, sodass der Fußgänger, der auf die Haube aufschlägt, weicher fällt und nicht mehr mit voller Wucht auf den Motorblock auftreffen kann. Der ganze Vorgang – die Erfassung des Fußgängers und das Anheben der Haube – dauert nicht länger als 10 bis 15 Millisekunden.

Das System kann sogar zwischen Erwachsenen und Kindern unterscheiden und entsprechend dem Körpergewicht die Motorhaube mehr oder weniger anheben. Es kann darüber hinaus auch erkennen, wo der Mensch aufprallt, seitlich oder von vorn, und bei einem Aufprall von vorn den genauen Ort definieren: zentral oder seitlich. Seine Schlauchform soll es dem Sensor erlauben, sich jeder Stoßstangenform anzupassen. Dadurch soll er sich in jedes Fabrikat einbauen lassen können. Er kann mit anderen Assistenzsystemen kombiniert werden, sodass bei Gefahr einer Kollision die Gurte im Fahrerraum gestrafft werden und eine Notbremsung ausgelöst werden kann.[4]

Für die Sicherheit im Auto ist ebenfalls der technische Fortschritt zuständig. Viele Beispiele dafür wurden in diesem Kapitel schon angeführt. Aber es ist nicht nur die Technik, die das Autofahren sicherer macht. Auch das menschliche Verhalten spielt eine überaus große Rolle. Ich meine hier zuerst das vorsichtige und vorausschauende Fahren, wie es selbstverständlich sein sollte, aber leider nicht immer selbstverständlich ist. Hier haben vor allem Männer – und unter ihnen noch einmal mehr die jüngeren – ein deutliches Problem. Männer neigen dazu, ihren

Wagen auf die Probe stellen zu wollen, sie fahren im Durchschnitt schneller und riskanter als weibliche Lenker. Davon kündet zum Beispiel diese traurige Statistik, die der ADAC für das Jahr 2007 veröffentlichte: Danach kamen Männer als Fahrer von Pkw bei Verkehrsunfällen dreimal so häufig ums Leben wie Frauen. Drei Viertel aller Verkehrstoten waren männlich. Geschuldet war dieser Männerüberschuss unter den Opfern eindeutig dem risikofreudigeren Verhalten der Männer im Straßenverkehr.[5]

Ein anderes großes Problem beim Verhalten der Autofahrer im Straßenverkehr ist der Umgang mit dem Gurt als dem Lebensretter Nummer eins im Automobil. Hier lässt das Verhalten sowohl der weiblichen als auch der männlichen Autofahrer zu wünschen übrig. Alarmierende Zahlen dazu veröffentlichte im Sommer 2011 das Polizeipräsidium Oberbayern-Nord: Von 92 im Vorjahr bei Unfällen getöteten Verkehrsteilnehmern im Präsidiumsgebiet waren 23 nicht angeschnallt. In ganz Bayern war es fast ein Viertel. Die meisten der Verunglückten hätten nach Polizeiangaben überleben können, wenn sie angeschnallt gewesen wären.

Auch im Falle der Gurtpflicht ist der ADAC unermüdlich um Aufklärung bemüht. Im August 2011 zum Beispiel bauten Mitarbeiter des Automobilclubs auf dem Parkplatz der Raststätte Vaterstetten an der A 99 nahe München einen Gurtschlitten auf. Urlauber, die eine Rast einlegten, konnten sich auf den Schlitten setzen und wurden dann, sicher angeschnallt, auf dem Gefährt mit Tempo 30 gegen ein stehendes Hindernis gefahren. Die freiwilligen Testpersonen staunten nicht schlecht, wie furchtbar der Aufprall schon bei diesem geringen Tempo ist. Wer bei einem solchen Aufprall auf dem Schlitten oder im Auto sitzt, hat keine Chance, sich in irgendeiner Weise festzuhalten. Der Gurtschlitten kommt übrigens pausenlos zum Einsatz. Aus gutem Grund! Die Polizei meldet, die »Gurtmoral«

sei leider rückläufig. Dagegen müsse etwas unternommen werden, da lückenlose Kontrollen unmöglich seien. Die Aufklärungskampagne des ADAC ist sicherlich ein gutes Gegenmittel.[6]

Ebenso erfolgreich ist der ADAC übrigens auch mit seinen Angeboten zum Fahrsicherheitstraining für private Autohalter. Autofahrer können in Fahrsicherheitszentren des ADAC ihr eigenes Fahrzeug auf die Probe stellen und schwierige Verkehrssituationen auf der Übungsstrecke durchspielen. Der frühere ADAC-Vizepräsident für Technik, Generalleutnant a. D. Werner von Scheven, hat dieses Angebot des Clubs deutlich ausgebaut. In seine Amtszeit fiel dankenswerterweise auch die Eröffnung eines der modernsten Fahrsicherheitszentren Deutschlands im Brandenburgischen Linthe im Jahr 2002.

Neben der technischen Sicherheit des Automobils nach innen und außen spielt auch der sichere Ausbau der Straßen eine wichtige Rolle. Hier sind hinsichtlich der Straßenbautechnik und der Wegeführung fast alle Probleme gelöst. Es mussten aber auch Kompromisse eingegangen werden. Damit sind die Alleen gemeint. Die eng an der Fahrbahn stehenden Bäume an Bundesstraßen bilden das größte Risiko für den Autofahrer. Wer hier aus irgendeinem Grund von der Fahrbahn abkommt, hat nicht mehr die Chance, den Wagen auf freiem Feld zum Stehen zu bringen, der wickelt sich bei höheren Geschwindigkeiten zwangsläufig um einen Baum, wobei durch den oft seitlichen Aufprall für die Insassen des Unfallfahrzeugs jede Hilfe zu spät kommt.

In den 50-er- und 60-er-Jahren hat man die Alleebäume deshalb planmäßig gefällt. Erst später, und für die betroffenen Alleen zu spät, kam gegen diesen Kahlschlag Protest auf. Als dann die Mauer fiel und in den neuen Bundesländern die veralteten Straßen ausgebaut wurden, versuchte man, die Alleebäume, wo irgend möglich, zu erhalten. Der ADAC setzte sich seit 1990 stark für den Erhalt dieser Alleen ein, von denen die berühmtesten sicherlich durch Mecklenburg-Vorpommern und Brandenburg führen. Ich selbst bemühte mich um den Erhalt der schönen alten Bäume entlang den Straßen. Ich stellte mich buchstäblich vor jeden Baum. Ich war maßgeblicher Initiator der Aktion »Rettet die Alleen«, die aus einem Aufruf in der ADAC Motorwelt von 1990 hervorgegangen war. Wir vom ADAC machten darauf aufmerksam, dass die großen alten Alleebäume, die in der ehemaligen DDR noch erhalten waren, Kulturgut seien, das es zu schützen und zu bewahren gelte. Wir sorgten dafür, dass die alten Bäume kartografisch erfasst und unter besonderen Schutz gestellt wurden. Schließlich entstand die »Deutsche Alleenstraße« von Rügen bis zum Bodensee, an der ich die erste neue Linde pflanzte.

Ich wusste wohl, dass wir mit dieser Rettung der Alleebäume einen Kompromiss eingingen, dass wir ein radikales Umdenken im ADAC herbeigeführt hatten. Denn rein nach Sicherheitsgesichtspunkten hätten alle die alten Bäume entlang der Land- und Bundesstraßen auch in den neuen Bundesländern fallen müssen. Dieser Kompromiss ist uns nicht leicht gefallen, doch in diesem Fall mussten wir uns natürlich für die Schönheit der Natur und ihren Erhalt entscheiden. Das haben wir getan.

Wir vom ADAC haben uns auch immer eindeutig entschieden, wenn es um die Sicherheitsfrage von Tempolimits ging. Immer wieder wurde in den vergangenen Jahrzehnten ja von den verschiedensten Interessengruppen eine generelle Tempobeschränkung auf Deutschlands Autobahnen gefordert. Wir haben immer gesagt, dass die Richtgeschwindigkeit von 130 km/h gelten soll und dazu anlassbezogen natürlich örtliche Tempobegrenzungen.

Dass das ausreicht, bestätigen die meisten Studien zur Verkehrssicherheit auf Autobahnen. Auf den Landstraßen hingegen muss ein Limit gelten, wie wir es schon haben. Wenn die Brandenburger Landesregierung 2011 sogar anordnete, das Tempo auf Landstraßen mit dichtem Baumbestand und ohne Leitplanken aus Sicherheitsgründen auf 70 km/h herabzusetzen, so ist das eine durchaus nachvollziehbare Entscheidung.

Ein anderer Streit um die Verkehrssicherheit spitzte sich im Jahr 2011 zu. Die Bundesregierung hatte beschlossen, längere Lastwagen als bisher auf deutschen Autobahnen und Bundesstraßen zu Testzwecken fahren zu lassen, die sogenannten Gigaliner. Statt der fünf Achsen der herkömmlichen Lastzüge haben sie acht Achsen, wiegen statt 40 Tonnen bis zu 60 Tonnen im Gesamtgewicht und sind statt der bisher erlaubten 18, 75 Meter bis zu 25,25 Meter lang. Nur sieben von 16 Bundesländern wollten an dem Test der Gigaliner teilnehmen. Der ADAC fand sich in seinem Protest seltsamerweise an der Seite der neuen grünen Landesregierung in Baden-Württemberg wieder, die den Protest gegen die Gigaliner anführte. In einer Stellungnahme des ADAC zum Test der Gigaliner heißt es: »Der ADAC begleitet das Thema Maße und Gewichte bei schweren Lkw seit Beginn dieser Diskussion kritisch. Dies lag vor allem an der Forderung nach einer Erhöhung des zulässigen Gesamtgewichts bei schweren Lkw auf bis zu 60 Tonnen sowie einer generellen Zulassung der Fahrzeuge im gesamten Straßennetz.«[7]

Ein Verein, der sich traditionell der Optimierung der Mobilität verschrieben hat, wird bei umfassender Abwägung aller Umstände allerdings erst nach der Testphase abschließend über das Für und Wider befinden. Gigaliner können mehr laden und tragen deshalb dazu bei, dass weniger Lastwagen unterwegs sein müssen und dass weniger

Diesel beim Gütertransport verbraucht wird. Alles Pluspunkte also. Aber die Sicherheit aller Verkehrsteilnehmer muss vorgehen. Und wenn Gigaliner nachweislich Schwierigkeiten und gar spezifische Gefährdungen im fließenden Verkehr verursachen würden, zum Beispiel beim Überholvorgang, dann wäre das ein K.-o.-Kriterium.

Die Sicherheit im Straßenverkehr muss auch in Zukunft weiter erhöht werden. Dazu sind alle erdenklichen Anstrengungen notwendig. Neben dem technischen Fortschritt, der Gurtmoral und vielen anderen Faktoren spielt dabei auch das gemeinsame Engagement der Menschen im Land eine Rolle. Für solches Engagement gibt es viele gute Beispiele. Vorbildlich ist Kampagne »Ein Herz für Kinder«. Als der Berliner Verleger Axel Springer im Jahr 1978 im Radio hörte, dass in Deutschland pro Jahr fast 1500 Kinder bei Verkehrsunfällen ums Leben kommen würden, gründete er den Verein »BILD hilft e.V. – Ein Herz für Kinder.« Auf Millionen Autos prangten bald die roten Aufkleber dieser Hilfsorganisation und sensibilisierten die Autofahrer dafür, dass Kinder im Straßenverkehr immer besonders gefährdet sind. Gemeinsam mit dem ADAC und der Deutschen Post verteilte »Ein Herz für Kinder« in jüngster Zeit beispielsweise an 16 000 Schulen insgesamt 750 000 Sicherheitswesten und sammelte Jahr für Jahr Spenden für in Not geratene Kinder und ihre Familien. Bis zum Jahr 2004 konnte die Zahl der tödlichen Unfälle mit Kindern auf Deutschlands Straßen gegenüber 1978 um 90 Prozent reduziert werden.

Einen wichtigen Beitrag zur Verkehrssicherheit leistet auch der Automobilclub von Deutschland (AvD) mit der Aktion »Held der Straße«. Unter der Schirmherrschaft des Bundesverkehrsministers werden mutige Retter und Helfer im Straßenverkehr ausgezeichnet, um für verantwortungsvolles Handeln im Straßenverkehr zu werben.

Der ADAC Berlin-Brandenburg wiederum zeichnet Politiker und andere Funktionsträger seit 1985 mit dem Goldenen Gurt aus für Verdienste um die Verkehrssicherheit. Den Goldenen Gurt erhielten u. a. Berlins früherer Regierender Bürgermeister Eberhard Diepgen, die früheren Verkehrsminister Günther Krause und Matthias Wissmann, der ehemalige Ministerpräsident von Brandenburg Manfred Stolpe, Brandenburgs früherer Innenminister Jörg Schönbohm und der legendäre Mercedes- und Deutsche Sporthilfe-Vorstand Jürgen Hubbert. Sie alle bemühten sich um Verkehrssicherheit und bewiesen, dass es Sicherheit im Straßenverkehr auch mit dem Automobil geben kann, wenn man sich nur darum bemüht.

Das Märchen von der gerechten Maut

September 2011. Im Bundesverkehrsministerium in Berlin wird an einem »Investitionsrahmenplan« gearbeitet, der den Erhalt und den Neubau von Verkehrswegen in Deutschland bis 2015 festlegen soll. Viele bereits beschlossene Verkehrsprojekte fehlen in dem großen Plan. Dazu gehört die wichtige neue Schienenstrecke Rhein-Ruhr-Express in Nordrhein-Westfalen genauso wie die Y-Trasse für den Güterverkehr von Hannover nach Hamburg und Bremen, außerdem viele wichtige Neubauten von Bundesstraßen als Ortsumgehungen in allen Bundesländern, ein Tunnel an der Bundesstraße 1 in Dortmund, die Nordostumgehung in Darmstadt und viele andere Straßenprojekte.

Kaum waren diese Informationen an die Öffentlichkeit gelangt, bemühte sich das Verkehrsministerium, den Eindruck zu verwischen, es handle sich hier um eine Streichliste. Gleichzeitig erklärte Bundesverkehrsminister Peter Ramsauer (CSU) allerorten, es gebe »keinen Spielraum mehr für neue Spatenstiche«.[1] Die SPD kritisierte, dass in den kommenden fünf Jahren allein für Bundesfernstraßen mehr als zehn Milliarden Euro fehlten. Von 2012 an werde keine einzige Bundesstraße mehr neu gebaut werden können.[2]

Die Inszenierung hätte nicht besser ausfallen können. Der Öffentlichkeit wurde im Herbst 2011 erfolgreich ein Bild der leeren Kassen gezeichnet. Bauprojekte gestrichen, kein neuer Spatenstich mehr, keine neuen Bundesfernstraßen? Das darf nicht sein! Was tun? Den Schlüssel zur Rettung der deutschen Straße meinte die CSU bereits ein Jahr zuvor schon in der Hand gehalten zu haben. Sie beschloss auf ihrem Parteitag im Herbst 2010, dafür zu sorgen, dass der Deutsche Bundestag die Einführung der Pkw-Maut beschließen möge. Aus einer einmaligen oder nach gefahrenen Kilometern bemessenen Abgabe des Autofahrers sollten neue Mittel sprudeln, um den Ausbau der geplanten Verkehrsprojekte doch noch voranzutreiben.

Bayerns Ministerpräsident Horst Seehofer (CSU) machte sich diese Forderung sofort zu eigen und drängte die Koalition in Berlin in Richtung Maut, doch biss er zunächst bei der FDP vollkommen und bei der CDU teilweise auf Granit. FDP-Chef Philipp Rösler und sein Generalsekretär Christian Lindner wiesen die Forderungen nach einer Pkw-Maut mit dem Argument heftig zurück, der Autofahrer zahle in Deutschland bereits genug an Abgaben und Steuern.[3]

In der CDU blockierte Fraktionschef Volker Kauder das Maut-Gesuch aus München. Doch fehlte es ihm schon bald am nötigen Rückhalt. Denn Ende Juli 2011 machte sich mit dem parlamentarischen Staatssekretär im Verbraucherschutzministerium Peter Bleser (CDU) das erste hochrangige Mitglied der Regierungskoalition für die Maut stark. »Die Autofahrer aus dem Ausland, die unser

Straßennetz nutzen, müssen auch an der Finanzierung desselben beteiligt werden«, sagte er und fügte hinzu: »Ich plädiere für eine Pkw-Maut-Vignette wie in Österreich.« Bleser verband seine Forderung mit dem Wunsch, es möge für den deutschen Autofahrer nach Einführung der Maut unterm Strich keine finanzielle Mehrbelastung herauskommen, und schlug vor, im Gegenzug die Kfz-Steuer zu senken.[4] Diesen Vorschlag hatte auch die CSU gemacht, die inzwischen offen von einer Jahresmaut in Höhe von 100 Euro pro Kfz zu sprechen begann.

Blesers Forderung nach einer Maut hatte offenbar in Berlin das Eis gebrochen. Bundeskanzlerin Angela Merkel kündigte Ende August nämlich an, das Thema Maut nun doch aufgreifen zu wollen. »Wenn ein Koalitionspartner über ein Thema reden möchte, kommt das auf die Tagesordnung«, sagte sie. Einen Monat zuvor hatte sie dagegen noch erklärt, die Maut gehöre nicht zu ihren »Projekten«[5] Im Frühjahr 2011 hatte die Bundeskanzlerin sogar noch bekräftigt, dass sie gegen eine Straßenbenutzungsgebühr für Pkw sei.[6]

Als nächster sprang Hessens Ministerpräsident Volker Bouffier (CDU) auf den Vignetten-Zug auf. »Ich bin ein Anhänger einer Maut für Pkw, unter der Bedingung, dass sie für deutsche Autofahrer aufkommensneutral gestaltet wird«, sagte er. Deutschland habe als wichtigstes Transitland in Europa ein großes Interesse, ausländische Autofahrer an der Finanzierung der Straßen zu beteiligen.[7]

In der CSU-Fraktion im Bayerischen Landtag entbrannte unterdessen ein erbitterter Streit darüber, ob man den Autofahrer für die Mehrbelastung durch eine Maut entschädigen könne oder nicht. Schon wollte die Mehrheit der Experten in der Fraktion »Mehrbelastungen« für den Autofahrer durch die Maut »nicht mehr ausschließen«. Einzig Georg Schmid, Chef der Landtagsfraktion, wehrte sich noch dagegen: »Es darf zu keiner zusätzlichen Belastung unserer deutschen Pkw-Halter kommen«, erklärte er Ende August 2011.[8]

Inzwischen hatte sich auch Bundesverkehrsminister Peter Ramsauer (CSU), der sich zu diesem Thema bis dahin gern zurückgehalten hatte, die Forderung nach der Maut zu eigen gemacht. Er wisse, dass für die Durchsetzung der Maut Überzeugungsarbeit in der FDP und auch in Teilen der CDU geleistet werden müsse, sagte er. »Ich bin aber überzeugt, dass, um einen bedarfsgerechten Straßenausbau zu erreichen, alle Argumente für die baldmöglichste Einführung einer Pkw-Maut sprechen.« Ramsauer kündigte sogar an, bis zur Einführung dieser Maut werde es nun nur noch so etwa zwischen sechs bis zwölf Monaten dauern.[9] Anfang September 2011 fühlte er sich dann offenbar stark genug, um die Möglichkeit infrage zu stellen, die Autofahrer im Gegenzug zur Maut finanziell zu entlasten, obwohl diese Forderung noch in einem Antrag der CSU für den Parteitag im Oktober enthalten war.

Gegen diese Entlastung führte Ramsauer gleich zwei Argumente ins Feld. Erstens, sagte er, sei es wegen der Gleichbehandlung innerhalb der EU rechtlich schwierig, im Gegenzug für die Maut die Kfz-Steuer für in Deutschland zugelassene Autos wegfallen zu lassen. Zweitens müsse für den Straßenbau »unter dem Strich« schon so viel übrig bleiben, dass sich »das ganze Unternehmen Pkw-Maut« auch lohnen würde.[10]

Ramsauer hatte nun zwei Ziele auf einmal erreicht: Einerseits hatte sein Ministerium intern errechnet, dass das deutsche Straßennetz ohne zusätzliche Mittel weder instand gehalten noch ausgebaut werden könnte, weshalb eine Maut zwingend notwendig sei. So war der Boden bereitet, den CSU-Parteitagsbeschluss aus München vom Herbst 2010 endlich ein Jahr später in Berlin durchzusetzen. Die Gegner der Maut waren im politischen Berlin, bis auf die FDP, zum Schweigen gebracht worden. Gleichzeitig hatte Ramsauer aber auch die für den Fiskus so lästige Entlastung der Autofahrer vom Tisch gefegt. Diese Gegenleistung hätte im Haushaltsausschuss des Bundestags für neues Stirnrunzeln gesorgt. Auf dieses logische Problem hatte die *FAZ* bereits im August hingewiesen: »Wenn die Deutschen«, kommentierte die Zeitung, »an anderer Stelle entlastet werden sollten, stellt sich obendrein die Frage, warum der Investitionsstau auf den Straßen nicht schon jetzt durch Steuereinnahmen behoben werden kann.«[11]

Ramsauer hatte die Katze also aus dem Sack gelassen: Eine Maut muss her, aber keine Entlastung der Bürger im Gegenzug. »Endlich wird den deutschen Autofahrern mal klar gesagt, dass sie doch die Zeche bezahlen müssen, wenn in Deutschland eine Pkw-Maut eingeführt wird«, wetterte ADAC Präsident Peter Meyer. Er erinnerte daran, dass die deutschen Autofahrer bereits jetzt über die Kfz-Steuer, die Mineralölsteuer und andere Nutzerabgaben jährlich rund 53 Milliarden Euro bezahlen, von welcher Summe aber nur 17 Milliarden Euro für den Erhalt und den Ausbau von Straßen zur Verfügung gestellt würden.[12] Der Chefredakteur der *ADAC Motorwelt* Michael Ramstetter warf Ramsauer und CSU-Chef Seehofer vor, mit der Maut in dieser Planung ein »Abzockmodell« zu verfolgen.[13]

Die *ADAC Motorwelt* führte dann unter allen deutschen Medien das härteste Interview mit Bundesverkehrsminister Peter Ramsauer zum Thema Maut und provozierte Antworten des Politikers, die tief blicken lassen. Auf die Frage: »Denken Sie nicht, dass die deutschen Autofahrer schon genug Abgaben bezahlen?« antwortete Ramsauer: »Natürlich bezahlen die Autofahrer bereits eine Menge an Steuern. Vieles von dem verwendet der Bundesfinanzminister allerdings für andere Dinge, die Rente zum Beispiel. Das ist der Charakter von Steuern. Sie sind nicht zweckgebunden.«[14]

Wenn also die Steuern und Abgaben, die der Autofahrer zahlt, für andere Zwecke verwendet werden und deshalb der Straßenbau zu kurz kommt, weshalb eine Maut erhoben werden soll, dann ist diese Maut nichts anderes als eine neue Sondersteuer, die dem Autofahrer noch auf die Schultern geladen wird. Dem Minister Ramsauer ist es zu danken, dass er aus dieser Absicht im Interview mit dem ADAC, ob bewusst oder unbewusst, gar keinen Hehl mehr machte.

Und noch eine zweite Wahrheit trat in jenem Interview ans Licht: Auf die Frage: »Wie hoch schätzen Sie die Gesamteinnahmen und davon den Anteil ausländischer Autofahrer?« sagte der Minister: »Der Anteil ausländischer Fahrzeuge liegt bei rund acht Prozent.«[15] Nun strafte Ramsauer mit einem Satz alle diejenigen Politiker Lügen, die argumentieren, die Maut auf deutschen Autobahnen sei eine Frage der Gerechtigkeit, damit auch jene ausländischen Nutzer, die über unsere Autobahnen führen, für den Erhalt der Straßen herangezogen werden könnten. Wenn 92 Prozent der Mautgebühren von deutschen Autofahrern aufgebracht werden müssen, wo bleibt dann die Gerechtigkeit? Es stellt sich im Übrigen die Frage, ob Ramsauer mit den acht Prozent, die er angab, richtig lag. Der ADAC (Ulrich May, Juristische Zentrale) nämlich errechnete, dass über das ganze Jahr verteilt die Ausländer nur 5,2 Prozent des Pkw-Verkehrs auf deutschen Autobahnen stellen. Da sie außerdem dabei in Deutschland tanken würden, erbrächten sie bereits jetzt schon 195 Prozent der auf sie entfallenden Infrastrukturkosten. Ganz anders sieht das Verhältnis beim Lkw-Verkehr aus. Ausländische Lkw stellen 30 Prozent des Lkw-Aufkommens auf deutschen Straßen und tanken selten in Deutschland, weshalb eine Lkw-Maut sehr viel plausibler begründet werden kann als eine Pkw-Maut. Der frühere Mercedes-Benz-AG-Vorstand und debis-Vorstandsvorsitzende Klaus Mangold zum Beispiel hatte sich deshalb zu Recht schon frühzeitig in den 90er-Jahren für eine Lkw-Maut in Deutschland eingesetzt, nie aber für eine Pkw-Maut.

Wenn aber die Argumentation, man müsse die ausländischen Pkw für den Erhalt der deutschen Straßen zur Kasse bitten, in sich zusammenfällt, dann bleibt zur Begründung der Maut nur noch das allgemeine Haushaltloch, das es zu stopfen gilt. Dazu sagte Minister Ramsauer im ADAC Interview: »Ich selbst weise immer wieder darauf hin: In meinem Etat sind derzeit rund fünf Milliarden Euro für die Finanzierung von Straßenbau vorgesehen. Das reicht nicht, um alle notwendigen Neu- und Ausbauprojekte sowie den notwendigen Erhalt zu gewährleisten.«[16] Recht hat er. Aber hat nicht auch ADAC Präsident Peter Meyer recht, wenn er sagt: »Das Geld für Straßenerhalt und -ausbau ist da. Es liegt nur an maßgeblichen politischen Kräften, mehr für die Straßen bereitzustellen.«[17]

Ramsauer beteuert: »Der Investitionsbedarf ist hoch, deshalb kämpfe ich für mehr Geld.«[18] Das mag sein, doch leider kämpft der Minister nicht dafür, mehr von dem Geld, das die Autofahrer ohnehin schon zahlen müssen, in den Straßenbau zu lenken. Er kämpft stattdessen dafür, den Auto fahrenden Bürger abermals zu belasten. Der *Münchner Merkur* hat für Ramsauers Haltung in einem Kommentar von Alexander Weber ein schönes Bild gefunden: Weber schreibt, Ramsauers Argument mit der Unterfinanzierung des Straßenbaus erinnere ihn an einen Schuljungen: »Das ist ungefähr so, wie wenn Eltern ihrem Kind zehn Euro fürs Schulessen mitgeben, der Bub aber um zehn Uhr anruft und Nachschlag fordert, weil er das Geld bereits für andere Dinge ausgegeben hat.«[19] Exakt, dieses Bild trifft es: Der Autofahrer zahlt die vereinbarten Steuern und Abgaben, die Politiker geben das Geld für andere Zwecke aus und fordern nun vom Autofahrer eine neue Zahlung.

Diese neue Zahlung konkretisierte Bundesverkehrsminister Ramsauer dann schließlich am 4. Oktober 2011 in Zahlen. 76,50 Euro pro Pkw und Jahr, erklärte er einem Journalisten der *BILD*-Zeitung, wären doch sicherlich eine gute Summe für die neue Pkw-Maut.[20] Wohin soll das permanente Aufsatteln von immer neuen Abgaben vom Autofahrer noch führen? Es sei einzig »das Ziel dieser Leute«, wetterte ADAC Ehrenpräsident Otto Flimm schon 2005 über Deutschlands Verkehrspolitiker und ihr damals schon geäußertes Verlangen nach einer Pkw-Maut, »nach Mineralölsteuer und Kfz-Steuer noch einen dritten Weg zu suchen, um die Auto- und Motorradfahrer zu melken«.[21]

Experten haben die folgende beispielhafte Rechnung angestellt: Wenn ein in Deutschland angemeldetes Auto Wegekosten von einem Euro verursacht hat, dann hat der Halter auf dieser Strecke bereits 4,21 Euro an Steuern und Abgaben bezahlt.[22] Autofahrer zahlen demnach mehr als viermal mehr an den Staat, als sie durch das Fahren an Kosten verursachen.

Wie kann man es für gerecht halten, vor dem Hintergrund dieser Tatsachen mit der Maut eine neue Sondersteuer für das Autofahren zu erfinden, zu fordern und durchzusetzen? Und wie weit haben sich Parteien, inzwischen also auch die CSU, und ihre Politiker von der Wirklichkeit entfernt, dass sie nicht merken, dass dieses »Abzockmodell« (um mal bei den Worten des *Motorwelt*-Chefredakteurs zu bleiben) von den Menschen nicht akzeptiert wird? Wie fremd sind sie ihren Wählern geworden, dass sie nicht merken, dass man sie durchschaut, wenn sie immer neue Einnahmequellen für den Staat suchen und dabei immer wieder auf den Autofahrer zurückgreifen? Wie weltfremd ist eine Politik, die das Autofahren mit immer neuen Kosten belastet, da doch das Automobil Rückgrat unserer gesamten Wirtschaft ist? Mit welchem Recht dürfen die Politiker dem Autofahrer immer aufs Neue in die Tasche greifen?

Das Problem mit der Elektromobilität

Paris, 15. April 1900. Am Seine-Ufer öffnet die fünfte Weltausstellung ihre Pforten. Unter dem offiziellen Titel »Die Bilanz eines Jahrhunderts« zeigt sie die aufregendste Retrospektive, die es bis dahin gegeben hat. 43 Nationen nehmen teil. Bis zum 12. November desselben Jahres wird sie 50,8 Millionen Besucher in ihren Bann geschlagen haben. Eines der aufsehenerregendsten deutschen Ausstellungsstücke ist die »Lohner-Porsche-Chaise«. Es handelt sich um ein Automobil mit Elektroantrieb, erfunden und erbaut von Ferdinand Porsche. Dieser böhmische Konstrukteur war bis dahin unbekannt gewesen. Nun war sein Name in aller Munde.

Was hatte Porsche plötzlich so berühmt gemacht? Er hatte als erst 25-jähriger Angestellter der Wiener Hofwagenfabrik Ludwig Lohner das erste transmissionslose Automobil der Welt gebaut. In die Vorderachse eines kutschenähnlichen Gefährts hatte er zwei Elektromotoren integriert, und zwar direkt in die Felgen der Räder. Durch diese Radnabenmotoren konnte die Energie direkt auf alle vier Räder einwirken. Alles, was den Antrieb des Automobils bis dahin so kompliziert gemacht hatte (und später wieder machen würde), also Zwischengetriebe, Riemen,

Ketten und Differenziale, hatte sich Porsche einfach gespart. Abgesehen von den beiden Elektromotoren und den Achsen kam der Wagen praktisch ohne Mechanik aus und erbrachte den sagenhaften Wirkungsgrad von 83 Prozent. Wegen dieser Bauweise war er billig in der Produktion, ein erster Volkswagen sozusagen.

Ferdinand Porsche wusste aber auch um den Pferdefuß seiner genialen Erfindung: Der Bleiakkumulator, der den Strom für die beiden Motoren lieferte, wog 410 Kilo und damit mehr als die ganze Chaise. 1902 hatte Porsche auch dieses Problem gelöst: Er montierte einen Benzinmotor von Daimler auf sein Gefährt, der über einen Generator den Strom für die Elektromotoren erzeugte. Eines der ersten funktionstüchtigen Hybridautos war geboren. Dieses Fahrzeug begründete Porsches Weltruhm als einer der genialsten Autobauer aller Zeiten. Porsche chauffierte in seinem Hybridwagen auch den österreichisch-ungarischen Thronfolger Franz Ferdinand. Der schrieb an Porsche: »Die Leistung Ihres Automobils sowie die sichere und exakte Führung desselben haben seine Kaiserliche und Königliche Hoheit in jeder Beziehung befriedigt.«[1]

Dennoch: Porsches Idee setzte sich auf dem Markt nicht durch. Otto- und Dieselmotor traten ihren Siegeszug an. Ferdinand Porsche aber hing zeitlebens dem Traum vom Elektroauto an.

Es dauerte dann 95 Jahre, bis Porsches Idee in großem Umfang wieder aufgegriffen wurde: 1997 brachte Toyota den Prius in Serienreife auf den Markt, einen Pkw mit elektrischen Radnabenmotoren und Dieselmotor plus Generator als Energieversorger. Und noch einmal 13 Jahre später wurde Porsches Traum vom Elektroauto sogar zur Ultima Ratio der bundesdeutschen Politik. Im Mai 2010 berief Bundeskanzlerin Merkel in Berlin die »Nationale Plattform Elektromobilität« ein, ein Arbeitsgremium, das sich aus 150 Spitzenvertretern von Industrie, Wissenschaft und Politik zusammensetzt, die in sieben Arbeitsgruppen Vorschläge für die Einführung des Elektroautos in Deutschland erarbeiten sollen. Ziel müsse es sein, sagte die Bundeskanzlerin, dass im Jahr 2020 bereits eine Million Elektroautos auf den deutschen Straßen unterwegs sein werden.[2]

Ein Jahr später, im Juli 2011, allerdings waren erst 2300 Elektroautos in Deutschland zugelassen.[3] Bis zu der von Frau Merkel deklarierten einen Million Elektrofahrzeuge schien es noch ein weiter Weg zu sein. Eine Umfrage der Unternehmensberatung Ernst & Young unter deutschen Automanagern ergab im August 2011, dass sie erst für das Jahr 2022 einen Durchbruch des Elektroautos auf dem deutschen Markt erwarten. Die größte Hürde für die Akzeptanz von elektrisch betriebenen Automobilen sei, so die befragten Manager, die begrenzte Reichweite dieser Autos.[4] Auf der Internationalen Automobilausstellung (IAA) in Frankfurt 2011 gab es dann zwar erstmals einen eigenen Showroom für Elektrofahrzeuge. Aber der Schwerpunkt der deutschen Innovationskraft, das zeigte die IAA, liegt ganz eindeutig beim Verbrennungsmotor. 89 Weltneuheiten wurden in Frankfurt vorgestellt, 45 dieser neuen Modelle kamen von deutschen Firmen. Auf der IAA zeigte sich, dass das Problem der Elektroautos nicht nur die Reichweite, sondern auch der Preis ist. BMW zum Beispiel zeigte den vollelektrischen Kleinwagen i3 mit Karbonkarosserie, der frühestens 2013 auf den Markt kommt. Er soll 40 000 Euro kosten, so viel wie ein ordentlicher 5er BMW mit Verbrennungsmotor.

»Fakt ist, dass sich unter all diesen Weltpremieren der deutschen Hersteller kein alltagstaugliches, in Massenproduktion hergestelltes Elektrofahrzeug befindet«, kritisierte der frühere Chefvolkswirt von BMW, Helmut Becker.[5] Becker entdeckte nur eine Ausnahme von dieser Regel auf der IAA: den Opel Ampera, einen Plug-in-Hybrid, den man an der Steckdose aufladen kann. Ein zusätzlicher Verbrennungsmotor lädt die Batterien bei Bedarf während der Fahrt nach, ist aber nicht am Antrieb beteiligt. Der Ampera funktioniert also genauso wie der Lohner-Porsche von 1900. Nur im Preis entspricht er nicht dem Ideal Porsches, der immer volksnah dachte und ausschließlich günstige Autos anstrebte. Der Ampera soll 43 000 Euro kosten. Und selbst das als besonders preiswert viel gerühmte Elektroauto »Leaf« von Renault-Nissan, das bereits mit 50 000 Exemplaren weltweit jährlich vom Band rollt, kostet zum Beispiel in den Niederlanden knapp 33 000 Euro. Das sind 15 000 Euro mehr, als man für ein benzingetriebenes Auto gleicher Größe ausgeben muss.[6] Wer will schon soviel Geld zahlen, nur um nicht mit Verbrennungsmotor unterwegs zu sein? Kaum jemand! Das zeigen die Zahlen. In Deutschland hat Toyotas Vorzeige-Hybridauto Prius große Absatzprobleme: Von Januar bis August 2011 wurden 48,5 Prozent weniger Modelle dieses Typs in Deutschland zugelassen als im Vergleichszeitraum des Vorjahres. Für den Hybrid von Honda, den »Insight«, verzeichnete das Kraftfahrt-Bundesamt im gleichen Zeitraum sogar einen Rückgang der Anmeldungen von 70,5 Prozent gegenüber dem Vergleichszeitraum des Vorjahres.[7] Und der amerikanische Hersteller Tesla verkaufte in den ersten elf Monaten des Jahres 2010 genau 19 Exemplare seines in der Presse sehr stark bewunderten Elektrorenners.[8]

Diese negative Entwicklung wird von der Studie »Trends beim Autokauf« von Deutschlands größter Tankstellenkette Aral aus dem Jahr 2011 bestätigt. Nach dieser Studie ist das Interesse der Kunden am Elektroantrieb seit 2009 stark gesunken: Nur rund ein Viertel der Befragten konnte sich grundsätzlich vorstellen, ein Elektroauto zu kaufen. 2009 hatten sich das noch mehr als 30 Prozent der Befragten vorstellen können.[9]

Warum kommen die Elektroautos so schlecht an? Helmut Becker fasst die Gründe sehr treffend so zusammen: »Und solange die Energiedichte einer Tankfüllung mit klassischem Treibstoff der Energiedichte einer Batterie von 400 Kilogramm Gewicht entspricht, solange die Reichweite von reinen Elektroautos lediglich 80 bis 150 Kilometer und auch die Höchstgeschwindigkeit allenfalls 130 km/h beträgt, der Preis eines Pakets Lithium-Ionen-Batterien aber dafür rund 10 000 Euro bei einer Lebensdauer von nur zwei Jahren beträgt, werden die Kunden im Massengeschäft vielleicht von der Elektromobilität elektrisiert sein. Aber aus praktischen und ökonomischen Gründen bevorzugen sie Autos mit konventionellen Antrieben und sicheren Reichweiten.«[10] Dem ist nichts hinzuzufügen.

Natürlich streite ich nicht ab, dass der Elektromotor eigentlich der perfekte Antrieb für das Automobil ist. Das hat Ferdinand Porsche gewusst. Das Elektroauto fährt emissionsfrei und mit einem viel höheren Wirkungsgrad, also mit weniger Energieverbrauch als Pkw mit Benzin- oder Dieselmotoren. Was kann man sich Schöneres vorstellen? Aber das Elektroauto fährt eben nur, wenn elektrische Energie an Bord zur Verfügung steht. Und die steht eben derzeit nicht adäquat zur Verfügung, fast genauso wenig wie zu Porsches Zeiten. Plant die Politik also vollkommen am Autofahrer vorbei, wenn sie sich bis 2020 eine Million Elektroautos auf Deutschlands Straßen wünscht? Ich meine ja. ADAC Präsident Peter Meyer, der übrigens zunächst nicht zur »Nationalen Plattform Elektromobilität« von Kanzlerin Merkel eingeladen worden war, um dann nachträglich doch noch eingeladen zu werden, kritisierte zu Recht: »Aber wir dürfen (…) keinesfalls die Interessen der Verbraucher außer Acht lassen. Diese sind nicht unbedingt die gleichen Interessen, die Industrie und Politik verfolgen.«[11]

Das ist wohl wahr! Denn während sich die Politik gern mit umweltfreundlichen Ideen schmückt und diese Ideen am liebsten per Verordnung durchsetzen würde und sich die Hersteller gern gegenseitig mit dem »Antrieb der Zukunft«, also dem Elektroantrieb beeindrucken, um modern und schick zu wirken, fragt sich der Bürger, der sein Geld zählen muss, aber dennoch ein Auto braucht, welches Fahrzeug ihm denn nun Erschwinglichkeit und Reichweite garantiert. Und eben diese Fragen beantworten ihm derzeit weder Politik noch Industrie.

»Allerdings ist es an der Zeit, die Verbraucher endlich einmal realistisch über den derzeitigen Stand der Einsatzmöglichkeiten von Elektroautos aufzuklären«, forderte ADAC Präsident Meyer schon im Mai 2010.[12] Bisher ist so gut wie nichts in diese Richtung geschehen. Warum nicht? Ich möchte die guten und ehrlichen Absichten der deutschen Autoindustrie, ein preiswertes E-Auto mit großer Reichweite auf den Markt zu bringen, nicht in Zweifel ziehen. Der Forschungsaufwand ist enorm und sollte gewürdigt werden. Der Präsident des Verbandes der deutschen Automobilindustrie (VDA) Matthias Wissmann hat das getan, als er im September 2011 in einem Interview sagte: »Die deutsche Automobilindustrie selbst trägt den Löwenanteil der Forschungs- und Entwicklungsinvestitionen: In den nächsten drei bis vier Jahren sind das zehn bis zwölf Milliarden Euro.«[13]

Hervorheben muss man hier die Anstrengungen der Firma BMW, die allein in das Werk Leipzig 400 Millionen Euro für die Entwicklung von Elektroautos investiert hat. Dort sollen ab 2013 rund 30 000 Autos der Elektrobaureihe »i« vom Band laufen. Die i-Reihe von BMW wird die gesamte Automobilproduktion revolutionieren, und zwar bei Antrieb, Karosserie und Herstellung. Die Karosserie wird, wie bei der Formel 1, nur noch aus kohlefaserverstärktem Kunststoff (CFK) bestehen. Diese Karosserieteile müssen bei der sagenhaften Temperatur von 3000 Grad Celsius regelrecht gebacken werden. So entsteht ein Auto, dass eine 300 Kilogramm schwere Batterie mitführen kann und dennoch mit 1,2 Tonnen 100 Kilo weniger wiegt als der jetzige 1er BMW, das derzeit kleinste und leichteste Modell des Konzerns. Der 3,85 Meter lange i3-BMW hat vier gegenläufige Türen, die sich wie bei einem Kleiderschrank öffnen, er hat vier Sitze und 200 Liter Platz im Kofferraum. Mit 170 Elektro-PS beschleunigt er in 7,9 Sekunden auf 100 km/h und fährt 150 km/h in der Spitze.

Das klingt schon nach gewaltigen Innovationen.[14] Doch das Elektroauto wird ohne die CFK-Karosserie nicht sinnvoll sein, da die Akkumulatoren mindestens 300 Kilo pro Auto auf die Waage bringen. Die CFK-Karosserie wiegt 60 Prozent weniger als die vergleichbare Karosserie aus Blech. In der CFK-Karosserie liegen aber auch große Probleme. Die Mattengeflechte des kohlefaserverstärkten Kunststoffs müssen in vielen Lagen verklebt, mit Harz getränkt, gepresst und eben bei enorm hohen Temperaturen sehr lange gebacken werden. Nur so erreichen sie die notwendige Härte, um mit dem Stahlblech in Konkurrenz treten zu können. Karbonteile sind deshalb fünf- bis siebenmal so teuer wie Stahlblech.

Die Gesamtenergiebilanz des Karbon-Autos sieht ebenfalls nicht gut aus, weil sich der hohe Energieeinsatz bei der Produktion auch durch lange Laufzeiten nicht amortisieren lässt und CFK-Teile nicht recycelbar sind.[15] Diese Tatsachen muss man der Ehrlichkeit halber erwähnen, wenn man die Entwicklungen zum Elektroauto würdigt. Was nützt es, wenn ich energiesparend und abgasfrei fahre, mein Auto aber in der Herstellung viel mehr Energie verschlungen und Abgase erzeugt hat als ein vergleichbares Modell mit herkömmlichem Antrieb? Da ist es weder sinnvoll, sich eine hohe Zahl von Elektroautos auf der Straße zu wünschen, wie die Bundeskanzlerin es tat, noch das Elektroauto einfach zur Heilsvorstellung zu erheben, wie es außer ihr viele andere Politiker leider auch immer wieder tun. »Dem Elektroauto, angetrieben mit Strom aus erneuerbaren Energien, gehört die Zukunft«, pflegt Bundesverkehrsminister Peter Ramsauer (CDU) zum Beispiel gern zu sagen.[16] Und der parlamentarische Staatssekretär beim Bundeswirtschaftsminister, Ernst Burgbacher (FDP), sagte dazu: »Oftmals werden E-Autos belächelt. (…) Ich halte es diesbezüglich mit Carl Benz: Nur wer beharrlich an ein Ziel glaubt, wird es auch erreichen.«[17]

Die beiden Herren mögen recht haben, doch muss sich eine Technologie am Markt erst durchsetzen, bevor man sie zur Zukunft erklären kann. Die Politiker heute meinen, die Technologie werde sich ihren Wünschen beugen, man müsse das Elektroauto nur lange genug ausrufen, dann würde es wie von allein perfekt vom Band laufen. Carl Benz aber ging den umgekehrten Weg: Er tüftelte so lange an seiner Maschine, bis er die Menschen von ihren Vorteilen überzeugen konnte und die Menschen schließlich von der Pferdekutsche auf das Auto umstiegen.

Einen ähnlich vernünftigen und praktischen Weg wie Carl Benz scheint Daimler-Chef Dieter Zetsche gehen zu wollen. Er drückt sich in seinen Prognosen vorsichtiger und realistischer aus als die Politiker: »Auf absehbare Zeit werden Benzin- und Dieselmotoren die erste Geige spielen«, schrieb er Anfang 2010 in einer Verlagsbeilage der *Welt am Sonntag*. »Aber gleichzeitig werden wir Verbrennungsmotoren in mehr und mehr Modellen um elektrische Komponenten ergänzen und schließlich durch vollelektrische Antriebe ersetzen.«[18] Tatsächlich ist die Daimler AG in Richtung E-Mobilität ähnlich innovativ und investierfreudig wie BMW. Den batteriegetriebenen Smart soll es künftig bereits für 23 000 Euro zu kaufen geben. Er wäre dann das preisgünstigste Elektroauto am Markt. Den niedrigen Preis will Daimler ermöglichen, indem das Auto zum Kauf, die teure Batterie aber zum Leasing angeboten wird. Die Leasingrate für die Batterie wird dabei nur eine symbolische Größenordnung erreichen. Das Modell wird vom Konzern subventioniert, um zu erkunden, ob es eine Kaufbereitschaft für Elektroautos gibt, wenn sie nicht mehr so sündhaft teuer sind. Eine interessante Variante![19]

Noch interessanter ist das Konzeptfahrzeug »Smart Forvision«, das Daimler gemeinsam mit BASF auf der IAA 2011 vorstellte. Der Wagen ist mit transparenten Solarzellen ausgerüstet, die gleichzeitig zur Stromerzeugung und als Fenster dienen. Die Fahrgastzelle ist, ähnlich wie moderne Häuser, wärmeisoliert, um Heizung und Klimaanlage zu schonen. Erstmals arbeiten bei diesem Konzept chemische Industrie und Autohersteller zusammen.[20]

Schließlich arbeitet Daimler noch an einem wirklich Erfolg versprechenden Versuch, elektrische Energie ins Auto zu bringen: Ab 2014 soll bei den Stuttgartern der Brennstoffzellenantrieb in Serienfertigung gehen. Zeitgleich will der Autobauer gemeinsam mit der Firma Linde ein stark ausgebautes Tankstellennetz in Deutschland für Autos mit Brennstoffzellen eröffnen. Der bekannte Automanager und heutige Linde-Chef Wolfgang Reitzle ist mit von der Partie. »Die Brennstoffzelle bringt den Elektroantrieb einen entscheidenden Schritt voran«, erklärte Zetsche im Juni 2011. Wolfgang Reitzle ergänzte, in Verbindung mit der Brennstoffzelle würde Wasserstoff den Ausbau der Elektromobilität ganz wesentlich prägen.[21] Recht haben sie! Denn die Brennstoffzelle enthält Wasserstoff und kann die in diesem Wasserstoff gespeicherte Energie über die Reaktion mit Sauerstoff direkt in Strom umwandeln. Diese Art der Stromerzeugung an Bord eines Automobils hat einen weit höheren Wirkungsgrad als die Stromerzeugung über Batterie oder Generator. Die Brennstoffzelle funktioniert ohne bewegliche Teile, weshalb es weder zu Reibungsverlusten noch zu Verschleiß oder auch nur Geräuschen kommt. Ein Elektroauto mit Brennstoffzellen kann binnen weniger Minuten genug tanken, um damit 500 Kilometer weit zu fahren. Aus seinem Auspuff quillt nur Wasserdampf, also keine giftigen Abgase und noch nicht einmal CO_2.

In den vergangenen Jahren hatten die Automobilentwickler die Brennstoffzelle, deren Technik es schon lange gibt, wieder aus den Augen verloren. BMW und VW reduzierten ihre Forschungsgelder in diesem Bereich.[22] Daimler hat weiter investiert, und diese Mühe zahlte sich aus: Am 1. Juni 2011 kehrten drei von Daimler am 30. Januar auf Weltreise geschickte Brennstoffzellenautos zurück. Die »B-Klasse F-Cell«-Autos hatten die Welt in 125 Tagen allein mit elektrischer Energie aus Wasserstoff umrundet. Mit diesem demonstrativen Erfolg setzte sich Daimler an die Spitze der Brennstoffzellen-Entwicklung. Vielleicht bringt sie uns auf diesem Weg dem Elektroauto wirklich einen Schritt näher. Man kann es sich nur wünschen!

Hanomag 2/10 PS. Von 1925–1928 wurden ca. 15 000 Stück dieses revolutionären Kleinwagens gebaut. Wegen seiner Form hatte er im Volksmund den Spitznamen »Kommissbrot« bekommen.
1928 gründete der ADAC den ADAC-Straßen-Hilfsdienst, den Vorläufer der heutigen ADAC-Straßenwacht. In ihrem Dienst standen unter anderem sieben Hanomags und zwei Dixi-Wagen. Mit einem speziellen Aufbau versehen wurden die Fahrzeuge auf den wichtigsten Fernstraßen und bei größeren ADAC-Veranstaltungen eingesetzt.

Die Design-Ikone: 1955 präsentierte BMW seinen neuen Roadster 507 auf der IAA. Die Sportwagenfans konnten sich nicht satt-sehen. Bis heute gilt der Wagen als Höhepunkt des deutschen Autodesigns. Albrecht Graf von Goertz hatte die schönen Linien des Wagens als Konkurrenz zum Mercedes 300 SL konzipiert. Den BMW 507 fuhren u.a. Elvis Presley, Alain Delon und Ursula Andress.

4. Kapitel

Das Auto fährt immer weiter ...
immer weiter ...

Sägen wir an dem Ast, auf dem wir in Deutschland sitzen? Möglicherweise schon, jedenfalls ist die Verkehrspolitik hierzulande, die inzwischen von fast allen politischen Parteien und Gruppierungen mitgetragen wird, dazu geeignet, den motorisierten Individualverkehr immer stärker einzuschränken.

Die Bundesrepublik Deutschland gibt im Jahr 2012 ein extrem widersprüchliches Bild ab: Auf der einen Seite produziert unsere Industrie die modernsten Autos der Welt und strebt auch in Umfang und Größe der Produktion zielstrebig an die Weltspitze. Auf der anderen Seite sorgt eine Vielzahl von Einzelmaßnahmen dafür, dass wir unsere in aller Welt bewunderten Automobile zu Hause nicht mehr in gewohnter Freiheit fahren können.

Ich habe dieses Buch im 125. Jubiläumsjahr des deutschen Automobilbaus geschrieben, um daran zu erinnern, dass viele in diesem Land umdenken müssen, wenn wir alle die Erfolgsgeschichte der vergangenen 125 Jahre nicht abreißen lassen wollen. Ich warne vor den Folgen einer Verkehrspolitik, die den Menschen das Autofahren verleidet.

Am 29. Januar 1886 meldete Carl Benz das Patent für das erste Automobil der Weltgeschichte an. 90 Jahre lang war Deutschland das Land des Fortschritts auf vier Rädern und der Freude am Fahren – mit Lücken, versteht sich, die zwei Weltkriege rissen.

Immer aber war das Verhältnis der Deutschen zum Automobil ungebrochen. Das Wissen um den eigenen technologischen Vorsprung und der Stolz auf die Marken Audi, BMW, Mercedes-Benz, Porsche und VW beflügelte unser Selbstbewusstsein. Das ist im Großen und Ganzen auch so geblieben, doch bekam dieses Bild Anfang der 1970er-Jahre durch die aufkommende Ökologiebewegung einen Riss. Die Begeisterung für das Auto wurde getrübt durch das ständige schlechte Gewissen, zu dem sich fortan bekennen musste, wer noch gern am Steuer saß. Obwohl die Industrie schnell reagierte, den Wirkungsgrad der Motoren steigerte und den Schadstoffausstoß kontinuierlich reduzierte, setzte sich das Klischee vom Auto als Umweltverschmutzer Nummer eins in der öffentlichen Meinung durch.

Die Politik meinte fortan, mit entsprechenden verkehrspolitischen Maßnahmen und anderen Auflagen, dem Automobil entgegenwirken zu müssen. Die Politik meint heute, sogar in die Autoproduktion eingreifen zu dürfen, wo immer es im Auftrag der Rettung der Welt notwendig ist. Die Politik glaubt, Gesetze erlassen zu müssen, die den Bürger verkehrspolitisch umerziehen, die ihn vom Autofahren abhalten und zur Nutzung des öffentlichen Nahverkehrs drängen sollen.

Ungeniert werden im Rahmen dieses politischen Denkens ständig Aufschläge auf den Benzinpreis vorgenommen. Wer im Sommer 2010 an die Zapfsäule fuhr und einen Liter Super E 10 für 154,9 Cent kaufte, der zahlte dabei 90,1 Cent Steuern direkt an den Staat, also 58,2 Prozent des Gesamtpreises.[1] Diese astronomisch hohe Abgabe setzt sich aus drei Steuern zusammen: erstens aus der Energiesteuer, die bis 2006 noch Mineralölsteuer genannt wurde. Zweitens aus der Ökosteuer, die 1999 als Aufstockung der Mineralölsteuer erfunden wurde, und drittens aus der

Mehrwertsteuer, die bekanntlich im Jahr 2005 von 16 auf 19 Prozent angehoben wurde.

Im Namen der Rettung der Welt vor den Folgen des motorisierten Individualverkehrs schrak die Politik in den vergangenen Jahren erstmals auch nicht mehr vor der faktischen Enteignung der Kraftfahrzeughalter zurück. Als das Bundeskabinett unter Kanzlerin Angela Merkel (CDU) am 1. März 2007 eine Verordnung in Kraft setzte, die die Einführung der sogenannten Umweltzone ermöglichte, da gingen die Kommunen zügig ans Werk. Obwohl die Autoindustrie für eine Vielzahl von Fabrikaten keine Dieselrußfilter zum Nachrüsten liefern konnte, wurde Diesel-Kraftwagen, die keine »grüne Plakette« bekamen, die Einfahrt in die meisten deutschen Innenstädte verwehrt. Wer seinen Wagen nicht umrüsten konnte, bekam nur in seltenen Fällen eine Ausnahmegenehmigung, und bekam er sie nicht, so sah er sich mit der Tatsache konfrontiert, dass sein Auto oder sein Lieferwagen wertlos geworden war, da er das Fahrzeug ja nun nicht mehr dort fahren konnte, wo er es fahren musste. Die Politik setzte sich über alle Bedenken der Fachleute, des ADAC und der Wirtschaftsverbände hinweg und nahm die materielle Not vieler Bürger billigend in Kauf, die sich nur mit Mühe ein neues oder eben kein neues Fahrzeug anschaffen konnten – und das, obwohl der Nutzen der Umweltzone von den Behörden der Städte und Gemeinden bisher nicht nachgewiesen werden konnte.[2]

Die uneingeschränkte Selbstgewissheit, mit der Politiker vorgehen, wenn sie den Menschen das Autofahren austreiben wollen, drückt sich auch in der Verknappung der Parkplätze und der ständigen Anhebung der Parkgebühren aus. Keine Straße wird heute mehr in Deutschland erneuert oder umgebaut, ohne dass nicht systematisch Stellplätze am Straßenrand gestrichen werden. Parkplätze werden in Grünanlagen umgewandelt, ohne dass ausreichend Ersatz in Form von Tiefgaragen geschaffen würde. Seitdem das Gebührenparken am Straßenrand eingeführt wurde, stiegen die Gebühren überall kontinuierlich an. Im Februar 2010 lagen sie bereits bei durchschnittlich zwei bis drei Euro pro Stunde in den deutschen Innenstädten.[3] In München kostete zu dem Zeitpunkt ein Parkplatz in der Innenstadt bereits 2,50 Euro pro Stunde am Straßenrand und sechs Euro im Parkhaus. In Stuttgart stiegen die Preise für eine Stunde Straßenrand-Parken im Jahr 2010 von zwei Euro auf 2,40 Euro und für zwei Stunden von 3,60 auf 4,30 Euro.[4] Und wohlbemerkt: Es gibt keine Gegenleistung. Das Gebührengeld fließt in den Staatstopf. Davon wird keine Straße repariert, davon wird kein Parkplatz neu gebaut, von den Parkgebühren wird nichts für den Autofahrer getan, mit den Parkgebühren füllen die Kommunen ihre klammen Taschen.

Ich habe in diesem Buch viele weitere Schritte nachgewiesen, mit denen die Verkehrspolitik landesweit den Sack zuzieht. Ich habe beschrieben, wie die grüne Welle nach und nach abgeschafft wurde, und wie Tempo 30 auch dort den Verkehr aufhält, wo es sinnlos und aus Sicherheitsgründen nicht notwendig ist. Ich habe nachgewiesen, wie der systematische Rückbau von Straßen und vor allem des Querschnitts von Straßen zum Stau führt und habe mich auch nicht gescheut, das Tabuthema Fußgängerzonen anzupacken. Tatsächlich wurde es irgendwann zum Tabu erklärt, Fußgängerzonen zu kritisieren. Dabei sind sie eben nicht immer sinnvoll, und vielerorts erleiden die Geschäftsleute seit Jahren und Jahrzehnten Umsatzeinbußen, weil die Kunden nicht mehr mit dem Auto in die Nähe der Geschäfte und Dienstleister gelangen.

Ich habe mich in diesem Buch auch nicht gescheut, die schleichende Bevorzugung des Fahrrads in der Verkehrsplanung zum Thema zu machen. Überall werden Fahrradstreifen gezogen. Sie nehmen dem Autoverkehr eine Spur von zwei pro Fahrtrichtung weg. Ist hier tatsächlich das Prinzip der Verhältnismäßigkeit gewahrt, wenn sich Hunderte Autos auf einer Spur drängen und im Stau stehen und nebenher ein paar Radler auf derselben Fläche nebeneinander fahren?

Überall experimentiert die Politik mit dem Verkehr. Nach dem Stichwort »Simply City« sollen Verkehrszeichen abgebaut werden. Das mag teilweise sinnvoll sein. Noch weiter geht das neue Prinzip des »Shared Space«, nachdem sich alle Verkehrsteilnehmer, vom Lastkraftwagen bis zum Fußgänger, gleichberechtigt fortbewegen und mehr oder weniger ganz ohne Beschilderung auskommen sollen. Wie soll das gehen und wird es zu Lasten des motorisierten Individualverkehrs ausgehen? Mit diesen Themen hat sich der ADAC-Verkehrsexperte Björn Dosch kritisch auseinandergesetzt.

Oder sprechen wir über den öffentlichen Personennahverkehr: Stimmt es eigentlich, dass Bus und Bahn umweltfreundlicher verkehren als das Automobil? Und wenn nicht, weshalb wird dann der öffentliche Nahverkehr inzwischen von allen Verkehrspolitikern dieses Landes systematisch bevorzugt behandelt und gefördert?

Ich warne in diesem Buch auch ausdrücklich davor, den Feldzug gegen den Motorsport zu unterschätzen. Überall wird von der veröffentlichten Meinung aus gegen den Motorsport mobilisiert. Die meisten Journalisten verbreiten ausschließlich die Argumente der Grünen und ihrer Freunde und vergessen zu erwähnen, welch eine fundamentale Bedeutung der Motorsport für die Forschung am Automobil und damit für die Zukunft der Autoproduktion in Deutschland hat. Und sie vergessen zu erwähnen, welch große Bedeutung der Motorsport für die Freude am

Fahren von Generationen von Menschen in diesem Land hatte und hat.

Und schließlich versuchte ich, verbreitete Unwahrheiten über und gängige Klischees vom Automobil als Klimakiller, Dreckschleuder, Energieverschwender und Sicherheitsrisiko auszuräumen und zu widerlegen. Und auch hier stellte ich fest: Die Berichterstattung ist landauf, landab gegen das Automobil gerichtet. Politiker, Meinungsmacher und Journalisten beschleunigen sich gegenseitig in einem aufschaukelnden Prozess der Agitation gegen den motorisierten Individualverkehr. Die Wahrheit wird ungern zur Kenntnis genommen und noch weniger gern verbreitet. Weshalb zum Beispiel bleibt es in Deutschland unkommentiert, dass der deutschen Automobilindustrie pro Jahr rund 10 Milliarden Euro Gewinn verloren gehen wegen des von der Regierung ausgeübten Zwangs zur CO_2-Reduktion? Diese Berechnung stellt eine neue McKinsey-Studie an.[5] Wie ist dieser volkswirtschaftliche Schaden zu rechtfertigen? CO_2, also Kohlendioxid, ist ein Gas, das für das gesamte Leben auf dieser Welt von existenzieller Bedeutung ist. Viele Wissenschaftler nehmen an, dass die von der Industrie und vom Verkehr verursachten CO_2-Emissionen den sogenannten »Treibhauseffekt« herbeiführen und damit zur Erderwärmung beitragen. Dieser These wird von anderen Wissenschaftlern widersprochen, sie ist also umstritten. Und dennoch nehmen wir diese 10 Milliarden Schaden an der deutschen Volkswirtschaft in Kauf?

Und wie steht es eigentlich mit dem Recht eines jeden Bürgers, mobil zu sein und die Art des Verkehrsmittels frei zu wählen? Wird dieses Recht in Deutschland nicht inzwischen politisch eingeschränkt? Der renommierte Staatsrechtler Michael Ronellenfitsch stellte einmal die interessante These auf, dass sich das Grundrecht auf Mobilität wohl leichter aus dem Grundgesetz ableiten ließe als das beharrlich eingeforderte Umweltgrundrecht. Sprich: Eher könnte sich der Autofahrer in Karlsruhe sein Recht auf freie Fahrt erkämpfen als derjenige, der sich durch Lärm und Abgase des Automobils beeinträchtigt sieht.

Der ehemalige Präsident des Bundesverfassungsgerichts Professor Hans-Jürgen Papier gab Ronellenfitsch recht. Bundesverfassungsgericht und Bundesverwaltungsgericht hätten seit jeher im Zusammenhang mit dem grundrechtlichen Schutz der Verkehrsteilnahme auf Artikel 2, Absatz 1 des Grundgesetzes abgestellt, erklärte er in einer Rede auf dem 31. ADAC Juristenkongress 2002.[6] In Artikel 2, Absatz 2 des Grundgesetzes heißt es: »Jeder hat das Recht auf freie Entfaltung seiner Persönlichkeit, soweit er nicht die Rechte anderer verletzt und nicht gegen die verfassungsmäßige Ordnung oder das Sittengesetz verstößt.«

Ich bin mir, ehrlich gesagt, nicht mehr ganz sicher, ob die Summe der Zwangsmaßnahmen, die die Politik inzwischen gegen den deutschen Autofahrer ergriffen hat, diesen Grundgesetzartikel noch voll zum Tragen kommen lässt. Längst wurde doch die freie Entfaltung der Persönlichkeit hinsichtlich der Mobilität drastisch eingeschränkt, und zwar ohne dass die Autofahrer entweder gegen die Verfassung oder gegen das Sittengesetz verstoßen hätten. Derlei Verstöße sind mir jedenfalls nicht bekannt.

Gewiss, noch ist Deutschland nicht verloren im Sinne einer erfolgreichen Autoproduktion. Die Genesung der hiesigen Autoindustrie nach der Weltwirtschaftskrise kommt einer Sensation, wenn nicht einem Wunder gleich. Das belegen allein schon die Zulassungszahlen des Kraftfahrtbundesamtes bis zum September 2011. Insgesamt 280 689 Pkw wurden in jenem Monat in Deutschland neu zugelassen, das waren 8,1 Prozent mehr als im Vergleichsmonat 2010. Von Anfang Januar bis September 2011 wurden 2,40 Millionen Neuwagen registriert, 10,8 Prozent mehr als im Vergleichszeitraum 2010. Die deutschen Marken waren natürlich die Sieger beim Kunden. Marktführer Volkswagen verbesserte sich auf einen Anteil von 21,9 Prozent. BMW hatte im Jahr 2011 zwischen Januar und September 9,2 Prozent und Mercedes 8,8 Prozent Marktanteile.

Die deutschen Autofahrer bewiesen in ihrem Kaufverhalten ihre Vorliebe für große und bequeme Autos. So legte der Verkauf des Segments Großraumvan um 44,5 Prozent, die Geländewagen um 28,3, die obere Mittelklasse insgesamt um 24,0 und die Oberklasse um 36,8 Prozent zu, (zwischen Januar und September 2011, verglichen mit dem Vorjahreszeitraum).

Elektroautos verkauften sich so gut wie gar nicht: Nur 1786 Wagen mit Batteriebetrieb und 9214 Hybrid-Pkw wurden von Januar bis September 2011 verkauft.[7] Diese Zahl bringt übrigens eine Wahrheit ans Licht, die von der Politik ebenfalls ungern zur Kenntnis genommen wird: Das Elektroauto überzeugt die Bürger nicht. Aus dem ganz einfachen Grund, weil es zu teuer ist und seine Reichweite nicht für den durchschnittlichen Gebrauch ausreicht. Da nützt es wenig, wenn die Bundeskanzlerin sich demnächst eine Million Elektroautos auf der Straße wünscht. Es wird sie so lange nicht geben, bis eine Energieversorgung an Bord gewährleistet ist, die dem Benzin oder dem Dieselkraftstoff als Energieträger Konkurrenz machen kann.

Die Marktprognosen sehen übrigens sämtlich ganz anders aus als die Fantasien der deutschen Politiker. Die Prognosen rechnen nämlich übereinstimmend damit, dass der Absatz von Verbrennungsmotoren international erst zwischen 2025 und 2030 seinen Höhepunkt erreichen wird.[8] Bis dahin darf sich die Autoproduktion, die deutsche zumal, wahrscheinlich auf ein hervorragendes Wachstum freuen. McKinsey rechnet damit, dass im Jahr 2020 weltweit 93 Millionen Autos verkauft werden. 2030 könnten es dann pro Jahr sogar 114 Millionen Autos sein, die weltweit ausgeliefert werden, das wären doppelt so viele wie im Jahr 2011. In einer exklusiven Studie für das *Manager Magazin* kam die Unternehmensberatung 2011 zu dem Schluss, dass die deutschen Hersteller am besten für den kommenden Autoboom gerüstet wären. »Die Vorteile des German Engineering kommen jetzt voll zum Tragen«, sagte der bei McKinsey für das europäische Autogeschäft zuständige Detlev Mohr.[9]

Luxusanbieter wie BMW und Daimler fahren dabei genauso ganz vorn wie der Massenhersteller VW. Alle drei haben gegenüber der amerikanischen und der japanischen Konkurrenz beträchtliche Startvorteile. Sie verdienen heute sehr viel Geld, mit dem sie morgen voraussichtlich relativ unbeschadet über die nächste Krise kommen werden. Im Boom investieren sie in neue Technologien, bilden Reserven und bauen flexible Produktionsanlagen. Alle drei Hersteller erreichten 2011 eine Liquidität, die zuversichtlich in die Zukunft schauen lässt: BMW hatte 7,5 Milliarden Euro in der Kasse, Daimler bezifferte seine Nettoliquidität auf 11,5 Milliarden und Volkswagen auf 19,4 Milliarden Euro.[10] So kommen die deutschen Autobauer wesentlich einfacher an frisches Kapital, als ihre Konkurrenten, weil sie das Vertrauen der Anleger genießen. Die wollen neben einer guten Liquidität auch eine gesunde Bilanz und eine überzeugende Langzeitstrategie sehen. Und das alles bekommen sie bei den deutschen Herstellern sozusagen auf einen Blick. »Vor fünf Jahren noch hatten viele Experten dem Stammland der Automobilindustrie einen langfristigen Abstieg prognostiziert. Inzwischen aber ist Made in Germany wieder zum automobilen Vorbild aufgestiegen (...)«, schrieb das *Manager Magazin*.[11] Diese positive Entwicklung ist den deutschen Autolenkern Martin Winterkorn (VW), Norbert Reithofer (BMW) und Dieter Zetsche (Daimler) zu verdanken und allen, die mit ihnen an dieser erfolgreichen Entwicklung gearbeitet haben.

Die guten Prognosen können allerdings nicht darüber hinwegtäuschen, dass die ganz großen Zuwächse nicht in Deutschland, sondern nur in Asien und Amerika erwartet werden können. Zwar war im Inland die Nachfrage 2011 noch gut und auch besser als in den Vorjahren. Zum Ende des Jahres 2011 aber zeichnete sich ein leichter Sinkflug der deutschen Autobauer ab, der den Höhenflug der vergangenen Jahre ablösen könnte. Sogar eine Stagnation schien möglich, da die Nachfrage in Europa zu schwächeln begann.

Mit der Liebe der Deutschen zum Auto haben diese Schwankungen indes nichts zu tun. Diese scheint ungebrochen, zumindest wenn man die Mitgliederzahlen des ADAC zum Maßstab nimmt: Fast 17,3 Millionen Mitglieder verzeichnete der Club Ende des Jahres 2010. Im Vergleich zum Vorjahreszeitraum war das eine Steigerung um drei Prozent und der höchste Zuwachs innerhalb eines Jahres seit 1977, wenn man von der Ausnahmesituation der Wiedervereinigungsjahre 1990 und 1991 absieht. 2011 gewann der ADAC 520 000 neue Mitglieder hinzu und erreichte damit eine Mitgliederzahl von insgesamt 17,8 Millionen. Der ADAC stieg damit zum zweitgrößten Autoclub der Welt nach der American Automobile Association (AAA) auf. Diesen Zuwachs möchte ich mit Fug und Recht eine Abstimmung über den motorisierten Individualverkehr nennen. Wie sagte doch der frühere Bundespräsident Karl Carstens sinngemäß: »Der ADAC ist die größte deutsche Bürgerinitiative pro.«

Dennoch gibt es in Deutschlands Städten unter den jüngeren Menschen einen neuen Trend, der das Automobil nicht mehr im Lebensmittelpunkt sieht und andere Statussymbole bevorzugt. Diesen Trend habe ich im 1. Kapitel beschrieben. Von diesem Trend weiß man noch nicht, ob er sich ausbreitet oder ob er auf überschaubare großstädtische Bevölkerungsgruppen beschränkt bleibt.

Viel schwerer als dieser Trend wiegen aber die Maßnahmen der deutschen Verkehrs- und Umweltpolitik gegen den motorisierten Individualverkehr und die politische Stimmung gegen das Auto, die nicht besser, sondern schlechter wird. Man könnte es auch so sagen: Wir Deutsche bauen die besten Autos der Welt, aber wir reden das Autofahren selbst schlecht. Wir werden von der ganzen Welt um unsere Autos beneidet und missachten unsere Errungenschaften und schämen uns dafür.

Ich persönlich glaube an die Zukunft des Automobils und daran, dass Deutschland aus der Vize-Position noch an die Spitze der weltweiten Produktion vor den Amerikanern und Japanern aufrücken wird. Ich glaube aber auch, dass das nur gelingt, wenn hier im Stammland des Automobilbaus das Autofahren nicht unmöglich gemacht, sondern auch offiziell wieder gefördert wird. Derzeit geht die Politik mit Macht daran, das Auto so weit wie möglich abzuschaffen. Wir müssen umdenken, wieder pro Auto denken – mit den positiven Gedanken, wie sie einst, vor knapp 100 Jahren, in anderem Zusammenhang, der bekannte Berliner Essayist Otto Reutter in Gedichtform zu Papier brachte: »immer weiter, immer weiter…«

Denn das Automobil ist das Symbol für persönliche Freiheit, wirtschaftlichen Wohlstand und technischen Fortschritt. Dafür steht Deutschland. Dazu will ich dieses Buch geschrieben haben, substanziell unterlegt mit Fakten, Quellen und Zahlen.

Der nach dem Käfer kam: Ohne ihn wäre die Erfolgsgeschichte der VW-Werke abgerissen. Mit dem Golf, seit 1974 auf dem Markt, schuf VW das neue Lieblingsauto der Deutschen. Im Jahr 2002 überbot er mit bis dahin 21,5 Millionen verkauften Exemplaren tatsächlich noch den Erfolg des VW Käfer.
Der Traum der Damenwelt in der Wirtschaftswunderzeit war der elegante VW Karmann Ghia (unten).

Der Trabant mit seinem Zweitaktmotor sollte das Volksauto der DDR werden, doch die Wartezeit betrug mehrere Jahre. Der erste »Trabi« von 1957 (oben) trug die Bezeichnung P 50, 1963 folgte das Modell P 60. Das Modell 601 wurde bis 1990 gebaut. Für DDR-»Normalbürger« unerschwinglich war der Wartburg 311 (unten), das Flaggschiff der IFA. Er erhielt ab 1988 einen VW-Viertaktmotor.

1. Nachwort

WWW – Wolf Wegeners Wege

Dr. Wolf Wegener gehört zu den renommiertesten und leidenschaftlichsten Verfechtern des automobilen Fortschritts in Deutschland. Neben seinem Beruf widmete er sich über Jahrzehnte hinweg ehrenamtlich der Förderung des motorisierten Individualverkehrs. 2004 wurde er deshalb als 14. Ehrenmitglied des ADAC seit der Gründung des Clubs im Jahre 1903 aufgenommen und steht dort in einer Reihe mit bedeutenden Persönlichkeiten wie Dr.-Ing. Prinz Heinrich von Preußen, Carl Benz, Robert Bosch, August Horch und Ferdinand Porsche.

Wolf Wegener wurde 1933 in Berlin geboren. Nach dem Jurastudium und der Referendarzeit in Berlin, Freiburg, Genf und der Promotion in Kiel folgten weitere Studienaufenthalte in Paris und Köln. Wegener bekleidete verschiedene Positionen in Banken, bevor er sich 1961 als selbstständiger Rechtsanwalt in Berlin niederließ. In den Kanzleien seiner Sozietäten befasste er sich von Anfang an mit Schadens-, Verkehrs- und Versicherungsrecht sowie dem Thema der Produzentenhaftung. Als Notar beurkundete Wegener u. a. über viele Jahre hinweg Hauptversammlungen namhafter Aktiengesellschaften.

Wegener wurde über die Grenzen Berlins hinaus bekannt, als er in zahlreichen Grundsatzprozessen Meilensteine auf dem Gebiet des Verbraucherschutzes setzte. 1987 erkämpfte er vor dem BGH ein bahnbrechendes Ur-

232

teil: Ein junger Mann war 1978 mit einem Motorrad vom Typ Honda GL 1000 Gold Wing tödlich verunglückt. Ursache war ein Produktfehler. Anders als in den USA waren die Produzenten in Deutschland damals noch nicht verpflichtet, ihre Modelle nach einem aufgetretenen Serienfehler zurückzurufen. Die Produzentenhaftung war sehr schwach entwickelt. Mit dem von Wegener erstrittenen BGH-Urteil, das gegen Honda ausfiel, änderte sich das. Wegener blieb hart und hatte nicht nur für sich selbst, die Eltern des Verunglückten, sondern auch für nachfolgende Generationen von Auto- und Motorradfahrern Erfolg.

Mit dem BGH-Urteil hatten sich in Deutschland die Gewichte zugunsten des Verbrauchers verschoben. Fortan wurde den Herstellern nicht nur eine Produkthaftungspflicht, sondern darüber hinaus die Sorgfaltspflicht auferlegt, auch zugekaufte Zubehörteile zu überprüfen, wenn diese als im Markt angebotene Zubehörteile in Verbindung mit dem eigenen Produkt dem Kunden gefährlich werden können. Eine solche Konstellation hatte den tödlichen Honda-Unfall verursacht.

Wegener war Mitglied einer Reihe von Aufsichts- und Beiräten und begleitete anwaltlich auch globale Transaktionen.

1958 trat er dem ADAC bei, gründete einen eigenen ADAC Ortsclub und folgte schließlich 20 Jahre später seinem Vater als Vorsitzender des ADAC Berlin, heute ADAC Berlin-Brandenburg. In diesem Amt, das er 30 Jahre lang bis zum Jahr 2008 innehatte, wurde er zu einer Berliner Institution. Engagiert erhob er seine Stimme auch in Aktionen gegen eine Verkehrspolitik, die sich nach und nach immer stärker gegen den Autoverkehr richtete. Wegener zögerte nicht, sich auch politisch einzumischen, er scheute keinen Konflikt. Dabei blieb er selbst immer ohne Parteibuch. Zuletzt engagierte er sich im Widerstand gegen die rigiden Maßnahmen gegen Autofahrer, die im Zusammenhang mit der Einführung der Umweltzonen in den deutschen Innenstädten ergriffen wurden.

Zu besonderem Dank sind ihm die Berliner noch heute verpflichtet, nachdem er in den 1980er-Jahren erfolgreich mit den damaligen westlichen Alliierten, insbesondere mit dem US-Standortkommandanten General John Henderson Mitchell, über den Einsatz eines Rettungshubschraubers verhandelt hatte, der bald als Christoph 31 zum Stadtbild gehörte und bis heute vielen Menschen das Leben rettet.

Ebenso erfolgreich war Wegener beim Aushandeln eines ADAC Pannendienstes auf den Transitstrecken von und nach Berlin Ende der 1980er-Jahre mit Hilfsleistungen für Automobilisten aus Ost und West. Niemand hätte es für möglich gehalten, dass das SED-Regime in Ost-Berlin einem solchen Service des ADAC auf dem Territorium der damaligen DDR zustimmen würde.

Für all diese Leistungen wurde Wegener 1991 von Bundespräsident Richard von Weizsäcker das Große Verdienstkreuz der Bundesrepublik Deutschland verliehen.

Wegener gilt in Berlin als gesellschaftliche Institution. In einem Ranking der 100 berühmtesten Berliner Zeitgenossen, das die *Berliner Morgenpost* 2003 veröffentlichte, landete er nach den ersten drei Plätzen von Richard von Weizsäcker, Eberhard Diepgen und Klaus Wowereit auf Platz 31. Der berühmte Zeithistoriker Arnulf Baring schrieb in einer Festschrift zum 50. Jahrestag des ehrenamtlichen Engagements Wolf Wegeners beim ADAC: »Wegeners unbändiger Tatendrang hat ihn zu einem außerordentlichen Anwalt, aber eben auch zu einem wichtigen Repräsentanten des ADAC gemacht. Ich glaube nicht, dass es deutschlandweit irgendwo im Club einen ähnlich Umtriebigen gibt wie ihn.«

In Berlin unterstützte und förderte Wegener – in Jugendjahren selbst Leistungssportler – auch den Motorsport. Er inspirierte Motorsportveranstaltungen, vor allem auf der traditionellen AVUS und auf den Regattastrecken in Tegel, Gatow und Grünau. Nach dem Mauerfall gehörte er zu den Gründern des Eurospeedway Lausitzring.

Außerhalb Berlins erwarb sich der Law and Order-Mann Wegener als Generalsyndikus des ADAC großes Ansehen. Er leitete bundesweit die ADAC Vertragsanwaltsorganisation mit mehr als 650 Rechtsanwälten. Außerdem war er stellvertretender Aufsichtsratsvorsitzender der ADAC Rechtsschutzversicherung AG und der ADAC Verlag GmbH, die Europas größte Monatszeitschrift, die ADAC-Motorwelt herausgibt.

Innerhalb des ADAC vertrat Wegener immer vehement die Auffassung, der Verein müsse seinen Clubcharakter bewahren, der ihn von allen anderen Dienstleistern rund ums Automobil unterscheidet. Wegener schrieb dazu: »Mein Wirken war stets darauf ausgerichtet, dem ADAC die einzigartige Seele zu erhalten, dafür zu sorgen, dass sich die Mitglieder als eben solche empfinden können und nicht als Kunden irgendeiner Firma.« Der ADAC dürfe niemals ein auf Gewinnmaximierung ausgerichtetes Unternehmen werden, sondern müsse darauf ausgerichtet bleiben, den Mitgliedern zu dienen und ihnen Schutz zu bieten. Nur so könne die erfolgreiche Geschichte des ADAC eine Erfolgsstory bleiben.

Über Jahrzehnte gehörte Wegener dem Beirat der Rechtszeitschrift *Deutsches Autorecht – DAR* an. Von 1987 bis 2005 fungierte er als Mitglied des Vorstandes der Deutschen Akademie für Verkehrswissenschaft. Vielfältige karitative Engagements prägten sein Leben.

Wolf Wegener versuchte bei seinem Engagement für das Automobil die Interessen des motorisierten Individualverkehrs mit den Interessen des Umweltschutzes in Einklang zu bringen. Er war maßgeblicher Initiator der Aktion »Rettet die Alleen«. Alte Bäume am Rande von Alleen – traditionsreiches Kulturgut – waren seit Gründung der Bundesrepublik konsequent abgeholzt worden, um die Verkehrssicherheit auf den Landstraßen zu erhöhen. Aus der Rettungsaktion ging Anfang der 90er-Jahre die »Deutsche Alleenstraße« hervor, die heute von Rügen bis zum Bodensee führt.

Wegener – inzwischen eine Autolegende – ordnet sein Engagement für den motorisierten Individualverkehr, für Umwelt- und Landschaftsschutz immer auch in einen größeren nationalen Rahmen ein. Im Mai 1987 sorgte er dafür, dass die 40. Hauptversammlung des ADAC nach 1945 im Berliner Reichstagsgebäude stattfinden konnte. Dort erinnerte er in einer Rede daran, dass die Reichstagsabgeordneten in diesem Haus 78 Jahre zuvor das erste deutsche Automobil-Haftpflichtgesetz verabschiedet hatten. Wegener schloss seine Rede mit den Worten: »Wir vermissen schmerzlich, gerade hier in Berlin, vormals Gau I Berlin-Brandenburg, Delegierte aus den alten traditionsreichen Gauen Ostmark, Thüringen, Provinz Sachsen, Mecklenburg, Freistaat Sachsen, Südwest-Sachsen, Leipzig, Chemnitz und Ost-Sachsen.«

So erinnerte er an die offene deutsche Frage, die ihn zeit seines Lebens beschäftigte und die er, ähnlich wie der berühmte Verleger Axel Springer, immer wieder thematisierte, auch in Zeiten, in denen das nicht mehr zum Zeitgeist zu passen schien. »Als ADAC-Vorsitzender hatte ich mich mit der deutschen und Berliner Spaltung niemals abfinden können«, schrieb er nach dem Mauerfall in dem von Eberhard Diepgen herausgegebenen Buch »Erlebte Einheit«.

Wegener vertrat das Fürstentum Monaco 1996 bis 2008 als Honorarkonsul in der Bundesrepublik Deutschland.

236

Zwei Räder befinden sich bezeichnenderweise in Wegeners Familienwappen. Er entstammt einer hugenottischen Familie, die sich im 18. Jahrhundert in der Uckermark ansiedelte. Er ist viel auf weltweiten Reisen unterwegs und lebt mit Ehefrau Ilse Wegener (drei erwachsene Kinder) in Berlin-Dahlem und an der Côte d'Azur in Südfrankreich.

Rosenheim im Dezember 2011   Klaus G. Förg

Mit dem Porsche 356 begann der Aufstieg der berühmtesten deutschen Sportwagenmarke. Das Modell enthielt noch viele Elemente des technisch ähnlich aufgebauten VW Käfers, unter anderem den luftgekühlten Vierzylinderboxermotor.

Unsterblicher Porsche: Mit diesem Auto, vorgestellt auf der IAA 1963, wurde der Name Porsche unsterblich. Mit seiner typischen Form und seinem Heckmotor wurde der Porsche 911 weltweit zu einem Symbol des Erfolges der deutschen Automobilindustrie.

2. Nachwort

Gunnar Schupelius

Gunnar Schupelius ist Kolumnist des Axel Springer Verlages und einer der führenden Publizisten in Berlin. Die auflagenstärkste Zeitung der Bundeshauptstadt, die *B.Z.*, in der Schupelius täglich eine politische Kolumne mit dem Titel »Der gerechte Zorn« schreibt, nannte ihn im September 2011 »Berlins aufrechte Stimme«.

Stark profiliert ist Schupelius auf dem Gebiet der Verkehrspolitik, wobei es ihm um ein ausgewogenes und faires Auskommen aller Verkehrsteilnehmer miteinander geht. Vehement setzte er sich gegen die Aufhebung des Bestandsschutzes für private Halter von Pkw im Zusammenhang mit der Einführung der Umweltzonen ein.

Schupelius begann seine journalistische Laufbahn nach dem Studium der Geschichtswissenschaften und der politischen Wissenschaften an der Axel Springer Journalistenschule in Hamburg. Er arbeitete für die *BILD*-Zeitung und war Chefredakteur des ersten Berliner privaten Hörfunksenders *Hundert,6*. Er leitete das Büro der *Welt am Sonntag* in Berlin und wurde Nachrichtenchef dieser Zeitung, er war geschäftsführender Redakteur der größten europäischen Programmzeitschrift *Hörzu* in Hamburg und Leiter des Berliner Hauptstadtbüros des Münchner Nachrichtenmagazins *Focus*.

Schupelius bezeichnet sich selbst gerne als »passionierten Autofahrer, Radfahrer und Fußgänger«. Jedes Verkehrsmittel habe seine Zeit und seine Aufgabe. Die moderne Verkehrspolitik sei allerdings in viel zu hohem Maße von Ideen aus dem Arsenal der Umweltlobby dominiert, sie stigmatisiere das Automobil als Feind des Menschen und der Natur und dränge es aus ideologischen Gründen zurück. Das Fahrrad hingegen werde idealisiert und mit Vorrechten sogar gegenüber den Fußgängern bedacht.

Mit seiner Ehefrau Magdalena und den gemeinsamen fünf Kindern lebt Gunnar Schupelius in Berlin Wilmersdorf. Zusammen mit seiner Frau veröffentlichte er mehrere Bücher, darunter das erste Jugendbuch über Friedrich den Großen in deutscher Sprache und ein Buch für Kinder und Jugendliche, das die Erfolgsgeschichte der berühmtesten deutschen Marken erklärt. In diesem Buch ist auch die erste für Kinder verfasste Biografie des deutschen Auto-Genies Ferdinand Porsche enthalten.

Rosenheim im Dezember 2011   Klaus G. Förg

Anmerkungen

1. Kapitel

Deutschlands Erfolg mit dem Auto

Deutschland baut das erste Auto
1) Financial Times Deutschland, 25. 02. 2009
2) Henry Ford. Mein Leben und Werk, Volksausgabe, deutsch, 1925, Seite 34 f.
3) Ebenda Seite 35
4) www.bild.de 22. 06. 2011

Deutschland baut die besten Autos
1) »German Auto-Wunder«, www.bild.de 13. 07. 2011
2) »Autos made in Germany – 125 Jahre Erfolgsgeschichte« www.alumniportal-deutschland.org
3) »Amerikas Automarkt wächst«, Frankfurter Allgemeine Zeitung, 05. 10. 2011, Seite 17
4) »Amerikaner kaufen mehr Autos«, Tagesspiegel, 05. 10. 2011, Seite 17
5) »Amerikas Automarkt wächst«, Frankfurter Allgemeine Zeitung, 05. 10. 2011, Seite 17
6) Berliner Morgenpost, 28. 04. 2011
7) Die Welt, 28. 04. 2011
8) Ebenda
9) »Deutsche Autos setzen Maßstäbe«, Der Tagesspiegel, 29. 08. 2011
10) »Volkswagen zittert vor Hyundai«, Frankfurter Allgemeine Zeitung, www.fazjob.net, 09. 10. 2011
11) »Volkswagen rückt Toyota immer näher« Der Spiegel, www.spiegel.de, 27.04. 2011
12) »Rings of Fire«, Manager Magazin 7/2011 Seite 22 ff.
13) »Das große Geld mit kleinen Autos«, FAZ, 20. 07. 2011, Seite 16
14) »Rings of Fire«, Manager Magazin 07/2011, Seite 22 ff.
15) »Kretschmann und Zetsche demonstrieren Schulterschluss«, FAZ , 19. 7. 2011
16) »Mercedes verkauft mehr Autos denn je«, FAZ, 28. Juli 2011, Seite 13
17) »Zukunft der Autoindustrie«, Handelsblatt online, 10. 12. 2010
18) Frankfurter Allgemeine Zeitung, 19. 12. 2011, Seite 37
19) »Der Autokrat«, Frankfurter Allgemeine Zeitung, 14. 05. 2011

Deutschland lebt vom Auto

1) Jahresbericht 2010, Verband der deutschen Automobilwirtschaft
2) »Unsere Autos fördern Nachwuchs«, www.unsere-autos.de
3) Bundesverband Güterkraftverkehr (BGL), www.bgl-ev.de/web/daten/index.htm
4) Frankfurter Allgemeine Zeitung, 29. 06. 2011
5) Die Welt, 26. 04. 2011
6) Frankfurter Allgemeine Zeitung, 27. 04. 2011, Seite 12
7) Frankfurter Allgemeine Zeitung, 31. Mai 2011, Seite 13
8) »Hermann denkt in Stereotypen«, Rheinische Post, 13. 05. 2011, www.rp-online.de
9) Rede Winfried Hermann, Minister für Verkehr und Infrastruktur Baden Württemberg, ADAC-Hauptversammlung am 14. Mai 2011 in Mannheim
10) »Riesen-Lkw dürfen auf unsere Straßen«, Bild-Zeitung, 16. 08. 2011, www.bild.de
11) »Sarrazin will sein Auto mindestens 14 Jahre fahren«, Berliner Morgenpost, 19. 11. 2008
12) »Abwrackprämien retteten den Automarkt«, Spiegel online, 15. 01. 2010
13) »Golf ist Abwrack-König«, www.autobild.de, 21. 12. 2009
14) Der Tagesspiegel, 30. Januar 2011

Der Deutschen liebstes Kind

1) Focus-Magazin, 29. 06. 2010, www.focus.de
2) »Klassiker, die einfach jeder mag«, www.mobile.de (»präsentiert aktuelles Autowissen«)
3) Ebenda
4) »Auto-Clubs kritisieren steigende Kosten«, Leipziger Volkszeitung, 15. 09. 2011

Erste Anzeichen einer Autodämmerung

1) SZ, 4. 4. 2011
2) WamS, 14. 3. 2010
3) FH Wirtschaft Bergisch Gladbach, März 2010, zitiert nach WamS, 14. 3. 2010
4) WamS, 14. 11. 2010
5) SZ, 17. 07. 2010
6) Netzeitung, 13. 10. 2009
7) Berliner Zeitung, 13. 3. 2011
8) Ebenda

9) Wirtschaftswoche, 1.3. 2010
10) WamS, 14. 11. 2010
11) Wirtschaftswoche, 1.3. 2010
12) Berliner Zeitung, 17. 3. 2011
13) Bild, 30. 3. 2011
14) Der Tagesspiegel, 30. 3. 2011
15) WamS, 3. 4. 2011
16) Ebenda
17) Ebenda
18) Allgemeine Zeitung, 3. 3. 2009
19) Tagesspiegel, 14. 4. 2011
20) Ebenda

2. Kapitel

Wie die Politik das Auto verdrängt

Steuern und Abgaben

1) www.aral.de/Steuerrechner
2) Leipziger Volkszeitung, 4. 11. 2009
3) www.bundesfinanzministerium.de/Grundlagenwissen
4) Berechnungen des ADAC, www.autokiste.de, 29. 12. 2000
5) Der Spiegel, 25. 2. 1991
6) Der Spiegel, 14. 3. 1994
7) Zeit online, 5. 9. 2009
8) Ebenda
9) www.bundesfinanzministerium.de/«Mobilität und Reisen«
10) Zeit online, 5.9. 2009
11) Berliner Morgenpost, 31. 12. 2010
12) Die Welt, 4. April 2011
13) Mannheimer Morgen, 13. 5. 2011
14) Frankfurter Allgemeine Zeitung, 28. 12. 2010
15) Ebenda
16) Berliner Morgenpost, 13. 6. 2008
17) Die Welt, 7. April 2011
18) Prof. Herbert Baum, Thesen zur Pkw Maut, Institut für Verkehrswissenschaft an der Universität zu Köln, 2005

Umweltzonen – kalte Enteignung der Autofahrer

1) Baseline Analysis 2000 to 2020 (www.ec.europa.eu); Feinstaubstudie:
   Sterblichkeitsrate erheblich erhöht (www.muenchen.de)
2) Umweltgutachten 2008. Umweltschutz im Zeichen des Klimawan-
   dels, März 2008, Bundestagsdrucksache 16/9990, Seite 161

3) European Commission: Thematische Strategie zur Bekämpfung der Luftverschmutzung (www.europa.eu)

4) Bußgeldkatalog (www.bmvbs.de)

5) Deutsches Ärzteblatt 2009, Dr. Michael Spallek, Europäische Forschungsvereinigung für Umwelt und Gesundheit im Transportsektor e.V. (www.aerzteblatt.de)

6) Handelsblatt, 20. 1. 2010

7) Berliner Morgenpost, 13. 12. 2010

8) »Umweltzonen – teuer und wirkungslos«, Dezember 2010, www.mercur.org

9) Berliner Morgenpost, 13. 12. 2010

10) Welt online, 29. 12. 2009

11) Berliner Morgenpost, 10. Juni 2008

12) Ebenda

Deutschland, einig Kraterland. Wie die Politik das deutsche Straßennetz auf Verschleiß fährt

1) Die Welt, 26. 4. 2011, Seite 8

2) Ebenda

3) Ebenda

4) Handelsblatt, 25. 4. 2011, Seite 11

5) Neue Osnabrücker Zeitung, 3.9. 2010

6) Auto Motor Sport, 11. 10. 2010

7) BMVBS Pressemitteilungen-Eckwerte des Bundeshaushalts 2012 (16. 3. 2011)

8) Focus Nr. 16, 2011

9) www.autobild.de, 27. 1. 2011

10) Wirtschaftswoche, 13. 7. 2004

11) »ADAC dringt auf zügige Straßensanierungen«, dvz aktuell 07. 02. 2011

12) B.Z., 31. 12. 2010

13) »Flicken der Schlaglöcher geht vor«, Tagesspiegel, 14. 04. 2010

14) »Aktion Teer muss her«, www.direktzu.de/platzeck

15) Wirtschaftswoche, 13. 7. 2004

16) www.wdr.de Ratgeber, 27. Januar 2011

Wem nutzen die Parkgebühren? Warum gibt es in den Innenstädten immer weniger Parkplätze?

1) Reutlinger Generalanzeiger, 9. 7. 2011, Leserbrief des Herrn Cyrill Harnischmacher

2) www.freiepresse.de/Lokales/Chemnitz, 25. 6. 2011

3) www.derwesten.de/staedte/essen/Parken 23. 4. 2010

4) www.auto-motor-sport.de 4.2. 2010
5) Stuttgarter Nachrichten, 13. 11. 2009
6) www.business-on.de/stuttgart/tübingen »Das Parken in Tübingen wird teurer...«, 20. 4. 2010
7) »Boxkämpfe um Parkplätze?« S.T.E.R.N.-Gutachten 8.4. 1996, www.bmp.de
8) Der Tagesspiegel, 27. 4. 2010
9) Bild, 22. 1. 2011
10) Der Tagesspiegel, 22. 1. 2010
11) Der Tagesspiegel, 27. 2. 2011
12) Hannoversche Allgemeine Zeitung, 15. 12. 2009

Rote statt grüne Welle

1) Rheinische Post, 30. 4. 2010
2) Ebenda
3) Ebenda
4) Hamburger Abendblatt, 7.7. 2011
5) www.merkur-online.de 16. 1. 2003
6) Bild, 8. 9. 2010
7) Der Tagesspiegel, Leserbriefe, 21. 10. 2007
8) www.stadtentwicklung.berlin.de/verkehr
9) Augsburger Allgemeine, 24. Juli 2010
10) Der neue Wiesenbote, Die Online-Zeitung für die Fränkische Schweiz, 20. Juli 2011
11) www.cdu-weststadt-suedstadt-bergheim.de
12) www.halleforum.de, 26. 5. 2007

Tempo 30 und andere Limits

1) Bild, 25. 02. 2010
2) Frankfurter Rundschau, 6.6. 2011
3) www.dvz.de, 17. 03. 2010, Lärm-Aktionsplan des Landes Hessen
4) Süddeutsche Zeitung, 28. 05. 2011
5) Südkurier online, 10. 09. 2010, Kommentare
6) Badische Zeitung, 28. 04. 2010
7) www.fdp-fraktion-dresden.de, 06. 10. 2008
8) www.express.de, 31. 12. 2010
9) www.schwerinonline.de, 18. 03. 2011
10) www.spd-schwerin.de, 05. 04. 2011
11) Die Welt, 28. 12. 2010
12) Der Tagesspiegel, 16. 11. 2011
13) www.derwesten.de, 17. 03. 2010

14) Die Zeit, 09. 03. 1984
15) www.vdc.org, 16. 06. 2011

Rückbau von Straßen, Fußgängerzonen und künstliche Staus
1) Die Welt, 18. 7. 2002
2) Berliner Morgenpost, 11. 04. 2009
3) Berliner Zeitung, 5.10. 2001
4) www.rundschau-online.de, 15. 01. 2010
5) www.facebook.com/group.php?gid=153402594695061,
   14. 10. 2010
6) www.frankfurter-fahrradsommer.de 4. 5. 2011 »Ist eine schmalere
   Straße sicherer?«
7) Hannoversche Allgemeine Zeitung, 23. 06. 2009
8) Der Spiegel, 06.03. 1978
9) IHK Hannover, »Ein Jahr Fußgängerzone Limmerstraße.
   Was sagen die Geschäftsleute? Eine Befragung im
   November 2004«
10) www.all-in.de, Das Allgäu online, 23. 07. 2011
11) www.derwesten.de 09. 02. 2010
12) www.rga-online.de 05. 04. 2011
13) www.derwesten.de Das Portal der WAZ-Mediengruppe, 15. 10. 2010
14) www.nuernberg.de/internet/verkehrsplanung
15) www.muenchen.de/verticals/Mobilität
16) »Die Fläche, die Nutzung, der Plan« Stellungnahme zum Flächen-
   nutzungsplan 1984, ADAC Berlin-Brandenburg, Bereich Verkehr,
   Seite 2
17) »Das blaue Wunder mit der Grünen Welle«, Berliner Zeitung, 17. 10.
   1995

Fahrradstreifen und Fahrradstraßen
1) ADFC, Kreisverband Rosenheim, 21. 03. 2001, www.adfc-rosen-
   heim.de
2) Harburg-aktuell.de, 17. 11. 2010, www.harburgaktuell.de
3) Hannoversche Allgemeine Zeitung, 10. 02. 2011
4) www.derwesten.de 04. 10. 2010
5) Hamburger Abendblatt, 19. 06. 2010
6) Hamburger Abendblatt, 10. 08. 2011
7) Die Welt, 12. 07. 2011
8) Berliner Morgenpost, 14. 01. 2011
9) »Radstreifen sorgen für neue Konflikte«, Berliner Morgenpost,
   24. 03. 2011

Vorfahrt für Bus und Bahn

1) www.prg78.org ÖPNV-Bevorrechtigung Die Enzyklopedie online ist mit dem Wikipedia-System verbunden. Die angegebene Einlassung stützt sich auf die folgende Literatur: Werner Schnabel, Dieter Lohse: »Grundlagen der Straßenverkehrstechnik und der Verkehrsplanung.« Band 1, 2. Auflage, Verlag für Bauwesen, Berlin 1997, ISBN 3-345-00566-2.

2) www.vag.de/Beschleunigung 13. 01. 2011

3) www.forum.mindfactory.de/politik-gesellschaft

4) www.schwarzbuch10.steuerzahler.de

5) www.tvbvideo.de 02. 11. 2010

6) www.schwarzbuch10.steuerzahler.de

7) Frankfurter Allgemeine Zeitung, 13. September 2007 www.faz.net.de

8) Pressemitteilung üstra, 27. 01. 2011, »Vorrang für Bus und Bahn schützt Umwelt und Klima« www.uestra.de

9) Hannoversche Allgemeine Zeitung, 20. 01. 2010

10) Süddeutsche Zeitung, 30. 03. 2010

11) www.rundschau-online.de, 29. 07. 2010

12) Hamburger Abendblatt, 05. 07. 2011

13) Focus Magazin, 08. 01. 1996

Kampf dem Motorsport

1) »Grüne wollen Nürburgring umkrempeln« www.motorsport-total.com 26. 05. 2011

2) www.gruene-jugend.de 27. 06. 2008

3) Pressemitteilung Die Grünen 10. 08. 2011 www.gruene-muenchen-stadtrat.de

4) Focus-Leserkommentar. »Motorsport ganz abschaffen« 09. 06. 2008 www.focus.de

5) Focus-Leserkommentar. »Autorennen abschaffen« 28. 09. 2008 www.focus.de

6) »Umwelt und Gesundheit – Verbot von Motorsportveranstaltungen« 20. 07. 2009 www.openpetition.de

7) Ebenda

8) »Energiewirtschaft – Verbot von Rennsport mit motorbetriebenen Fahrzeugen in Deutschland« 14. 06. 2011 www.openpetition.de

9) Ebenda

10) »Grüne wollen Nürburgring umkrempeln« www.motorsport-total.com 26. 05. 2011

11) Dr. Karl-Friedrich Ziegahn: »Clean Racing – Motorsport und Umweltschutz befruchten sich gegenseitig«

12) Richard Kitschigin:»Mythos AVUS – Automobilsport in Berlin«.
    Ullstein, Berlin 1995, Seite 20
13) Richard Kitschigin: Rennen, Reifen, Rekorde – Die AVUS-Story,
    Motorbuch Verlag, Stuttgart 1972, Seite 229
14)»Wer in Mexiko schnell fährt, darf im Mai auf der Avus mitmachen«,
    Berliner Morgenpost, 12. 12. 1972
15)»Silberpfeile wieder auf der Avus«, Bild Berlin, 12. 02. 1978
16)»Autos, Avus, Attraktionen – toller Erfolg«, Die Welt, 03. 04. 1978
17) Freie Presse, 27. 06. 2011
18)»ADAC verlängert Vertrag mit DTM bis 2005«, www.adac-motor-
    sport.de, 02. 04. 2004

3. Kapitel

Der Zeitgeist und das Auto. Verbreitete Unwahrheiten und gängige Vorurteile

Wie das Auto zum Symbol der Energieverschwendung wurde

1) Was ist umweltfreundlicher: Bus, Bahn, Flugzeug oder Auto?
   www.biobay.de, Institute of Physics, London, Juni 2009
2) Ebenda
3)»Noch eine unbequeme Wahrheit«, Frankfurter Allgemeine Sonntagszeitung, 14. 10. 2007, www.faz.net
4) Ebenda
5) Ebenda
6) Ebenda
7)»Der Verbrennungsmotor lebt«, Trends auf der IAA, SWR cont.ra,
   www.swr.de , 13. 09. 2011
8) Torsten Mann, Rote Lügen in grünem Gewand, Kopp Verlag 2009,
   Seite 99
9) Frankfurter Allgemeine Sonntagszeitung, 14. 10. 2007
10) Torsten Mann, Rote Lügen in grünem Gewand, a.a.O. S. 100
11) Ebenda
12) Richard Reichel, Markt oder Moral, Fischer 1994, S. 153 f.

Dreckschleuder und Klimakiller

1) Wikipedia,»Katalysator«,»Geschichte«, www.wikipedia.org
2) Martin Dürbaum, Aus dem Leben eines Automobilclubs, Wirt-
   schaftsverlag Wiesbaden 1983, Seite 77
3)»Sommersmog«, www.wikipedia.org
4) Emissionsvergleich, Umweltbundesamt 2003, www.erdgasauto.org

5) »Umweltschützer verlangen Partikelfilter für Benziner«, Zeit-Online, 7. 7. 2011

6) Lutz Köhler, »Könnten womöglich Radfahrer schuld sein am Klimawandel?«, www.gruendrucken.de

Das Auto als Sicherheitsrisiko

1) Die Welt, 07.07. 2011, Kölnische Rundschau 07. 07. 2011

2) »10 Jahre ADAC Technik-Zentrum Landsberg. Erfolgsmodell in Sachen Schutz und Hilfe«, www.lifepr.de/pressemeldungen/allgemeiner-deutscher-automobil-club-ev-adac-ev

3) »Schutz für Fußgänger. Autos mit mehr Sicherheit«, ntv, 17. 09. 2010, www.ntv.de

4) »Sicherheit im Straßenverkehr. Besserer Fußgängerschutz durch Stoßstangensensor.« Ntv, 05. 10. 2010, www.ntv.de

5) »ADAC-Statistik Verkehrstote: Drei Viertel sind Männer«, Auto Bild.de, 31. 03. 2009, www.autobild.de

6) »Jeder vierte Verkehrstote war nicht angeschnallt«, Merkur-online, 31-07-2011, www.merkur.de

7) ADAC-Stellungnahme zum Thema. Entwurf einer Verordnung über Ausnahmen von straßenrechtlichen Vorschriften für Fahrzeugkombinationen mit Überlänge, ADAC e.V. Ressort Verkehr, August 2011

Das Märchen von der gerechten Maut

1) Märkische Oderzeitung, 10. 09. 2011

2) Ebenda

3) Handelsblatt, 02. 09. 2011, Seite 17

4) Welt am Sonntag Nr. 31, 31. 07. 2011, Seite 1

5) Berliner Morgenpost, 28. 08. 2011

6) Frankfurter Allgemeine Zeitung, 14. Juli 2011, Seite 4

7) Neues Deutschland, 12. 09. 2011, Seite 13

8) Münchner Merkur, 22. 08. 2011

9) Der Tagesspiegel, 02. 09. 2011, Seite 17

10) Ebenda

11) Frankfurter Allgemeine Zeitung, 03. August 2011, Seite 8

12) B.Z. Berlin, 03. 09. 2011

13) ADAC Motorwelt Nr. 9/2011 Editorial

14) ADAC Motorwelt Nr. 9/2011 Seite 12

15) Ebenda

16) Ebenda

17) ADAC Motorwelt Nr. 9/2011 Seite 14

18) ADAC Motorwelt Nr. 9/2011 Seite 12

19) Münchner Merkur, 03. 09. 2011

20) »Ramsauer präzisiert Pläne für eine Automaut«, Frankfurter Allgemeine Zeitung, 05. 10. 2011, Seite 13

21) Diskussionsforum Wirtschaftswoche, 24. 10. 2005

22) ADAC Motorwelt Nr. 9/2011 Seite 14

Das Problem mit der Elektromobilität

1) Marken und ihre Erfinder. Magdalena und Gunnar Schupelius, Hinstorff 2007, Seite 120

2) »Elektromobilität – Wir haben keinen Trend verschlafen.« Münchner Merkur, 04. 05. 2010

3) »Das Straßentheater«, Tagesspiegel, 02. 07. 2011, Seite 3

4) »Autoindustrie erwartet Durchbruch für Elektrofahrzeuge im Jahr 2022«, Frankfurter Allgemeine Zeitung, 30. 08. 2011

5) »Vergesst die Elektroautos«, Die Welt, 10. 09. 2011, Seite A 1

6) »Das bringt der Auto-Zirkus 2011«, Berliner Morgenpost, 08. 01. 2011, Seite A1

7) »Vergesst die Elektroautos«, Die Welt, 10. 09. 2011, Seite A 1

8) »Das bringt der Auto-Zirkus 2011«, Berliner Morgenpost, 08. 01. 2011, Seite A1

9) »Tankstellenkette Aral konstatiert neue Lust am Auto«, Frankfurter Allgemeine Zeitung, 18. 08. 2011

10) »Vergesst die Elektroautos«, Die Welt, 10. 09. 2011, Seite A 1

11) »Wir haben keinen Trend verschlafen«, Münchner Merkur, 04. 05. 2010

12) Ebenda

13) »Wir brauchen die Politik«, Der Tagesspiegel, 11. 09. 2011, Seite 24

14) »Alles auf Schwarz«, Stern Nr. 37/2011, Seite 87/88

15) »Die Zukunft des Autos liegt (auch) im Leichtbau«, Frankfurter Allgemeine Zeitung, 15. 03. 2011, Seite T 3

16) »Müssen wir uns endlich vom Auto verabschieden?«, Die Tageszeitung, 18. 09. 2010

17) »Quo Vadis Automobil?«, Diplomatisches Magazin Nr. 08/2011, Seite 32

18) »Das Auto steht vor einer Zeitenwende«, Verlagsbeilage der GGMS in der Welt am Sonntag, 11.0. 2010, Seite 1

19) »Auto kaufen, Batterie mieten«, Die Welt, 12. 09. 2011, Seite 11

20) Daimler und BASF arbeiten am Superspar-Smart, Die Welt, 02. 09. 2011, Seite 11

21) »Daimler will ab 2014 Autos mit Brennstoffzellen in Serie fertigen«, Berliner Morgenpost, 03. 06. 2011, Seite 6

22) »Ein Totgesagter nimmt Fahrt auf«, Financial Times Deutschland, 03. 06. 2011

4. Kapitel

Das Auto fährt immer weiter ... immer weiter ...

1) www.aral.de/Steuerrechner
2) Handelsblatt, 201. 1. 2010
3) www.auto.motor-sport.de
4) Stuttgarter Nachrichten, 13. 11. 2009
5) »Formel Germany«, Manager Magazin 9/11, 41. Jahrgang, Seite 74/76
6) Prof. Hans-Jürgen Papier, Festvortrag auf dem 31. ADAC-Juristencongress am 25. 10. 2002 in Dortmund
7) »Fahrzeugzulassungen im September 2011«, Pressemeldung Nr. 24/201, Kraftfahrtbundesamt, www.kba.de
   »Formel Germany«, Manager Magazin 9/11, 41. Jahrgang, Seite 72/73
8) Ebenda, Seite 72
9) Ebenda, S. 76
10) Ebenda, S. 71
11) Ebenda

Namenregister

Bildnachweis